简明中国通史

主编
李学勤 郭志坤

战国

百家争鸣的大变革时代

于凯 —— 著

天地出版社 | TIANDI PRESS

图书在版编目（CIP）数据

百家争鸣的大变革时代：战国 / 于凯著 . — 成都：天地出版社，2024.6
（简明中国通史 / 李学勤，郭志坤主编）
ISBN 978-7-5455-7610-8

Ⅰ.①百… Ⅱ.①于… Ⅲ.①中国历史—战国时代—通俗读物 Ⅳ.①K231.09

中国国家版本馆CIP数据核字（2023）第020172号

BAIJIAZHENGMING DE DABIANGE SHIDAI: ZHANGUO
百家争鸣的大变革时代：战国

出 品 人	陈小雨　杨　政
主　　编	李学勤　郭志坤
著　　者	于　凯
监　　制	陈　德　朱锦川
总 策 划	郭志坤
特约策划	文柏讲堂　申元书院
责任编辑	魏姗姗
责任校对	杨金原
责任印制	王学锋

出版发行	天地出版社
	（成都市锦江区三色路238号　邮政编码：610023）
	（北京市方庄芳群园3区3号　邮政编码：100078）
网　　址	http://www.tiandiph.com
电子邮箱	tianditg@163.com
经　　销	新华文轩出版传媒股份有限公司
印　　刷	北京文昌阁彩色印刷有限责任公司
版　　次	2024年6月第1版
印　　次	2024年6月第1次印刷
开　　本	880mm×1230mm　1/32
印　　张	12.5
字　　数	258千字
定　　价	58.00元
书　　号	ISBN 978-7-5455-7610-8

版权所有◆违者必究

咨询电话：(028) 86261282（总编室）
购书热线：(010) 67693207（营销中心）

如有印装错误，请与本社联系调换

序 一

上海的郭志坤先生是我的多年老友。在十几年前世纪之交的时候，我同郭先生曾经有过一次非常愉快的合作，就是依照他的提议，共同编写了一本通俗讲述中国古代历史的图书，题为《中国古史寻证》，列入上海科技教育出版社"名家与名编——世纪初的对话"丛书出版。当时没有料到，这本书印行后博得相当不错的反响，使郭先生和我都觉得所作的一番努力是值得的。

以这件事为契机，郭志坤先生同我有不少次机会谈起历史学的通俗化问题。我们都认为，有必要组织编写一套系统讲说中国历史，将学术界的丰硕成果推广给大众的图书。郭先生精心拟出规划，并很快约请到多位学养深厚的作者，形成老中青结合的团队，投入了撰写的工作，其成果便是现在这套《简明中国通史》。

《简明中国通史》从夏商周三代写起，一直到最末的王朝清朝为止，全套共十二册。这套丛书的编写，贯穿了两条原则：就书的性质和对象来说，是"面向大众"；就书的体裁与风格而言，是"通俗化"。我认为郭志坤先生的这两条原则提得好，也提得及时。

先说"面向大众"。我近些年在不同场合屡次说过,历史虽不能吃,也不能穿,似乎与国计民生渺不相关,实际却是社会大众的一种不可缺少的精神需求。我们每一个人,不管从事什么职业,处于何种身份,都会自然而然地对历史产生一定的兴趣,这或许可以说是人的天性使然吧。一个人活在世界上,不但要认识现在,也必须回顾过去,这就涉及了历史。我从哪里来,又往哪里去,是每个人都会意识到的问题,这也离不开历史。人们不能只想到自己,还要考虑到我们的国家和民族,这就更应该了解历史。社会大众需要历史,历史学者自当"面向大众"。

抗日战争时期,历史学前辈钱穆先生在西南联大讲授"中国通史"课程,所撰讲义(出版后书名《国史大纲》)一开头便标举:"当信任何一国之国民,尤其是自称知识在水平线以上之国民,对其本国已往历史,应该略有所知。否则最多只算一有知识的人,不能算一有知识的国民"。历史学者的工作任务,不应只限于自身观察历史、探索历史,更有责任把所认识、所了解的历史,原原本本地告诉社会大众,使大家对历史有应有的认识和必要的了解。

特别是在今天,当我们的国家、民族正在走向伟大复兴之际,尤其有必要推动历史学"面向大众"。中国有五千多年的文明历史,我们的先人创造了辉煌而且源远流长的文化,对人类的发展进步作出过丰富卓越的贡献。我们有义务把这样的史实告诉社会大众，提升大家建设祖国、走向世界的凝聚力和自信心，从而为今后人类的发展进步作出更多更新的贡献，这应当成为历史学者的襟怀和抱负。

再谈"通俗化"。"面向大众"与"通俗化"是结合在一起的，要想真正做到"面向大众"，历史著作就必须在语言和结构上力求"通俗化"。

说起"通俗化"，我联想到我国"二十四史"之首《史记》的作者司马迁。司马迁是学究天人的大学者，是"读万卷书、行万里路"的典范，然而他撰著历史，引经据典，还是在通俗上下了很大功夫。比如他论述唐虞以来古史，自然离不开《尚书》，而他本人曾受学于《尚书》博士孔安国，亲得古文《尚书》之学的传授，然而他在引用《尚书》时，对于古奥费解的字词，都采用意义相同的字来代替，这应该说是在"通俗化"方面的重要创意。另外，司马迁还尽力将史事的叙述情节化，使之活现于读者眼前，无愧于历史家的大手笔。这都是后人需要学习的。

必须说明，"通俗化"并不意味着降低历史学著作的学术水准。相反的，编写"通俗化"的历史作品，实际上对作者提出了更高的要求，绝不是轻易就能够做到的。在这里，我还想附带说一句，即使是专供学术界专业阅读的论著，其实也应当（而且也能够）写得简明流畅一些。不少著名的前辈学者，例如胡适、郭沫若、冯友兰等先生，他们的著作不都是这样的吗？

《简明中国通史》是"面向大众"的，并且在"通俗化"方向上作了很大的努力。郭志坤先生还说过："通俗，通俗，只有通然后才能俗。"这也很有道理。这十二册书是一个整体，作者们在上下五千年的一个"通"字上花费了不少精力，对于内容的构架和文字作风也下了一番苦功夫，相信这套书的读者都会体认到他们的用心。

李学勤

2014年8月17日

序 二

我和李学勤先生在讨论历史学的通俗普及问题的时候，很自然地回忆起吴晗先生。20世纪50年代末，吴晗以史学界权威和北京市副市长的身份，向学界提出："要求各方面的学者、专家也来写一点通俗文章、通俗读物，把知识普及给民众。"吴晗不仅撰文提倡，向史学界游说，还亲自主编影响很大的"中国历史小丛书"。这段回忆让我们萌发了组织编纂《简明中国通史》的打算。

当我向李先生提交了编纂方案后，他认为，编纂这样一套书对以史鉴今、以史资政、以史励人是极有意义的事，很值得做。随后，我们又把多年酝酿的编纂构想作了大致的概括：突破以"阶级斗争为纲"和"残酷战争"描写的局限，注重阶层、民族以及世界各国之间的友好交融和交流的记述；突破"唯帝王将相"和"否帝王将相"两个极端的局限，注重客观反映领袖人物的历史作用以及"厚生""民本"思想的弘扬；突破长期分裂历史的局限，注重阐述统一始终是主流，分裂无论有多严重，最终都会重新走向统一；突破中原文化中心论的局限，注重全面介绍中华文化形成的多元性和影响力；突破历朝官方

（修史）文献的局限，注重正、野史兼用，神话传说等口述历史与文物文献并行；突破单一文字表述的局限，注重图文并茂，以考古文物图表佐证历史。

《简明中国通史》的编纂重在创新、面向大众和通俗化。李先生认为这一美好的愿望和构想，要付诸实施并非容易的事。他特别强调要组织专业队伍来撰写，并提出"让历史走向民众是史家们义不容辞的责任"。令我欣喜的是，精心撰写这套书的作者团队本身就是教师。他们中有的是学殖精深、卓有建树的史学名家，有的是以"滔滔以言"享誉学界的优秀教育工作者，其中多为年轻的历史学博士。由这样一个团队来担当编写中国历史读物的重任，当得起，也信得过。

我们把编纂的原则性方案统一后，在同作者商议时遇上了某些疑虑：一是认为这类图书没有多大的市场；二是认为通俗作品是小儿科，进不了学术专著之殿堂。经过一番调查分析后，我们取得了共识，一致认为：昨天的历史是创造明天的向导，读者从中可以汲取最好的营养，好的历史通俗读物是很有市场的，因为青年读者中普遍存在历史饥饿感。本套丛书的作者深感，编写中国历史通俗读物，历史工作者最有得天独厚的条件和义不容辞的责任。旅外学者得悉我们在编纂这套丛书，认为这是很有价值的，也很及时。美国纽约州立大学历史学博士张德文参加撰写并专门来信期待我们早日推出这套丛书。她在信中说："在知识大众化、数字化的年代，历史学者不应游离在这个历史进程之外。个人电脑以及智能手机的普及，大大促进了人们对微知识的渴求。在此背景下，历史学者的通俗表述为微知识的传播提供了必要的积淀和范本。"行文虽然不长，但一语中的，说清了普及历史知识的重要性。复旦大学历史地理研究中心邹逸麟教授、华东师大历史系王家范教授等读了丛书的文稿后还专门撰文评说，认为这既是一套通俗的、面向大众的历史读物，又是一套严谨而富于科学精神的史著，对于广大读者学习和发扬中华民族的爱国传统、学习和发扬中华民族的奋斗精神，推动中华民族复兴的中国梦早日实现很有作用。

这一切，让我们得到莫大的鼓舞。作者在通俗方面作了极大的努力，他们中的不少人在写作中进行了刻苦的再学习。从史实的查证到篇章的构架，再到文字的通俗化以及图片的遴选，都花费了他们大量的时间和心血。丛书采用章节结构的叙史形式，目的在于令读者通过目录就能够对书中的大概内容一目了然。中国历史悠久，史料浩如烟海，读史者历来有"一部二十四史，不知从何读起"之叹，讲史时以"时间为纲"，即可以从纷繁中理出头绪来，再辅之以"专题为目"，这样在史料取舍上就更加突出主题。本丛书注重以故事取胜，以真实的历史故事吸引人、感动人、启迪人。图文并茂也是本丛书通俗化的一途。中国历来重视"右文左图"，以文注图，以图佐文。

通俗而雅，也是这套丛书的一大特色。雅者，正也。通俗不是低俗，亦不是庸俗，它是在科学和学术的基础上展开的。把应该让读者知道的历史现象和历史观念用最浅显明白的方式告诉读者，这就是我们所需要并强调的通俗。本套丛书的学者们在撰写时一是力求在语言上的通俗,二是着力于情节中的通俗,继承和发展了太史公马迁那种"以训诂代经文"的传统,把佶屈聱牙的古文经典用活了。所以说,深入浅出的通俗化工作更是一种学术活动。

为了增加生动性、可读性,作者尽量对某些有意义的人和事加以细讲,如对某些重要的出土文物的介绍评说,对悬而未解的疑问加以释惑,对后人误传误解的问题予以纠正,对某些典故加以分析,对某些神话传说进行诠释。在图表上尽量做到随文佐证。在每册图书之后增加附录,旨在增强学术性和通俗性:附录大事记,旨在让读者对本段时期重大历史事件有个大致了解;附录帝王世系表,意在让读者对本朝创业、守业和虚位之君的传承有所知晓。另外,所列主要参考书目,目的在于为读者提供进一步学习本段历史的相关资料索引。

意愿和努力是如此,最终的结果如何,诚望读者鉴定。

郭志坤

2014年8月19日

目 录

导　言 / 001

第一章 "战国":大变革之时代
"战国"之名的由来 / 013
战国历史的起点 / 015
战国历史的分期 / 017

第二章 宗法国家的凋零
三家分晋 / 023
田氏代齐 / 030

第三章　列国变法

李悝变魏 / 039

吴起变楚 / 048

申不害相韩 / 052

邹忌相齐 / 057

商鞅变秦 / 060

赵武灵王胡服骑射 / 065

燕哙让国与燕昭图治 / 069

第四章　战国制度变迁

战国制度变迁的总体趋势 / 077

战国官制的变化 / 081

中央与地方：郡县制度的建立 / 091

乡里制度：基层社会治理架构的形成 / 098

军功爵制：居民政治身份的重塑 / 103

第五章　战国生产方式的变革

国家授田制的推行 / 112

编户齐民的出现 / 118

小农生产方式的确立 / 120

小农与国家间的共生互动关系 / 124

第六章　列国争雄

魏国始强 / 131

齐魏争霸 / 137

秦之崛起 / 140

合纵与连横 / 143

齐燕互侵 / 152

秦的远交近攻 / 155

秦灭六国 / 161

第七章　兼并战争形势下的军事变革

战国兼并战争的基本特点 / 171

列国军事变革措施 / 173

战国军事技术的发展 / 176

战国时期军事理论的创新 / 179

第八章　战国时期社会经济的发展

战国时期农业的发展 / 185

战国时期手工业的发展 / 191

战国时期的商品流通、市场与货币 / 197

战国时期城市的发展 / 207

第九章　战国时期社会阶层的分化

小农阶层的分化 / 214

豪强地主和军功地主的出现 / 216

战国时期的奴隶 / 217

战国士阶层的变化 / 219

商人阶层的兴起与社会风气变化 / 221

第十章　百家争鸣

战国诸子之学的兴起 / 229

战国时期的儒家学说 / 235

战国时期的道家学说 / 241

战国时期的墨家学说 / 249

战国时期的法家学说 / 254

战国时期的名家学说 / 257

战国时期的阴阳家学说 / 261

第十一章　战国风云人物

吴起：执着功名，兴魏变楚 / 267

商鞅：变秦易俗，峭法任力 / 269

孙膑：身残志坚，兵法修列 / 272

"战国四公子"：封君与门客 / 275

张仪："一怒而诸侯惧，安居而天下熄" / 288

苏秦：信如尾生，谍间齐燕 / 293

范雎：睚眦必报，快意恩仇 / 297

穰侯魏冉：权倾六国，身折势夺 / 301

吕不韦：奇货可居 / 303

屈原：汨罗悲吟 / 307

荆轲刺秦：悲壮的余音 / 312

第十二章　考古发现所见战国历史

消失的古国：中山国 / 319

远古的乐声——曾侯乙墓编钟 / 325

官员"喜"与他的事业 / 331

两千三百年前的家信 / 335

楚竹书背后的精神世界 / 340

结束语 / 355

主要参考书目 / 361

附录一：战国大事记 / 363

附录二：战国时代列国世系简表 / 374

后　记 / 381

重版后记 / 383

导　言

战国时期，是中国古代历史进程中的一个重要时段。这一时期，从公元前475年始，到公元前221年秦统一六国为止，持续了250余年的时间，是衔接中国古代文明前后两个2000年历史的转折点。战国之前，是夏、商、周（包括西周和东周的春秋时期）为主的"三代礼乐文明"；战国之后，是以秦汉王朝为开端的"大一统"帝国。战国历史居于其中，具有承上启下的关键作用。

明末清初著名的思想家王夫之在他所著《读通鉴论》一书中，对战国时代的历史特征有一个简要的评价。他指出：

> 战国者，古今一大变革之会也。侯王分土，各自为政，而皆以放恣渔猎之情，听耕战刑名殃民之说，与《尚书》、孔子之言背道而驰。

王夫之崇尚儒家"仁政""爱民"之说，对战国时期混乱失序的历史变迁抱有严厉批评的态度，这是可以理解的。但他同时也正确地指出，战国世变是"古今一大变革之会"。这是非常到位的历史评价。以现代人的眼光看,战国时代的世局变迁,是古代中国从夏、商、周"三代"时期的文明"1.0版",迈向以秦汉帝国为起点的文明"2.0版"的过渡期,也是中国古代社会形态转型的枢纽期和思想文化变迁的轴心期。

战国时代是中国古代史上的一个整体性历史剧变的时期。这种历史变化,并非局部或单一某个方面的变化,而是一种全方位、系统性、整体性的社会剧变,涉及古代中国的政治、经济、社会和思想文化等多个领域,呈现纷繁复杂的景象,给人以眼花缭乱的感觉。

战国历史的总体情状,西汉史学家司马迁在他所著的《史记·六国年表序》中有一段描述。他说:

> (是后)陪臣执政,大夫世禄,六卿擅晋权,征伐会盟,威重于诸侯。及田常杀简公而相齐国,诸侯晏然弗讨,海内争于战功矣。三国终之卒分晋,田和亦灭齐而有之,六国之盛自此始。务在强兵并敌,谋诈用,而从(通"纵")衡短长之说起。矫称蜂出,誓盟不信,虽置质剖符,犹不能约束也。

司马迁分析了春秋晚期以后"礼崩乐坏"治理失序的情形,把晋、齐两国政治危机所引发的政局剧变,作为战国历史的开端。晋、齐两国都是"春秋五霸"中颇有政治影响力的霸主,对时局演变有着重要影响。春秋后期,以晋、齐为代表的霸主国家，不断兼并周边弱小诸侯，领土面积日益扩张，内部政治冲突激化，原有的宗法国家的政治秩序解体，国君权威失落，导致权臣擅政、政出多门、民众离心，最终酿成了"三家分晋"和"田氏代齐"的政治事变，战国历史的闸门因此而被打开。在这里，司马迁还概括了战国历史的基本特点：一是"海内争于战功"，二是"务在强兵并敌"，三是各国"谋诈用，而从（纵）衡短长之说起"，由此导致"矫称蜂出，誓盟不信，虽置质剖符，犹不能约束也"，最终引发了全面的社会失序。

成书于战国晚期的《吕氏春秋》，在其《季春纪·先己》中，对战国世道变迁也有所概括：

> 当今之世，巧谋并行，诈术递用，攻战不休，亡国辱主愈众，所事者末也。

《吕氏春秋》用"巧谋""诈术""攻战""亡国辱主"等词来形容战国世局变迁的总体特征，与《史记》的判断大体相合。由此可见，频繁的战乱、兼并与严重的社会失序，是古人对战国历史的总体印象。

作为现代人，我们应该如何理解战国历史的基本特点呢？如果要用最简洁的词语来概括的话，战国历史，大致可以"战""乱"和"变"三个字来描述。

"战"是战国历史的鲜明特征。

战国时期，列国之间的兼并战争愈演愈烈。战国时代的命名，与这一时期的持久、频繁的兼并战争是密不可分的。据学者统计，在战国的250余年间，前后共发生各类战争468起。战争的烈度和规模，比之前代也更为惨烈。总体来看，春秋时期的列国战争，还保留着一些贵族时代的战争传统。交战双方动用的兵力通常只有数千人，最多也就万余人；交战过程也相对简单，双方排好军阵，然后对攻，几个回合下来，就分出胜负。《左传·僖公二十二年》记载，春秋晚期的宋国与楚国的泓之战，宋襄公坚持讲究"仁义"，要等楚兵渡河列阵完毕后再开战，结果大败，丢了性命。毛泽东形容宋襄公的做法是"蠢猪式"的仁义，但若以当时的历史情境来看，宋襄公所坚持的，恰恰是早期历史的两国交战的基本规则。

战国时期，列国之间的战争早已不是这般的"温柔"了。随着各国军备竞赛的不断升级，兵额数量也持续增加。小国拥兵数十万，大国军队则可达上百万，这已是当时的常态。一些实力较强的地区性大国，不断吞并周边的中、小诸侯国家，扩充自己的势力范围，逐渐发育成了拥有广阔疆域面积的"跨区域国家"，最终形成了韩、赵、魏、齐、楚、燕、秦等"战国七雄"。《战国策》中常以"带甲百万，车千乘，骑万匹"来形容各国的军力之盛。

战国时期，列国交战的武器装备，也有了很大改进。攻城用的云梯、抛石机，还有连发的弩机等，都开始用于实战。战争的破坏力也大大增强，列国交战旷日持久，战场围攻有时可持续数月，有些大型的战役甚至持续数年之久。交战各国为消灭敌国有生力量，常常采用大规模战场杀戮的手段，导致战况空前惨烈。《孟子》中有"杀人盈城""杀人盈野"的记载，在当时是相当普遍的情形。其中典型的案例是秦赵的长平之战。这是战国后期决定秦、赵两个大国国运的战略决战，在历史上相当有名。赵军的统帅，先是老将廉颇，后来换成了喜欢"纸上谈兵"的青年将军赵括；秦军的主帅是著名的秦将白起。史载，赵括军败之后，秦军几乎把40余万投降的赵军全部坑杀。前些年考古发现揭露了长平之战的战场遗迹，遗址内层叠堆积的赵军将士的累累遗骨惨不忍睹，令人倍感惊怵和震撼。

"乱"是战国时局的突出表现。

战国时期，社会失序现象日渐突出。在列国之间频繁进行的高烈度兼并战争的压力下，原有的以礼乐文明为特征的旧有秩序格局自此彻底瓦解，新的社会秩序又远未成型，各国陷入了"天下竞于气力"的混沌状态，一切都在流变之中。由此引发了列国政治、经济、社会、文化等各领域的严重失序。世袭宗法制解体，不少贵族子弟失去靠山和依托，"降在皂隶"，沦落到了社会底层；而原居社会下层的一些有才之士，则可以凭借军功授爵或因知识而拜官，获得上升渠道，成为官员或列国客卿。战国时期，各类风云人物，"朝秦暮楚"，交通往来，四处流动，代表着旧有社会秩序的解体。列国之间的关系，合纵连横，分合不定，代表着战国时期列国间国际秩序的失衡。诸子学说各持己见，相互诘难、辩论与争鸣，反映了旧的意识形态瓦解与新的思想观念的纷争。但诚如古人所言，"物极必反""拨乱反正"，在战国诸种"乱"象的背后，社会变革的新活力被激发，新的社会秩序的萌芽在不知不觉中悄然萌生。

"变"是战国列强的时代选择。

在兼并战争的情境下，各国面临着生死存亡的严峻考验，其间产生了空前巨大的竞争压力。"战"和"乱"的常态化，激发了各国的变革活力，由此带动了社会秩序的深刻变化。在汹涌而至的历史洪流面前，面对兼并战争的严峻挑战，各国不得不顺应时代要求，纷纷推出变法措施，以求破旧立新，强化国家集权，增强治理能力，由此直接催生了战国变法运动。

战国变法，以魏国为先导。与其他国家相比，魏国的地理位置比较特殊。它长期处于列强环伺的"四战之地"，最先感受到了兼并战争所带来的巨大竞争压力，也就有了更为强烈的危机意识和变革意识。公元前406年，魏国的国君魏文侯任命李悝为相，开始推行变法，揭开了战国时期列国变法的序幕。李悝变法，使魏国国力迅速崛起。

魏国变法的成功，产生了很强的示范效应。各国纷纷跟进、仿效，陆续采取变法措施。其中：吴起变楚（公元前382年）、申不害相韩（公元前351年）、邹忌相齐（公元前356年）、商鞅变秦（公元前356年）、赵武灵王胡服骑射（公元前307年）、燕王哙"让国"（公元前316）。这些变法措施，除了燕王哙教条地模仿"尧舜禅让"，将王位让给相国子之而引发内乱，沦为历史笑柄之外，其他各国的变法都取得了一定成效。其中，变法最彻底、成效最显著的，当数秦孝公时期秦国推行的商鞅变法。

战国变法，以加强中央集权、增强国家治理能力为核心，重点强化两个方面：一是国家的资源汲取能力，二是国家的社会动员能力。而这两个方面的国家能力，恰恰是从古至今国家能力建设的两大主题。

从历史结果看，战国变法带来了国家治理体系的深刻变革。变法以郡县制取代分封制，催生了中央集权的垂直行政的地域管理模式，带来了地方行政体制的深刻变化。变法强调"因能受职，因功受赏"，以职业官僚取代世卿世禄，创新了人才选拔机制。变法推行以授田制、乡里制和军功爵制为核心的制度变革，国家将土地分给一家一户的小农，有利于充分调动小农的生产积极性，提高单位面积劳动生产率，也极大地增强了国家的经济汲取能力和社会控制能力，形成了集权国家与小农生产者之间的相互依赖、互为条件的共生互动关系。这极大地增强了国家的政治动员、社会动员和经济汲取能力，为秦汉大地域帝国政治的形成，准备了充分的社会历史条件，奠定了坚实的制度根基，成为影响古代中国治乱兴衰的"内在密码"。正是基于这种历史效果，美国学者弗朗西斯·福山才将战国变法视为"现代国家的最早起源"。

变法运动启动了战国社会转型的"多米诺骨牌"，引发了一连串的连锁反应，带来了战国社会结构和思想文化的深刻变迁：

首先是社会阶层分化与社会风气变化。战国变法，瓦解了以等级世袭制为特征的传统宗法秩序，打破了西周以来"士、农、工、商"的"四民分业"状态，引发了社会结构的深层变化。各国社会阶层分化加快，社会流动空前活跃，社会风气也发生着剧烈的变化。战国时期，人群社会的分化和社会流动性的增强，催生了以"士"阶层为代表的数量庞大的"自由职业群体"。他们或是出身各国贵族的破落子弟（如商鞅），或是出身平民阶层的读书人（如苏秦），大都接受过一定教育或有一定文化素养，不事田产，而靠智力谋生。各国为吸引人才，争相开出优惠条件以招贤纳士，为士阶层的发展提供了广阔的舞台。这些人经常在各国间流动，以学干禄，他们或担任国家职务，或成为各国权臣所豢养的门客，用则留，舍则去，成为当时社会变革最活跃的因素。

生产变革和社会分化，促进了商品经济的发展与商人阶层的活跃。战国时期，商品经济发达，高利贷、大宗商品贸易都有极大的发展，商业因素空前活跃。在各交通要道或各国交界的地区，如宛、陶等地，形成了若干大宗贸易集散中心。各国贵族也喜欢同商人往来，商人阶层的社会活跃度与政治影响力远超常人所料。有些商人甚至做起了政治投资。秦相吕不韦就是典型代表。

商品经济的活跃还带动了城市的发展。战国城市中聚集着很多游民，有各种各样的娱乐行业。战国末期，韩非子著《五蠹篇》，对当时的学者、言古者、带剑者、患御者、商工之民等五种"乱国之俗"的社会闲散阶层提出要加以取缔。这五类人都是当时社会变迁而衍生出来的新社会阶层。他们不事生产，不能直接创造社会财富，还要消耗大量社会资源，败坏社会风气，破坏国家耕战。因此，韩非子主张要对他们采取严格限制的措施。

政治、经济和社会的一系列变化，最终引发社会思潮的整体变化。以战国诸子为代表的百家学派开始出现，思想争鸣。各家围绕突出的时代问题与重大理论难题，提出了各自观点，形成百家之学纷争的局面，这就为中国古代思想的进一步发育提供了重要的历史前提，带动了中国古代思想文化的巨大变革。

从战国诸子学派思想演进的总体情境看，诸子学派并非孤立存在，而是彼此之间存在着深层的交流和关联。大致而言，战国前期以儒学和墨学为"显学"，战国中期出现了道家和法家两个学派。道家主要流行于楚地和齐地，专讲长生不老之术和阴谋治国之术，后来演变成战国秦汉的黄老之学。法家的源头是三晋地区（韩、赵、魏）流传的刑名法术传统，后衍生出以法、术、势为核心的国家治理理论。法家之学，后来流传到秦国，成为秦始皇帝国制度建构的重要理论依据。

诸子学说，学派纷呈，彼此交流、相互渗透。到战国晚期，分别在东方齐国和西方秦国形成了两个学术中心：东方以齐国稷下学宫为中心，后来汇编有《管子》；西方以召集门客撰写了《吕氏春秋》的秦相吕不韦为中心。这两个学术中心杂糅诸家之学，带有鲜明的思想整合趋势。此外，从新发现的上博简、清华简等古书情况看，战国时期的楚国地区，也有各家学说的交融互动与交叉传播。诸子百家之学互为争鸣，为秦汉大一统帝国政治秩序的建立，做了重要的思想准备，对中国传统思想文化的转型也产生了极为深刻的历史影响。

从整体趋势看,战国历史既是西周以来以礼乐制度为核心的早期"大一统"政治解体的历史结果,又是以秦汉王朝为开端的"大一统"帝国政治的历史孕育,是古代中国文明演进的重要转折时段。对战国历史的深入了解,为我们深刻理解和把握古代中国社会变迁的整体走向,提供了一个重要的历史标本。

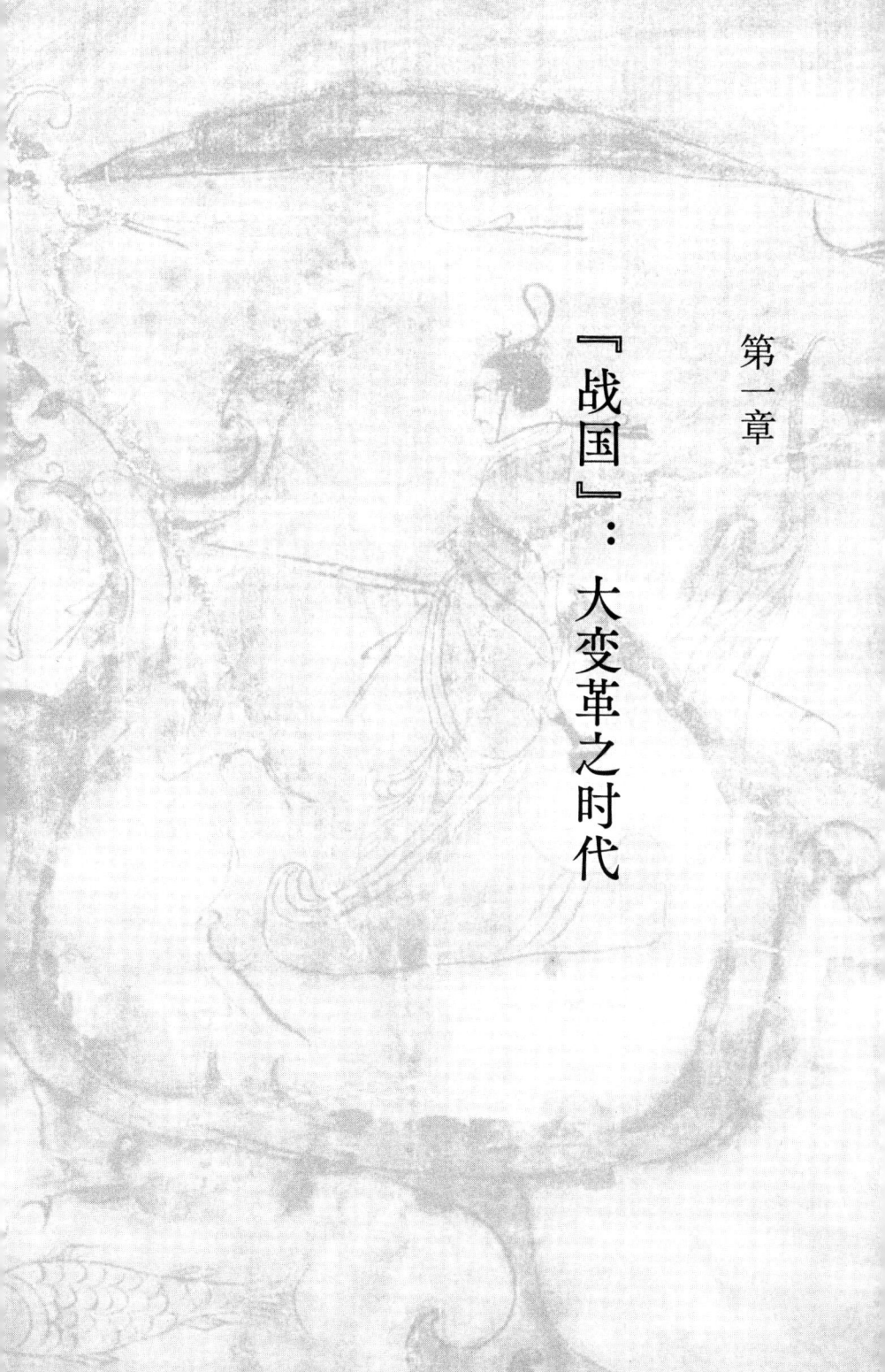

第一章

「战国」：大变革之时代

"战国"之名的由来

先秦时期,中国历史上先后出现过夏、商、周三个王朝,史称"三代"。而周朝的历史,以周平王东迁为界,又可分为"西周"和"东周"两段。公元前770年,当时的周天子平王,迫于西戎入侵的压力,将都城从丰镐(今陕西西安市长安区)迁到了东都

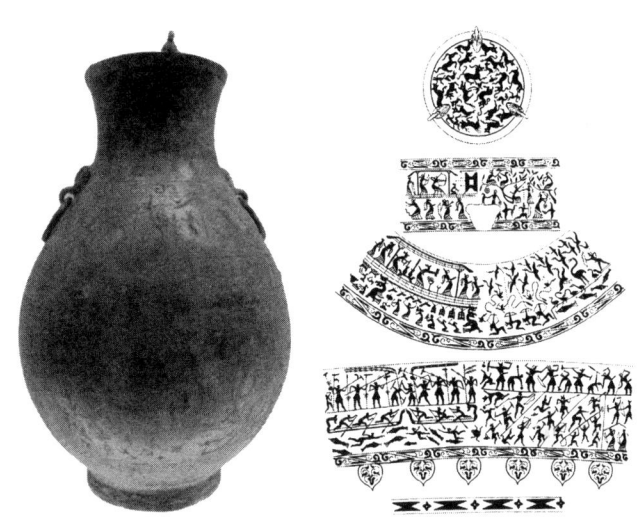

镶嵌画像纹壶(战国早期。右为壶上的宴乐渔猎攻战图)

洛邑（今河南洛阳市），史称"东周"。

东周的历史，又可细分为"春秋"和"战国"两段。严格来说，"春秋"与"战国"两词，并不是朝代之名，而是用来指称东周时期的两个特殊的历史年代。"春秋"的得名，源自相传为孔子编订的《春秋》一书。而"战国"的得名，则另有其渊源。

据史家考订，"战国"一词最早见于先秦文献中。其中，成书于战国时期的《尉缭子·兵教下》中有记载："今战国相攻，大伐有德。"而同书《兵令上》又说："战国则以立威抗敌相图，而不能废兵也。"在这里，"战国"并不是一个标志时代的特定的专用名词，而是泛指当时处于相互交战状态的各区域性国家。

而在记载战国谋臣策士言行的《战国策》一书中，也多次出现"战国"之说。如《战国策·秦策四》载顿弱说："山东战国有六。"《楚策二》载昭常对楚襄王说："今去东地五百里，

《史记·平准书》有关"自是之后，天下争于战国"的记载。

是去战国之半也。"《赵策三》载赵奢说:"今取古之为万国者,分以为战国七。"《燕策一》载苏代说:"凡天下之战国七,而燕处弱焉。"在这里使用"战国"一词,表示以魏、赵、韩、齐、楚、秦、燕等为代表的区域性大国间的战争兼并状态,其所突出强调的是各国之间的"战"的状况。这种用法一直延续到西汉时期。《史记·平准书》所言"自是之后,天下争于战国",用意也大致与此相同。

在《史记》中,叙述春秋时期之后的东周历史,用"六国"或"六国时"之称。司马迁"因《秦记》,踵《春秋》之后,起周元王,表六国时事",著成《史记·六国年表》。其中的"六国",主要是指除秦国之外的韩、赵、魏、齐、楚、燕六个东方大国。如果再加上地处西方的秦国,正好是"战国七雄"。(在《史记》中,关于秦的历史,则集中在《秦本纪》中叙述。)

到了西汉末年,刘向编定《战国策》一书,集中叙述六国时期的谋臣策士之论,成为了解战国历史的重要文本。随着此书流行,越来越多的人开始习惯将秦统一前"七雄兼并"的历史称为"战国"时代。

战国历史的起点

学术界通常认为,"春秋史"从公元前770年到公元前476年,

《史记·六国年表序》有关战国史开端的叙述。

"战国史"从公元前475年到公元前221年。[①] 之所以将公元前475年视作"春秋"和"战国"的分界点，是源于司马迁《史记》的叙事原则。

《史记·六国年表序》在叙述战国史的开端时说道："田常杀简公而相齐国，诸侯晏然弗讨，海内争于战功矣。三国终之而卒分晋，田和亦灭齐而有之，六国之盛自此始。"

这里所说的两件大事，一是田氏代齐，一是三家分晋。这两件事，是从春秋历史向战国历史过渡的两个最明显的标志，代表着历史进入了一个新的阶段。

《六国年表》还记载："秦既得意，烧天下诗书，诸侯史记尤甚，为其有所刺讥也……独有《秦记》，又不载日月，其文略不具。然战国之权变亦有可颇采者……余于是因《秦记》，踵

---

① 战国时期的起始之年，历代史家有不同说法。司马迁著《史记》以周元王元年（前476）为战国时代之开端，而司马光《资治通鉴》则以周威烈王二十三年（前403）为开端。后世学者有从《史记》者（如郭沫若主编《中国史稿》、翦伯赞《中国史纲要》），也有从《资治通鉴》者（如范文澜《中国通史简编》等）。此外，还有人以三家分晋之年（前453）为战国史之开端，而杨宽所著《战国史》则以公元前481年《春秋》绝笔作为战国的开始。之所以有这些不同说法，是因为大家对战国历史的时代划分标准存在不同看法。

《春秋》之后,起周元王,表六国时事,讫二世,凡二百七十年,著诸所闻兴坏之端。"由此可见,司马迁著《史记》,是在天下史籍被秦烧光的情况下,凭借着秦国有年而无月无日的历史记载来叙述这段历史的。为了叙述的方便,他继《春秋》所记时间之后,以周元王元年(前476)作为起始,记叙"六国时事"。

周元王是一朝天子。以天子即位元年为标志,是古人划分历史时段的常用办法。在学术界,也有采用周威烈王正式承认韩、赵、魏三家为诸侯的公元前403年作为战国史开端的。但是三家实际分晋的时间是在公元前453年周定王在位期间。本书对于战国史起点的划分,仍是依从《史记》。

战国历史的分期

战国历史,从公元前475年起,到公元前221年止,持续了两百五十多年。这一时期最明显的特点是"战争",最突出的时代主题是"耕战"。随着力量消长,各国互相侵夺,彼此兼并,出现了"海内争于战功""务在强兵并敌"的局面。

在这种情形下,西周时期的礼乐秩序遭到彻底破坏,周天子的威权也早已失效。列国兼并愈演愈烈,春秋时代的地方诸侯国有一百余国,到战国时期,见于文献的大约仅有十几个了。与此同时,一些地方性大国通过持续兼并,形成了若干重要的区域力量,最终出现了以韩、赵、魏、楚、燕、齐、秦为首的七个大国，成为当时的主导力量，史称"战国七雄"。

战国的历史进程曲折多变，极为复杂，由于各国间的形势与力量消长变化太快，故给人以凌乱且难以把握的感觉。从历史主线来看，战国时代两百五十余年的历史，大致可以分为早、中、晚三个阶段。

战国早期阶段，大致从公元前475年到公元前338年。这一阶段的主要特点是旧秩序的崩溃与新变革的推行。春秋以来，贵族政治的旧秩序至此时已逐步陷入崩溃与瓦解的状态。其中，三家分晋和田氏代齐就是标志性事件。与此同时，各国新兴统治力量迫于形势，开始励精图治，纷纷推出了一系列改革与变法措施，掀起了中国历史上最大的一波"变法潮"。各国通过变法，在政治、经济、军事、社会组织等各方面进一步清除了旧的保守势力的影响，逐渐建立了适应新时代历史情势的新型国家体制与机制，为后世历史的总体演进奠定了良好的基础。公元前338年商鞅被处死，各国的变法活动暂告一段落，标志着早期战国历史的结束。

战国历史的中期阶段，从公元前338年到公元前284年前后。这一时期的主要特点是六国之间的激烈竞争与角逐。在强大的兼并战争压力之下，各国为巩固自身势力范围，或者为了争取相对优势，一方面采取措施巩固前期改革成果，增强自身国力；另一方面则在外交、军事等领域频频活动，争取盟友，打击对手。历史上有名的"合纵""连横"运动，主要就是在这一时期展开的。此外，随着各国军备力量的发展，彼此间的兼并战争也更加激烈，战争规模不断增大，持续时间愈加持久，出现了所谓"争地以战，杀人盈野；争城以战，杀人盈城"（《孟子·离娄上》）的酷烈局面。在兼并过程中，列强各国表现各有优劣，实力互有消长，其战略选择也各有得失，最终出现了以中原地区的魏国、西方的秦国、东方的齐国、南方的楚国为主导的列强并肩称雄的局面。

战国历史的后期，从公元前284年到公元前221年秦始皇统一六国止。这段历史可视为从列强争雄到秦国独霸天下的过渡。秦国占据了这段历史的中心舞台，凭借其优越的地理位置、正确的战略选择和开放的人才政策，逐渐占据先机。而此时的山东六国，却因为各种原因无力对抗强秦，最终在秦国远交近攻策略之下，陆续被强秦所灭，由秦完成了统一大业。公元前221年，秦王政灭六国后，自称始皇帝，建立起了一统天下、跨地域的秦帝国，成为战国历史终结者，开创了中华古代文明的帝国时代。

从公元前475年到公元前221年，战国的历史最长也不过两百五十多年，这在漫漫历史长河中，不过是"弹指一挥间"。但这两百五十多年，确实是中华文明历史进程中承上启下的关键转折时代。清人王夫之在《读通鉴论》中，称之为"古今一大变革之会"。夏、商、周三代所开创的上古礼乐文明，经历了西周、春秋之变，在战国时代正式进入其"历史终结期"，新生的变革因素与旧有传统相互作用，经过战国时代的转化，最终演化为以秦、汉帝国为主体的"大地域"帝国政治格局。

总的来说，战国历史具有极为鲜明的双重性格：一方面，随

五牛枕（战国，上海博物馆藏）

着列强兼并的不断加剧，战国社会陷入严重失序与战乱纷争的局面；另一方面，在兼并战争的背后，却又有新的社会因素不断孕育，最终引导中国历史走向更加持久、更加强大且更有生命力的统一趋势。其间，各种历史因素交互作用，经历了复杂的新陈代谢机理，旧的社会因素逐渐被淘汰，新的社会结构逐渐生成。战国历史，在经济、政治、文化等各方面都发生了重大的变革，对此后两千多年的中国历史产生了极其深远的影响。从中国古代社会的总体历史进程来看，战国时代先从合到分，再从分到合，显然是这一整体进程中一个极其关键的转折阶段。

战国历史的内在魅力，也许正蕴含于这一系列时代巨变的生动细节之中。

第二章 宗法国家的凋零

三家分晋

"三家分晋"和"田氏代齐",是春秋向战国历史过渡的两个关键节点。这两件大事的发生,代表着西周春秋以来原有的宗法国家传统的瓦解,同时也代表着新兴政治力量开始崭露头角。战国历史的巨大帷幕,即由此揭开。

"三家分晋",是指春秋末年韩、赵、魏三家势力联合瓜分晋国的事件。晋国是春秋五霸之一,自晋文公成就霸业以来,在春秋时代一直颇有影响。韩、赵、魏三家,祖上原本是晋国的三位执政大夫,逐渐发展成晋国三股强大的家族政治势力,最后三家将晋国一分为三。这一事件是春秋中后期晋国国内政治斗争的最终结果,其间也经历了一个长期的积累演化过程。

晋国原是西周分封的地方诸侯,始建于西周初年。其核心位置,主要在今天的山西省境内,一直是西周王室在北方地区的重要藩屏和战略依托点。西周末年,王室衰微,周平王被迫东迁洛邑,晋国和郑国为此出了大力,成为周天子倚重的重要力量,这就是《国语·周语》中所讲的"我周之东迁,晋郑焉依"。此后,晋国逐渐演变为极有影响力的地区性诸侯大国,对当时时局的变迁产生过重要影响。

按周代宗法制度的传统做法，各诸侯国通常都以血缘关系为原则，将公室（诸侯国君）子孙封为大夫，各家大夫领有封地，作为公室的屏卫。但晋国的情况却较为特殊。晋献公时，鉴于曲沃公族恃强夺取君位、以旁支取代大宗的教训，遂采取"尽逐群公子"的办法，弱公族而用异姓大臣为卿，从此晋国不再立公子、公孙为贵族，史称"晋无公族"。晋文公时，改革军制，分置上、中、下"三军"，"三军"分设正、副卿，均由非公族大夫执掌，是谓"六卿"。后来，"六卿"逐渐从军事领域延伸到政治与民政领域，成为晋国政坛上颇有影响的家族势力。此后，晋成公以"宦卿之適（嫡）子而为之田，以为公族"，而执政的赵盾又将各家异姓大夫代为公族，结果导致晋公室力量衰微，而异姓大夫势力却大为膨胀。

晋国作为"春秋五霸"之一，其综合国力较他国为强，但晋国内部各派的斗争却一直没有歇止，而且愈演愈烈。春秋中期以后，晋国国内政局的掌控权逐渐从国君转移到了赵、韩、魏、智、范、中行等"六卿"的手中。随着君权的下移与六卿

晋献公像

势力的上升，晋国公室的土地也逐渐被六卿瓜分。六卿之间的领地转让、交换和争夺时有发生；更有甚者，在与晋国公室的斗争中，六卿为争夺民心，纷纷改小亩为大亩，废除井田，将土地分配给劳动者使用，按亩征收实物税，（参见《银雀山汉简·吴问》）开启了春秋战国时期田制改革的序幕。周敬王七年（前513），晋国的执政范宣子，又"铸刑鼎"，以成文法的形式，公布刑书，晋国法治建设也因此出现了重大变化。

晏婴像

春秋末年，六卿分守晋国之地，除了其子孙享有领地世袭的特权外，他们还往往任用家臣养士去做某县某邑的长官。这些家臣养士，就成了非世袭的食禄官僚的前身。而这种食禄官吏制度的出现，也对后世的官僚制度产生了很大的影响。

此外，晋国国内较有影响的政治势力，除六卿之外，还包括郤、栾等大家族。但经过多年的斗争，郤、栾、原、狐、庆、伯等诸家都先后败亡。据《左传·昭公三年》记载，齐相晏婴（晏子）与晋国大夫叔向有一段对话，两人讨论齐、晋两国的政局，晏子认为齐"季世也"，叔向也不禁有"虽吾公室，今亦季

"世也"的感慨。季世，也就是末世。春秋末期的晋国政局，诚如叔向所言，公室衰微日甚一日，民心离散，百姓逃亡，原有的公室贵族子弟大多"降在皂隶"；而六卿之家却日渐强大，控制了晋国的军政大权，形成了"政在家门，民无所依，君日不悛，以乐慆忧"的局面。面对这前所未有的时局危机，叔向也无力回天，只好发出"晋之公族尽矣……幸而得死，岂其获祀"的悲叹。

《左传·昭公三年》有关齐相晏婴（晏子）与晋国大夫叔向的一段对话的记载。

叔向所描述的情况，史称"六卿专政"。六卿各占地盘，各有武装，他们为争权夺利，展开了激烈尖锐的斗争，互相攻打不休。公元前458年，六卿中的智氏与赵、韩、魏三家联合，灭掉了范氏、中行氏两家而共分其地。按照原来的规矩，被灭家族的土地，应该归还给"公室"——国君，但这次四卿却将两家土地私分，引起了国君晋出公的不满。晋出公准备向鲁、齐两国求援，对四卿施压，结果却不幸被四卿赶跑，最终流亡国外。公元前456年，四卿逐晋出公，立晋哀公。晋国国政由智、赵、韩、魏四家把持，晋国国君至此已完全成为四卿的"傀儡"。

四家之中，尤以智氏势力最为强盛。智氏的首领，是曾任晋国执政的智宣子之子智襄子（名瑶，又称智伯）。智伯性格刚毅果决，仪表魁伟，勇武善射，多才多艺，能说会道，但其道德品质却不太好，属于有才无德之人。这就为后来智氏的灭亡埋下了伏笔。

智宣子去世后，智伯接任了晋国正卿的位置，他的野心日渐膨胀，但自身的弱点也充分暴露。他不仅贪得无厌，好大喜功，而且刚愎自用，不纳谏言，独断专行，为人骄横跋扈，不可一世，史称"贪而愎"。他总想倚仗自身的强势，把另外三家吃掉，以便独占晋国。于是，智伯以"强公室"为幌子，要求韩、赵、魏三家各交出一部分领地和居民，献给晋国国君，实际上是想借此削弱别人，以增强自己的实力。

三家之中，韩、魏两家实力较弱，他们自知无力与智氏抗衡，虽然不情愿，但也只好把自己管辖的万家之邑拿出来，献给了智伯。但赵氏的主君赵襄子素与智伯不睦，他不愿意屈服，坚决拒绝了智伯的要求。智伯于是大怒，遂胁迫韩、魏两家联合起兵，共同讨伐赵襄子，意欲一举而蕲灭之。

赵襄子见形势不妙，遂采取避敌锋芒的策略，退守晋阳（今山西太原市附近）。晋阳是赵氏家族经营多年的老根据地，不仅有坚固的城墙和充足的物资储备，更重要的是有当地民众的拥护与支持。

公元前454年，智伯率韩、魏两家出兵围攻晋阳，鏖战三月不下，将晋阳团团包围两年多，仍未攻克。眼见战事拖延日久却进展甚微，智伯十分焦急，最后想出了一条计策，准备用水攻，决晋水（汾水）以灌晋阳城，把晋阳变为汪洋泽国。

晋阳城被水所困，情况日渐危急。据说当时情形，"城不浸者三板"，水位只差三板（六尺），就和城墙一样高了，城中军民"巢居而处，悬釜而炊，财食将尽，士卒病羸"（《战国策·赵策一》），甚至到了"易子而食"的惨境（《史记·赵世家》），但民无叛意，依然坚守如初。

智伯带着魏桓子、韩康子巡视水情，见赵氏指日可灭，不禁踌躇满志，忘乎所以地说："吾乃今知水可以亡人国也。"

魏、韩二人闻言，马上联想到自家的事。魏桓子想到汾水可以灌安邑（今山西运城市附近，属魏），韩康子想到绛水可以灌平阳（今山西临汾市，属韩），不免暗暗惊心。但智伯却满心以为大功垂成，对韩、魏二家的微妙心态变化，丝毫没有察觉。

赵襄子为化解危机，与谋臣张孟谈策划，决定策反韩、魏。于是，张孟谈星夜潜出城外，与韩、魏二家密谈，揭露智伯贪得无厌的政治野心，并晓以"唇亡齿寒"之理。韩、魏二家终被说动，于是约好日期，共谋智氏。

赵、魏、韩三家里应外合，反击智伯。赵襄子派军夜出，袭杀智伯守堤之吏，开决汾水河堤，使河水反灌智伯营寨。智伯军队为水所淹，措手不及，乱作一团。韩、魏二家又从两边夹击。智伯军败，最后被赵襄子追上并杀死在榆次凿台，智氏之族尽灭。这一年，是公元前453年。

晋阳之战，最终确立了韩、赵、魏三家在晋国的地位。从此，晋国的政局，就从"四卿并立"转而成为韩、赵、魏"三卿分治"的局面，这就为日后"三家分晋"奠定了基础。

公元前438年，晋哀公去世，其子晋幽公即位。此时，晋国的公室已毫无权威，能够控制的地盘也只有绛（今山西运城市新绛县附近）与曲沃（今山西临汾市曲沃县）二邑，其余的土地，全部被三家瓜分。晋幽公非但不能号令韩、赵、魏三家，反而要去朝见三家之君。从此，韩、赵、魏合称为"三晋"。

魏文侯像

公元前403年，周天子"初命晋大夫魏斯、赵籍、韩虔为诸侯"（《资治通鉴》卷一）。韩、赵、魏三家终于得到了周天子的正式册封，获得了与其他老资格诸侯国君平起平坐的地位与名分。三国的开国国君，分别称魏文侯、赵烈侯和韩景侯。正因为如此，这一年，也被后世部分史家视为春秋与战国的历史分界点。公元前376年，韩、赵、魏共同废掉了晋静公，将晋公室剩余土地瓜分殆尽。曾经作为春秋霸主的晋国，就这样消失了。

三家分晋，是春秋后期晋国公室式微、私家渐强局势持续演进的最终结果。魏、赵、韩三国正式获得周天子的册封，代表着春秋以来原有宗族国家政治传统的最终衰落与新兴政治势力的正式登台，成为中国历史上一个具有划时代意义的重大事件。

三家分晋之后，诸侯各国之间的兼并战争变本加厉，社会局势更加动荡不安，中国历史正式进入了"海内争于战功""务在强兵并敌"的战国时代。此后，春秋之世原有的大多数中小诸侯国家陆续被灭，仅存的一些老牌诸侯国也势衰力竭，逐步退出历史的核心舞台；而早已名存实亡的周王室，则逐渐降为下等小国，根本没有地位。战国局势最终形成了以齐、楚、燕、韩、赵、魏、秦七雄并立为主的局面。

田氏代齐

田氏代齐，指的是春秋末期到战国初年，齐国的贵族田氏取代原来的姜姓国君，正式成为齐侯的事件。田氏代齐不仅是齐国历史上的一件大事，同时也是中国历史从春秋时代向战国时代过渡的又一重大标志。这一事件的发生，与三家分晋一样，也是春秋中期以来国内政局长期演变的结果。从这一事件中可以看出，代表旧的传统势力的姜齐日渐衰微，最终被代表新兴势力的田齐所取代。

齐国，原是西周初年周天子封太公吕尚于齐地而建立的地方诸侯国。史载，太公吕尚设都城于临淄（今山东淄博），沿袭"齐风"以治齐，最终奠定了齐的大国地位。齐国疆域也逐渐拓展到泰山以北及胶东半岛的广大山东地区。太公姓姜——先祖曾封于吕，故以吕为氏，而称"吕尚"——故齐国为姜姓之国。在西周历史上，姬、姜两姓互为婚姻，所以齐国颇为周王室所倚重，是当时藩屏周王室、控制东方局势的重要力量。

齐国地理位置优越，物产丰富，颇有"渔盐山海之利"。春秋时期，齐桓公在名相管仲的辅佐下，使齐国崛起成了"春秋五霸"之首，奠定了齐国的地区性大国之历史地位。

但从春秋中期开始，齐国的内部出现了一系列问题。齐国国君的威望受到了很大的削弱，以田氏为代表的异姓卿大夫势力趁机崛起。

齐国田氏的祖先，本名陈完，是春秋时期陈国国君陈厉公的儿子，后因陈国内乱而逃难到齐国，为齐桓公所收留，遂改称"田完"。齐桓公让田完担任工正，负责管理齐国的百工。据《左传》记载，齐大夫懿仲欲嫁女给田完为妻，遂进行占卜，卜辞是：

> 凤凰于飞，和鸣锵锵。有妫之后，将育于姜。
> 五世其昌，并于正卿。八世之后，莫之与京。

意思是说，有妫氏的后代陈氏，将在姜姓那里成长；五代之后，就要昌盛发达并取得正卿的地位；八代之后，地位之高，就没人比得上了。

这个类似预言式的占卜，多半是后人根据历史事实而刻意附会的结果。但这段预言，正可以揭示田氏代齐的大致过程。

总的来说，田氏代齐，经历了三个阶段：

第一个阶段，从田完到第四代田文子，为"潜伏"阶段。此时的田氏，世袭齐国工正之职。因其初到齐国，立足未稳，没显出特别的迹象。

第二个阶段，从第五代田桓子到第七代田成子，为崭露头角阶段。其间，田氏历经田桓子（田无宇）、田僖子（田乞）、田成子（田常）三代，先后事齐庄公、齐景公、齐悼公、齐简公四君，成为齐国极有影响的贵族。

田桓子名叫无宇，深得齐庄公宠信，庄公将自己的女儿孟姜嫁给了他。传世的春秋青铜器中，有一件"桓子孟姜壶"，就是田桓子之父田须无（谥文子）去世后，桓子与孟姜共同铸造以表达悼念的器物。

齐庄公去世后，齐景公即位。史载，齐景公好治宫室，聚狗马，喜奢侈而厚赋重刑，公室仓廪中布、帛、稷、粟都放到腐烂，生了虫子，人民却生活无着，饿殍载道，劳役不止，遇到灾情也得不到赈济。很多人还因触犯刑法被砍脚，出现了"国之诸市，屦贱踊贵"的异常现象。田桓子之子田僖子趁机收买民心，他将量制从四进制[①]改为五进制，向百姓借贷粮食时用新制，而还贷时用旧制，也就是采取"收赋税于民以小斗受之，其禀予民以大斗"（《史记·田敬仲完世家》）的办法，使百姓心向田氏，

---

① 即四升为豆，四豆为区，四区为釜，十釜为钟。

田氏家族的影响力因此日益扩大。

据《左传·昭公三年》记载，齐相晏婴（晏子）出使晋国，与晋国大夫叔向讨论齐国政局：

> 晏子曰："此季世也，吾弗知。齐其为陈氏矣。公弃其民，而归于陈氏。齐旧四量：豆、区、釜、钟。四升为豆，各自其四，以登于釜，釜十则钟。陈氏三量皆登一焉，钟乃大矣。以家量贷，而以公量收之。山木如市，弗加于山；鱼盐蜃蛤，弗加于海。民三其力，二入于公，而衣食其一。公聚朽蠹，而三老冻馁。国之诸市，屦贱踊贵。民人痛疾，而或燠休之，其爱之如父母，而归之如流水。欲无获民，将焉辟之？箕伯、直柄、虞遂、伯戏，其相胡公大姬，已在齐矣！

另据《史记·齐太公世家》记载，齐景公派晏婴出使晋国，晏婴私下对叔向说："齐国政权最终将归田氏。田氏虽无大的功德，但能借公事施私恩，有恩德于民，得到了人民拥戴。"可见，田氏用这种办法笼络人心，还是很有成效的。

据说，当时的齐相晏婴曾力劝齐景公想办法阻止田乞，但景公不以为然。晏婴去世后，田氏在齐国政坛中就更为活跃了。

齐景公死后，齐国大权掌握在国惠子和高昭子两位国卿手中。国、高二氏，均出于姜姓，皆为齐太公之后，是吕氏的旁支，他们世代为齐国上卿，并受周天子所任命，是齐国最有势力的两家贵族，对齐国政局有着重要影响。田乞采取韬光养晦之策，暗中联合鲍牧等贵族，攻杀国惠子和高昭子，立阳生为齐悼公，从而顺利地掌握了齐国的国政。齐悼公后，又历齐简公、齐平公，到齐宣公时，田乞的孙子田襄子担任齐相，田氏几乎已经将整个齐国掌控在自己手中。

第三阶段，是田和代齐。

经过几代人苦心经营，田氏在齐国政局中占据越来越重要的位置。齐宣公去世后，齐康公即位。田氏也传到了田和这一代。田和继续担任齐相，而齐康公长期沉溺于酒色，不理朝政。公元前391年，田和把齐康公迁到了海滨，只给他一座边城作食邑，权作对其祖先的祭祀费用。田氏自立为齐君，仍定国号为"齐"，史称田和为田太公。

公元前387年，田太公与魏武侯会于浊泽（今山西运城市西）。这时，韩、赵、魏三家已经分晋，并得到了周天子的承认，成为正式诸侯。田和遂请魏文侯向周天子说情，请周天子也承认他为齐国国君。田和最终于第二年获得周天子的允准，正式成为周天子任命的诸侯国君。

公元前379年，齐康公死，原先立国的西周诸侯姜氏从此绝祀，齐国全部为田氏所统治。从此，齐国国君从姜氏换成了田氏，"田氏代齐"大业最终完成。因为仅仅是国君易姓，国名并未改变，故春秋以前的齐国，人称"姜齐"，而战国时代的齐国，则被称为"田齐"。

用现代的眼光来看，"三家分晋"和"田氏代齐"，代表着战国初期新生政治势力取代传统宗法势力,最终成功登上历史舞台的两种途径。两者间的区别,前者是瓜而分之,后者是取而代之,所走的路径虽不太一样,其实质却是一样的。这两件事情的发生,宣告了一个旧时代的终结,同时也代表着一个新时代的开始。战国历史的帷幕,以"三家分晋"和"田氏代齐"为标志,最终得以揭开。

第三章 列国变法

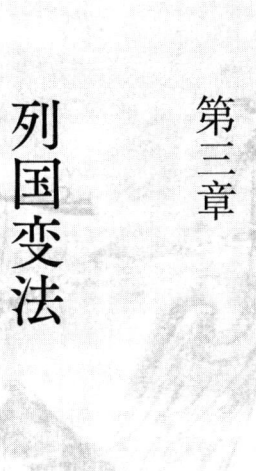

李悝变魏

三家分晋和田氏代齐，揭开了战国历史的帷幕，意味着一个"天下竞于力气"的严酷竞争时代的来临。各国为了在日渐严酷的兼并形势下谋取生机，纷纷兴起了变法改革运动。战国历史的第一幕，就是从列国变法的陆续推行开始的。

战国时期的列国变法，以魏国的李悝变法为先声。

韩、赵、魏三家分晋，赵氏获利最多，不仅得到了晋国北部的大片土地，还向东越过太行山，占有了邯郸、中牟等，而魏、

李悝浮雕像

韩所得相对要少一些。

其中魏国的形势尤为严峻。魏国的核心地区在今山西运城谷地，北有强大的赵国，东有新兴的韩国，西边是一河之隔的秦国，南边越过中条山和黄河，则是秦、楚、郑等列国拉锯争夺的陕地（今河南三门峡陕州区及渑池县和灵宝地区）。因此，魏国被紧紧夹困在晋西南之一隅，是典型的"四战之地"。虽然地势看似易守难攻，但也极易被邻国封锁。

面对列强兼并的严峻形势，魏国一方面要设法自强，提升国力，避免为列强所吞，另一方面则要考虑打破封锁，谋求向外发展。因此，从战国初年开始，魏国就面临强烈的紧迫感和严重的危机感。要想求得生存，就要改变体制，于是，魏国最先酝酿起了一场变革运动。

魏文侯四十年（前406），魏文侯任用李悝为相，推行变法。

李悝，河南濮阳人。名悝，一作克。有的古书中，还把他的名字写成"里克"，或讹作"李兑""季充"。李悝曾受业于孔子的弟子子夏，可视为儒门后学。《汉书·艺文志》"诸子略"之"儒家类"文献，著录有《李克》七篇。他曾做过魏国的中山相和上地守，是当时魏国比较有名的政治家。但可惜的是，因为《史记》等书并未给李悝专门立传，后世对他的身世有不少异说。如，东汉人桓谭认为，李悝曾是魏文侯的师傅；而班固、高诱等人则认为李悝是文侯之相，到底何者为确，目前尚难考实。但可以肯定的是，魏文侯时，魏国能走上富强之路，李悝的确为之做出了杰出的贡献。

李悝变法开战国变法之先河，吹响了战国时代各国变法的号角，影响巨大。司马迁在《史记·平准书》中写道："魏用李克（即李悝），尽地力，为强君。自是之后，天下争于战国。"意思是说，李悝变法正式拉开了战国时代群雄逐鹿的序幕。班固在《汉书·食货志》中称："（李悝变法）行之魏国，国以富强。"

李悝变法涉及经济、政治、法律、军事等多个领域，其主要内容有：

《史记·平准书》有关"魏用李克（即李悝），尽地力，为强君。自是之后，天下争于战国"的记载。

1.经济上，推行"尽地力之教"，实施"平籴法"。

李悝变法首重经济领域。他认为，变法的根本首先在农业。农业是财富产生的源泉，农业如果受损，国家就会贫穷，所以，要使魏国变强，首先就要从农业入手，采取措施驱民务农，提高农业产量。

李悝首先提出了著名的"尽地力之教"原则。他认为，方圆百里的范围内，有土地九万顷，其中，山泽、人居占三分之一，还可垦田六万顷，若"治田勤谨，则亩益（增产）三斗，不勤，则损（减产）亦如之"（《汉书·食货志》）。也就是说，方圆百里之地，每年的粮食产量，由于勤与不勤，或增产一百八十万石，或减产一百八十万石。此数关系重大，因此必须鼓励人民从事农业生产。

综合史书记载，李悝推行"尽地力之教"，大致包含如下内容：

其一，"必杂五种，以备灾害"（《太平御览》卷八二一引《史记》；《通典·食货二·水利田》）。尽量采用多种作物混种的方式，避免单一种植，以增加产量，防备灾害年的缺粮少食。

其二，"力耕数耘，收获如寇盗之至"（引文同上）。政府要承担农业生产管理的责任，督促农民努力耕作，指导农民勤于除草，加紧抢收，像强盗"劫掠"那样颗粒归仓。

其三，"还（环）庐树桑，菜茹有畦，瓜瓠果蓏，殖于疆易"（引文同上）。要求农民充分利用空闲土地，在住宅周围种树栽桑，菜园里要种多种蔬菜，连田埂上也要利用空隙多种瓜果，以提高种植面积，提升农产品的产量。

李悝推行"尽地力之教"的这些规定，是基于当时魏国地少人多的现实国情，试图通过政府加强农业生产管理和指导，提高农作物单位面积产量，以达到增加土地收益的目的。这一思路，总体上是适合战国农业生产的发展趋势的。

为了确保农业生产的稳定性，预防灾害发生，李悝还提出"平籴法"，加强社会保障。李悝注意到，粮食价格的稳定，是社会稳定的重要前提。他指出:"籴甚贵伤民,甚贱伤农。民伤则离散,农伤则国贫,故甚贵与甚贱,其伤一也。"因此,"善为国者,使民毋伤而农益劝"。(《汉书·食货志》)

为此,李悝专门替小农家庭(即所谓"五口百亩之家")算了一笔收支账:

> 今一夫挟五口,治田百亩,岁收亩一石半,为粟百五十石,除十一之税十五石,余百三十五石。食,人月一石半,五人终岁为粟九十石,余有四十五石。石三十,为钱千三百五十,除社闾尝新、春秋之祠,用钱三百,余千五十。衣,人率用钱三百,五人终岁用千五百,不足四百五十。不幸疾病死丧之费,及上赋敛,又未与此。此农夫所以常困,有不劝耕之心,而令籴至于甚贵者也。

面对小农生产剩余积累偏弱的局面,李悝提出,必须由国家出面,采取"平籴法",积极干预粮价:

> 是故善平籴者,必谨观岁有上、中、下孰。上孰其收自四,余四百石;中孰自三,余三百石;下孰自倍,余百石。小饥则收百石,中饥七十石,大饥三十石,故大孰则上籴三而舍一,中孰则籴二,下孰则籴一,使民适足,贾平则止。小饥则发小孰之所敛,中饥则发中孰

之所敛，大饥则发大孰之所敛而粜之。故虽遇饥馑、水旱，籴不贵而民不散，取有余以补不足也。

"尽地力之教"的目标，是进一步确定国家作为农业生产管理者的责任，统一分配农民耕地，督促农民勤于耕作，以增加生产。"平籴法"的推行，则是为了避免谷贱伤农、谷贵扰民，强调由国家出面，取有余以补不足，在丰收时平价收购粮食以储存，饥荒时又平价卖粮以确保民生。这种由国家出面，采用积极干预政策稳定农产品供应的做法，开创了后世王朝"均输""常平仓"等法的先河。

李悝变法的农业政策，为魏国的强盛奠定了坚实的经济基础，促进了战国农业生产方式的变革，成为魏国强盛的重要基石；同时也为后世王朝稳定农业生产、落实社会保障，提供了重要的历史经验和政策参照。

2.政治上，推行"食有劳而禄有功"。

李悝将政治改革的矛头，指向爵禄世袭制。所谓爵禄世袭，也称"世卿世禄"，指的是西周和春秋时期的宗法制国家中，贵族世代享有其祖上获得的爵位、官位以及相应俸禄的相关制度。春秋战国之交，世卿世禄制的弊端早已暴露无遗。贵族子弟长期养尊处优、骄奢淫逸，居官不谋官事，为国不念国政，整日声色犬马、纸醉金迷，不仅不能为国家建立尺寸之功，还要消耗大量国家财富，李悝称之为"淫民"。淫民的大量存在，导致社会上层的腐化，严重阻碍了有为、有志之士的进身之途，造成了国家力量的贫弱。

据《说苑》记载，魏文侯向李悝请教"为国之道"，李悝答曰："为国之道，食有劳而禄有功，使有能而赏必行，罚必当。"意思是说，要让那些立有功劳的人享有俸禄，要使用有才能的人，做到赏罚得当。魏文侯又问："我赏罚是很得当啊，可民众还是不愿为我出力，这是为什么呢？"李悝回答："那是不是因为这个国家里有'淫民'呢？"于是，李悝提出，只有剥夺淫民的世卿世禄，才能招来四方的有为之士（"夺其禄以来四方之士"）。

魏文侯采纳了李悝的建议，取消了魏国贵族的特权，建立起一套以战功和才能选拔任用官吏的制度，使得一大批新兴势力的代表人物乃至有作为的平民，得以通过国家的人才选拔进入权力中心。这种人才竞优机制的建立，极大地激发了魏国的政治活力，提高了国家的行政效率，成为魏国强大的重要制度保证。

如果说李悝的经济变法措施，有力地打破了旧的生产关系的话，那么他针对爵禄世袭制而采取的政治改革措施，则直接动摇了旧的宗法国家的上层建筑。作为第一个"吃螃蟹"的人，李悝无疑有着巨大的勇气和智慧。

3. 编撰《法经》，强调"以法为治"。

春秋战国之际，社会管理到底是采取"礼治"还是"法治"，是一个颇有争议的问题。春秋中期以后，郑国子产铸刑鼎，晋国范宣子制刑书，都曾在当时引起过很大的争议。但就社会发展总体趋势看，推行"法治"实乃历史的必然之举。

李悝是坚定的"法治"派。史载，李悝"撰次诸国法"，著成《法经》一部，以法律形式肯定和保护变法成果，这是战国法治建设的重大事件。《法经》也成为我国历史上第一部比较系统的成文法典。

《法经》原书早已失传，但《晋书·刑法志》和《唐律疏议》保存了其篇目，明代董说《七国考》引桓谭《新论》，也披露了其中的部分内容。据文献记载，李悝著《法经》，"以为王者之政莫急于盗、贼，故其律始于《盗》《贼》；盗、贼须劾捕，故著《网》《捕》二篇；其轻狡、越城、博戏、借假、不廉、淫侈、逾制，以为《杂律》一篇"（《晋书·刑法志》）。

《法经》包括《盗法》《贼法》《囚法》《捕法》《杂律》和《具律》等六篇，《盗法》是关于处理盗窃、抢劫财物的条文；《贼法》是关于毁法叛乱、行凶杀人的条文；《捕法》是关于捕捉盗和贼的条文；《囚法》是关于关押盗和贼的条文；《杂律》包括淫禁、狡禁、城禁、嬉禁、徒禁、金禁、禁止淫侈、逾制等内容；《具律》是《法经》的总则。

《法经》的制定，以"王者之政"为急务，目的是维护和巩固君主对国家的统治权力，贯穿了"不别亲疏，不殊贵贱，一断于法"的"法治"原则，打破了传统宗法社会的贵族等级特权制，沉重打击了旧的贵族势力，具有鲜明的时代进步意义。

作为我国历史上第一部系统的法典，《法经》集春秋战国之交各国立法之大成，用法律形式把魏国变法的内容固定下来，并初步确立了中国古代法律的基本原则和体系，对后世影响极大。

《唐律疏议》记载，李悝著《法经》，后经商鞅传授，改法为律。商鞅变法实行的"连坐法"，就是《法经》中"徒禁"的进一步发展。汉相萧何又增《户律》（婚姻、赋税）、《兴律》（擅兴徭役等）、《厩律》（畜牧马牛之事）等三篇，是谓汉代《九章律》。后来的《唐律》，乃至明清刑律，无不秉承着李悝《法经》的立法原则。《法经》作为中国历史上第一部较为系统的法典，成为中华法系的鼻祖。

　　此外，李悝变法还包括一些其他方面的内容，如军事上，李悝帮助魏国创立了"武卒"制，使魏国保持了强大的军事力量。

　　李悝变法揭开了战国大变法运动的序幕。从李悝开始，各国纷纷推出变法强国之策，最终汇成了一股时代潮流，使战国演变为中国古代历史上规模最大、历时最长、成效最显著的变革时代。各国在政治、法律、军事、经济、文化等方面的深入革新，带动了整个社会结构的变化和制度体系的创新。经过此番转化，中国古代文明自战国时期开始，逐渐进入了一个更广泛、更深刻的发展阶段。

　　李悝变法，使魏国经济得到极大发展，国力增强，同时还吸引了一大批来自各国的优秀人才，促成了魏文侯时期魏国的强盛。魏国迅速成为最早崛起的地区性强国，西攻秦国，尽取其河西之地；北越赵境，灭中山国[①]；东伐齐九年，破其长城；南征

---

① 魏灭中山是中山国第一次被灭国，后中山桓公复国，国力一度强盛，后衰，公元前296年又为赵国所灭。

楚地，连克数邑……这种种举措，使魏大有并吞天下之势。

吴起变楚

春秋以来，楚国一直是南方的区域性大国，其势力曾一度拓展到黄河中游地区。但自春秋末期始，楚国国内政局不稳，出现了王权旁落、大臣权势太重、封君太众等弊端，导致民不聊生，饿殍遍野，甚至连贵为国君的楚声王竟然也被"盗"所杀，可谓乱象纷呈。而此时，三晋、齐、秦等国都在迅速崛起，对楚步步进逼，楚国处于内外交困的窘境。

就在此时，吴起来到了楚国。吴起是卫国左氏（今山东菏泽市曹县西北）人，战国时期著名的军事家和改革家，以善于用兵而闻名，著有兵书《吴子》。吴起先仕鲁，后仕魏，曾与李悝、乐羊等人同为魏文侯之臣。魏文侯时期，吴起的军事才能在魏国曾有出色发挥。魏文侯死后，魏相公叔痤离间吴起与魏武侯的关系，吴起被迫离魏奔楚。

吴起像

楚悼王素闻吴起贤能，遂于公元前382年任命吴起为令尹，主持政局。吴起在楚悼王的支持下，开始在楚国强力推行变法措施。

吴起变法的内容，散见于各类典籍之中，归纳起来，包含如下几个方面：

1. 改革爵禄制度，废除世卿世禄。

吴起变法之前，楚国爵禄是世袭的。先辈有功受爵禄，后代子孙虽无功亦可承袭；而新兴的军功阶层却没有爵禄，这极大地挫伤了他们的积极性。变法伊始，吴起从"为楚减爵禄之令"（《淮南子·泰族训》）入手，采取"均楚国之爵，而平其禄，损其有余，而继其不足"（《说苑·指武》）和"废公族疏远者以抚养战斗之士"（《史记·孙子吴起列传》）的做法，削减楚国无功劳的贵族及其后代的福利待遇，对有军功的人员则授予爵禄，以激发他们为国效力的积极性。同时，吴起还推出"使封君子孙三世而收爵禄"（《韩非子·和氏》）的政策，废除了贵族世卿世禄制度，有效解决了楚国"封君太众"的问题。《韩非子·喻老》云："楚邦之法，禄臣再世而收地。"《淮南子·人间训》云："楚国之俗，功臣二世而爵禄。"这与吴起变法中的"封君子孙三世而收爵禄"条文相合，应该是吴起变法以后出现的。

2. 整顿吏治，"卑减大臣之威重"。

"大臣太重"，是楚国政治的又一大弊端。吴起从整顿吏治入手，"塞私门之请，壹楚国之俗"（《战国策·秦策三》），杜绝权门请托之风，廓清吏治。同时，采取"禁朋党以励百姓"（《史记·范雎蔡泽列传》）的办法，禁止官吏结党营私，同时强调为官要"私不害公，谗不蔽忠，言不取苟合，行不取苟容，行义不顾毁誉"（《战国策·秦策三》），奖励百官尽忠守职，有效整顿了楚国吏治，削减了大臣的威重，切实提升了楚君的政治权威。

3.选贤任能，裁撤冗官。

吴起又提出"罢无能，废无用，损不急之官"，罢黜官员中的无能、无用之辈，有效地提升了楚国的行政效率，同时也有利于进一步削弱权豪的威势。

4."令贵人往实广虚之地"。

吴起认为："荆所有余者地也，所不足者民也。今君王以所不足益所余，臣不得而为也。"在楚王的支持下，吴起采取徙贵族于边境以"实广虚之地"的拓土殖民政策，不仅在政治、经济上进一步剥夺了旧贵族的特权，而且有效地改变了楚国边疆地区的社会发展格局，促进了楚国边地开发和社会经济的均衡发展，同时也有力地促进了楚国文化向南扩展。史载，"吴起相悼王，南并蛮越，遂有洞庭、苍梧"（《后汉书·南蛮西南夷列传》），广大的江南地区因此正式归入楚国范围，岭南各地与长江流域、黄河流域的经济、文化交流，也得以进一步加强。

5."禁游客之民，精耕战之士"。

吴起认为，在战国天下争利的时势下，"要在强兵，破驰说之言从横者"。他提出了"禁游客之民，精耕战之士"的政策，强调耕战并重，严格限制游手好闲之民，有效地提升了楚国军队的战斗力。吴起还借鉴李悝在魏变法的成功经验，提出了"明法审令"的主张，极大地提高了楚人对"废其故而易其常"的接受程度，树立了变法的权威性。

吴起变法，以"富国强兵"为目的，客观上有力地维护了楚国中央集权的政治权威和社会控制能力，提升了楚国的综合国力。当然，变法的过程，同时也是利益调整的过程。吴起作为一个外来者，跻身于楚国上层，厉行变法，对楚国旧贵族利益造成了损害，所遇到的阻力之大、反对之烈，也是可以想见的。所幸吴起得到了楚悼王的鼎力支持。楚悼王将国政交与吴起，对其言听计从。而吴起事悼王，也极其负责，不辞祸凶，体现出毅然决然的彻底改革精神。

吴起变法的很多措施，遭到了楚国旧贵族的激烈反对。据《吕氏春秋·开春论·贵卒》记载，吴起"令贵人往实广虚之地，皆甚苦之"，楚之贵族皆欲害吴起。楚悼王去世后，楚国贵戚乘机作乱，在楚悼王灵堂上，群起而攻击吴起。吴起躲到楚悼王的停尸之处，贵族们用箭射杀吴起，但同时也射中了悼王的尸体。按照楚国法律，"丽兵于王尸者，尽加重罪，逮三族"。楚肃王继位后，命令把作乱的贵族全部处死，诛灭三族，受牵连被灭族的有七十多家。楚国贵族阳城君也因参与此事而逃奔国外，其封地被没收。楚国反对变法的旧贵族势力因此受到了沉重的打击。吴起用这种惨烈的同归于尽的方式，为他在楚国的变法画上了句号。

吴起变法，实际上是在楚国新兴势力的支持下采取的重大社会变革措施，对战国列强争霸格局的形成产生了深远的影响。

吴起变法极大地促进了楚国从贵族政治向官僚政治的转化，极大地提升了楚国的综合国力。变法之后，楚国成了南方强国，"南平百越，北并陈、蔡，却三晋，西伐秦"（《史记·孙子吴起列传》）。公元前381年，楚国出兵援赵，与魏国"战于州西，出梁门，军舍林中，马饮于大河"（《战国策·齐第五》），魏军大败，魏国河内郡与首都安邑（今山西运城市夏县西北）的联系被切断。这是楚国自春秋时期楚庄王称霸以后，又一次打到黄河岸边。这使得各诸侯对楚国的强大都心怀畏惧。

与李悝变法相比，吴起在楚国变法时间较短，变法成果并未完全巩固下来。吴起死后，楚国在政治制度上虽有一些改革，但其军政大权始终掌握在贵族昭、景、屈三家之手，政治上比较腐败。此后，楚国虽一度出现宣威盛世，但稍后却渐渐走上了下坡路，这与此次变法的不彻底有关。韩非说："楚不用吴起而削乱，秦行商君而富强。"（《韩非子·问田》）后来楚国历史的发展，完全印证了这一观点。

申不害相韩

继李悝变魏、吴起变楚之后，三晋地区的韩国，在国君韩昭侯即位后，也开始积极谋求变法之策。

与赵、魏相比，韩国在战国初期的发展相对缓慢。公元前375年，韩国灭郑国，其版图有所扩大，但仍面临不小的压力。

据说，在申不害相韩之前，韩国也曾推行过某些改革措施，但由于不甚彻底，反而在政治上造成了一些混乱。《韩非子·定法》记载，"晋之故法未息，而韩之新法又生；先君之令未改，而后君之令又下"，政令不统一，朝令夕改，让人无所适从。而贵族官吏们则乘机瞒上欺下，导致吏治腐败，国弱民贫，使韩国在列强竞争中处于相对的弱势。在当时严峻的兼并形势下，若不主动变法，就有落后挨打、被人吞并的危险，韩国自然也不例外。

韩昭侯颇具雄心，他即位后，积极采取改变弱势的对策。公元前355年，韩昭侯破格起用申不害为相，在韩国推行变法措施。

申不害（约前385—前337），亦称申子，郑韩时期京邑（今河南荥阳东南）人。申不害少学"黄老刑名之术"，主张将法家的法治与道家的"君人南面之术"结合起来，是战国中期法家学派的著名代表人物。

申不害原为郑人，韩国灭郑后，申不害成为"亡国贱臣"。他能得到韩昭侯的赏识，主要是靠两件事情：

其一，韩昭侯四年（前359），素与韩有隙的魏国出兵伐韩，申不害审时度势，建议韩昭侯执圭（古时臣下朝见天子时所执的一种玉器）去见魏惠王，主动示弱，以解危难，果然有效化解了危机，令韩昭侯刮目相看。

其二，公元前353年，魏国起兵伐赵，围赵都城邯郸，赵成侯派人向齐国和韩国求援。申不害暗中揣摩韩昭侯心思，建议联齐伐魏救赵，最终破解了赵国邯郸之围。

韩昭侯从申不害处理外交事务的卓越表现中，发现这位"郑之贼臣"是位难得的治国人才，于是力排众议，于公元前351年破格拜申不害为相，以求变革图强。

申不害相韩后，针对韩国当时的政治现实，建议韩昭侯推行变法改革。同时，他又吸取并改造黄老道家的"君人南面之术"，提出了一整套"修术行道""内修政教"的"术"治方略。

申不害变法的第一步，是整顿吏治，加强君主集权统治。他在韩昭侯的支持下，首先向挟封地自重的侠氏、公厘和段氏三大强族"开刀"，果断收回其特权，摧毁其城堡，清理其府库财富以充盈国库，不但稳定了韩国的政治局面，而且使韩国实力大增。

申不害变法的第二步，是以加强"术治"为手段，整顿官吏队伍。"术"是讲国君控制大臣及百官的手腕、手法，也就是我们平时所说的权术。"术"与"法"不同，"法"面向全体臣民，"术"则主要是针对官吏臣属；法要君臣共守，"术"则由国君独操；"法"要公开申明，"术"则要藏于胸中，不露声色，因此"术"又称为"秘术"。

申不害强调，君主有了势，定了法，还必须积极推行"术治"，以"术"来联通"势"与"法"，就可如虎添翼，无论动或是静，都会使臣下慑服，最终巩固其统治地位；否则，就会威严而不受用，刻板而不通达。

申不害的"术治"包括两方面内容。

一是"阳术"，其核心是《韩非子·定法》所谓"因任而授官，循名而责实，操杀生之柄，课群臣之能"。申不害采取措施加强对官吏的整顿、考核与监督，重点是考查官吏是否能为百姓办实事，是否称职，言行是否一致，对君主是否忠诚等，根据考察的实际情况来决定官员任免。其实质是建立一套科学的官吏考核机制，这对于选拔贤良人才、提高行政效率都有积极意义，使韩国政局有所好转，出现一派生机勃勃的局面。

申不害"术治"的第二层含义，就是所谓"阴术"，强调君主要善用"势"和"法"，通过各种耳目和手段，明察秋毫，及时了解臣下动态，发现其弱点及阴谋，以有效控制、驾驭臣下，防范臣下的欺瞒，增强君主的控制力。这实际上是一种阴谋和权术手段。如此看来，申不害重"术治"，不仅为后世帝王加强君主集权提供了理论和经验，同时也为一些人搞阴谋诡计开了先河。

《韩非子·定法》有关"因任而授官，循名而责实，操杀生之柄，课群臣之能"的记载。

申不害变法的第三步，是整编军队。他建议韩昭侯整肃军兵，自己主动请命担任韩国的上将军，把原有的贵族私家亲兵收编为统一的国家军队，进行严格训练，使韩国军队战斗力大为提高。

申不害变法也涉及经济领域。他重视农业，强调"土，食之本也"（《太平御览》引文），他还说："昔七十九代之君，法制不一，号令不同，然而俱王天下，何也？必当国富而粟多也。"（《申子·大体》）因此，他主张多开荒地，多种粮食，以增加国家财富积累。此外，他还重视和鼓励发展手工业，促进了韩国的冶铸业，特别是兵器制造业的发展，以致"天下之宝剑韩为众"（《史记·苏秦列传》）、"天下之强弓劲弩皆自韩出"（《战国策·韩策一》）。

总的来看，申不害在韩国的变法，以强化君主集权能力为核心。他的"修术行道"政策，对于积极维护君主权威、解决韩国在推行君主集权过程中出现的君臣矛盾与行政支配问题，有很强的针对性，在某种程度上契合了战国政治体制的发展趋势。

《史记》记载，申不害相韩十五年，"内修政教，外应诸侯"，帮助韩昭侯推行"法治""术治"，使韩国君主专制得到加强，国内政局得到稳定，贵族特权受到限制，百姓生活渐趋富裕，国力也有所增强，"终申子之身，国治兵强，无侵韩者"（《史记·申不害韩非列传》）。韩国虽然处于强国包围之中，却能平安无事，成为与齐、楚、燕、赵、魏、秦并列的战国七雄之一，申不害变法的功劳是不可忽略的。

但申不害以"术"变法，也有其负面影响。申不害对术治的过分倚重，特别容易造成"一言正而天下定，一言倚而天下靡"（《申子·君臣》）的问题，这是非常危险的。正因为申不害用"术"有余，定法不足，因此其变法改革并没有从根本上解决韩国的问题。韩昭侯一死，韩国很快又衰落了。

邹忌相齐

田氏代齐以后，齐国国内政局有所改变，但依然面临着列国兼并的强大压力。齐威王时期，他看到李悝变法、吴起变法的具体成效，也立志改革，于是任用邹忌为相，展开变法运动。

邹忌（约前385—前319），齐人，《史记》中作"驺忌"。田齐桓公时，任齐大臣，齐威王时为相，后被封于下邳（今江苏邳州市西南），号成侯。邹忌以相貌出众而闻名于世，是当时有名的"美男子"，而他的道德品行也颇受时人赞扬。

齐威王即位初年，对国事不甚关心，放任属下官员，致使齐国百姓嗟怨，难享太平，同时也招致诸侯犯境。后来，他幡然醒悟，立志改革，求贤若渴。邹忌遂"以鼓琴见威王"，即用"鼓琴"节奏作比喻，说明"治国"的道理。他认为，"治国家而弭人民"与"鼓琴"在原理上是相通的，国君好比琴上的大弦，弹起来要"浊以春温"；国相好比琴上的小弦，弹起来要"廉折以清"；政令好比节奏，弹起来要"攫之深"而"舍（释）之愉（舒）"，这样才能"大小相益"，"复而不乱"，琴音才会协调好听，国家才能有序治理。（《史记·田敬仲完世家》）齐威王对邹忌这番见识非常赏识。三个月后，就授予他相印。

邹忌相齐后，接受了齐国稷下大夫淳于髡的建议，明确了自己的行动原则,那就是"谨毋离前""谨事左右"以对待国君,"自附于万民"以待民众,"谨择君子,毋杂小人其间"和"谨修法律而督奸吏"以待臣下。(《史记·田敬仲完世家》)这些内容,基本上都是齐国稷下法家的主张,也是邹忌相齐的指导思想。

邹忌很重视推荐人才。受其影响,齐威王也把有才能的治国人才视为"国宝"。有一次,齐威王和魏惠王相会,两人一起比宝。魏惠王夸耀自己有"径寸之珠"十枚,可以"照车前后各十二乘";而齐威王则认为,得力的大臣才是他的"宝",例如守南城的檀子,守高唐(今山东聊城市高唐县东)的盼子,守徐州(即平舒,今河北廊坊市大城县东)的黔夫,"使备盗贼"的种首等人,都是齐国之"宝","将以照千里"。(《史记·田敬仲完世家》)这个时期的齐国的确吸纳了很多人才,这都体现了邹忌"谨择君子"的政策思路。

与此同时,邹忌建议齐王"谨修法律而督奸吏"。为整顿吏治,齐威王对"田野辟,民人给,官无留事,东方以宁"但并不讨好国君左右以求誉的即墨大夫大加奖励,赏以万家食邑;而对"田野不辟,民贫苦"却用贿赂国君左右以求誉的阿大夫处以烹刑。从此,"齐国震惧,人人不敢饰非,务尽其诚,齐国大治。(《史记·田敬仲完世家》)

受邹忌进说的影响,齐威王下令群臣吏民:"能面刺寡人之过者,受上赏;上书谏寡人者,受中赏;能谤议于市朝,闻寡人之耳者,受下赏。"据说,令刚下时,群臣都前来进谏,致使皇宫门庭若市;几个月之后,还时有人进谏;一年之后,"虽欲言无可进者"(《战国策·齐策一》)。这种说法虽有些夸张，但齐威王提倡臣下和民众进谏，对改进国家的治理还是非常有帮助的。

此外，齐威王还任用孙膑改革军事，鼓励百姓习武，规定在战争中"得一首者，则赐赎锱金"(《荀子·议兵》)，大大加强了齐国军队的战斗力。

在邹忌的辅佐下，齐威王采取了一系列措施，以加强君主集权和法治，选拔和吸引优秀治国人才，其目的是在巩固统治秩序的同时，谋求国家的富强，自然也有利于社会生产力的发展与综合国力的提升。经过改革，齐国在政治、经济上都有了新气象。公元前353年，齐军首败魏军于桂陵（今河南长垣市西南），公元前341年，又大败魏军于马陵（今山东聊城市莘县），"于是齐最强于诸侯，自称为王，以令天下"(《史记·田敬仲完世家》)。①

《史记·田敬仲完世家》有关"于是齐最强于诸侯，自称为王，以令天下"的记载。

---

① 引文引自《史记》，然《史记》载桂陵之战于威王二十六年，即公元前331年，载马陵之战于宣王二年，即公元前318年，时间有误，与实不符，故不采其所记时间。

商鞅变秦

在战国列国变法中，真正把变法运动推向高潮且产生深远历史影响的，是商鞅在秦国推行的变法政策。

史载，秦人祖先为嬴姓，原本是东夷部族，商代迁居西北。周孝王时，秦人之祖非子以善养马闻名，被周孝王封为附庸。公元前770年，周平王东迁，秦襄公护送有功，始被封为诸侯。此后，秦逐渐收复了被戎狄占领的西周旧地，国力有所提升。春秋时期，秦穆公曾试图称霸，但一直为晋所阻，无力东进，只能困居西隅。因地处偏僻的雍州，秦很少参加中原各国诸侯的盟会，常被诸侯所疏远；又因秦长期与戎狄杂处，文化、制度和经济等相对落后，秦也一直被中原诸侯所轻视。

战国前期，魏文侯以李悝为相，变法图强，国力迅速强盛；又拜吴起为将，推行西进政策，占领了秦之西河地区，窥视关中，使秦国面临严峻压力。公元前362年，秦孝公继位。他愤于"诸侯卑秦，丑莫大焉"，一心想恢复秦穆公时期的霸

陕西商洛市商鞅广场的商鞅雕像

业，遂颁布求贤令，命国人、大臣献富国强兵之策，并公开许诺"有能出奇计强秦者，吾且尊官，与之分土"（《史记·秦本纪》）。于是有商鞅入秦求见秦孝公而推行变法之事。

商鞅，卫国人，复姓公孙，亦称卫鞅、公孙鞅，后因在秦变法有功，被"封于商十五邑"，遂又称商鞅。史载，公孙鞅"少好刑名之学"，受李悝、吴起的影响很大，后任魏相公叔痤的家臣。商鞅在魏国得不到重用，才能无法施展。他听说秦孝公颁布求贤令后，遂携带李悝所著《法经》，投奔秦国。

他通过秦孝公宠臣景监求见孝公。秦孝公对商鞅争霸天下的计谋非常欣赏，遂决定由他来主持变法。公元前356年，秦孝公任命商鞅为左庶长，开始推行变法。商鞅变法遵循"治世不一道，便国不法古"的原则，强调要"当时而立法，因事而制礼"。历史上，商鞅推行的变法措施，前后共有两次：

第一次变法，从公元前356年到前352年，主要内容包括：

1."令民为什伍"，实行"连坐告奸"之法。按照五家为伍、十家为什的原则，建立居民户籍制度，同时规定，邻里之间必须相互告发，否则就要同罪连坐，"不告奸者腰斩，告奸者与斩敌首同赏，匿奸者与降敌同罚"（《史记·商君列传》），有效加强了国家对居民的控制力。

2.重农抑商，奖励耕织。商鞅以农业为本，商业为末，强调"僇力本业，耕织致粟帛多者，复其身；事末利及怠而贫者，举以为收孥"（《史记·商君列传》），同时还规定，"民有二男以上不分异者，倍其赋"（《史记·商君列传》），拆散秦国原有的大家庭共居传统，奖励农民以个体家庭为单位，积极从事农业生产。

3.实行"军功爵"制。商鞅规定"有军功者，各以率受上爵；为私斗者，各以轻重被刑大小"；"宗室非有军功论，不得为属籍"（《史记·商君列传》），进而提出"明尊卑爵秩等级，各以差次名田宅，臣妾衣服以家次。有功者显荣，无功者虽富无所芬华"（《史记·商君列传》）。这样，以"军功"取代"有亲"，废除了秦国旧有的血缘世袭传统，进一步加强了国家对社会的控制力。以军功授爵，这是商鞅变法的核心环节。

4."燔诗书而明法令"（《韩非子·和氏》）。商鞅还下令禁止私门请托，禁止游宦之民，用以统一国人的思想与行动。商鞅觉得为了国富民强，必须统一思想，但由此而主张"燔诗书"，把文化遗产付之一炬，这是极端错误的做法。

这些改革措施，不仅触动了秦国社会的旧传统，而且侵害了秦国旧贵族们的利益，遭到了很多人的反对。史载，商鞅初行变法，国中"言初令之不便者以千数"，就连秦孝公的太子也违反了法令，商鞅于是严惩太子师傅以警众（《史记·商君列传》），这才使众人不敢公开反对新法。

商鞅第一次变法，紧扣"耕""战"的时代主题，通过强化对居民的控制、奖励耕织与军功、削弱贵族特权等手段，在增强秦的综合国力、加强国君集权方面，收到了突出成效。公元前352年，他因变法有功，由大庶长升为大良造，相当于相国兼将军，掌握了秦的军政大权，更加有利于推行变法。公元前350年，商鞅下达第二次变法令，主要内容包括：

1."令民父子兄弟同室内息者为禁"，"为其男女之别"，彻底革除并摧毁了秦国社会中残留的"父子无别，同室而居"的戎狄旧习，进一步加强了国家对居民的有效控制。(《史记·商君列传》)

2."平斗桶权衡丈尺"，统一度量衡，结束春秋以来秦国存在"公量""私量"的差别，便利了赋税征收和跨地区经济流通。(《史记·商君列传》)

3.废封建，行郡县，普遍推行县制。商鞅颁布命令，"集小（都）乡邑聚为县，置令、丞，凡三十一县"(《史记·秦本纪》作"四十一县")。通过郡县制，商鞅将各地军政大权统一到国君手中，最终确立了中央集权为特征的郡县政体，强化了国家对地方的控制能力。

4."为田开阡陌封疆，而赋税平"，推行全面的国家授田制度。(《史记·商君列传》)商鞅以"农战"为立国目标，为鼓励农战，他采取国家授田的办法，变秦国旧的"步百为亩"田界标准为二百四十步为亩，这样农民同样分到一亩地，实际上要多了一倍多，极大地调动了农民从事农业生产的积极性；同时按照"一夫百亩"的标准，鼓励以核心家庭为单位的个体小农制度，使每家人口接近，受田面积相同，所有男子都有服役义务，因而每家赋税负担也大致均平。而田制的改变，最终也带动了兵制的改变，从而达到"入使民尽力，则草不荒；出使民致死，则胜敌"(《商君书·算地》)的"耕战"目标。随着田制、兵制改革，秦国的

蟠（交）龙纹钟（战国早期）

农业生产结构和社会动员机制，也随之发生了重要的变化。

5.迁都咸阳。在商鞅建议下，秦国"筑冀阙宫庭于咸阳，秦自雍徙都之"（《史记·商君列传》），这就为秦国图谋向东发展奠定了有利基础。

商鞅第二次变法，实质是第一次变法的延续。但与前次变法不同，这次变法更加强调新制度的建设，从而在经济、政治体制上，进一步强化和巩固了秦国的中央集权，促进了秦国综合国力的提升。

商鞅变法收到了很好的效果。史载，商鞅在秦变法前后共二十一年，"行之十年，秦民大说（悦），道不拾遗，山无盗贼，家给人足。民勇于公战，怯于私斗，乡邑大治"（《史记·商君列传》）。公元前340年，商鞅大破魏军，生擒魏将公子卬，迫使魏国交还部分过去被掠夺的河西之地，秦国也最终打开了向东发展的通道。商鞅也因功获封商（今陕西商洛市商州区东南）十五邑。

但商鞅变法同样不可避免地触犯了旧贵族的利益，那些受到打击和惩治的旧制度的既得利益者对商鞅多有"怨望"。公元前338年，秦孝公去世，秦惠公即位，旧贵族反扑，商鞅最终被杀于渑池，其尸体也被处以车裂之刑（《史记·商君列传》）。

商鞅变法对其个人而言，无疑是个悲剧；但对秦国而言，却是秦国最终崛起的关键。商鞅被杀后，秦惠公"用其法不用其人"，延续了商鞅所制定的基本国策，确保了秦国变法的制度延续性，使变法政策持续发挥效力，最终奠定了秦国富强的基础。

因此，商鞅变法在战国变法中虽不是首倡，却是各国变法持续时间最长、涉及面最广、成效最大、影响也最深入的。其深刻影响了秦国政治体制与社会关系的转化，奠定了秦统一中国的制度基础，可谓是后来居上。商鞅变法的很多内容，直到一百二十多年后的秦始皇时期依然在沿用。诚如东汉人王充所说："商鞅相孝公，为秦开帝业。"（《论衡·书解》）

赵武灵王胡服骑射

战国前期的赵国，位于今晋北、冀西一带。三家分晋时，赵国虽获利最多，但因力量偏弱，与列国竞争的时候，常吃败仗，大将被擒，城邑被占。再加上其地理位置靠近蒙古高原，与东胡、匈奴、林胡、楼烦等北方游牧民族为邻，境内还有鲜虞人建立的中山国。这些北方游牧民族善于骑马作战，经常侵扰赵国，赵国处境一度非常危险。

公元前326年，赵肃侯卒，其子武灵王即位。赵武灵王名雍，即位时年纪尚幼，赵国正处在国势衰落之际，就连中山这样的邻界小国也经常来侵扰。赵武灵王即位后，依靠肥义等大臣的帮助，逐渐稳定了赵国内外政局，使赵国开始有了起色。

当此之时，秦、楚、齐、韩、魏、越等国连续混战，无暇顾及赵国。赵武灵王审时度势，决定趁机在赵国推行改革，以摆脱落后挨打的局面。

赵武灵王的变革，首先以军制改革为起点。春秋及战国前期，中原国家的军队依然以马拉战车为主，其冲击力和速度虽超过步兵，却因道路所限，在山地及丘陵地区，行动不免迟缓。而与此同时，北方游牧民族多窄袖短袄，生活起居和狩猎作战都比较方便；作战时用骑兵、弓箭，与中原的兵车、长矛相比，具有更大的灵活性和机动性。

赵武灵王对胡人骑兵的优势有真切的认识。他对手下人说："北方游牧民族的骑兵，来如飞鸟，去如绝弦，反应快速，带着这样的军队驰骋疆场，哪有不胜的道理？"他主张效法胡人骑射的优势，改造赵国军队，以取胡人之长补中原之短，于是提出了"吾欲胡服"的设想。

所谓胡服，就是效法胡人，改穿短装，束皮带，用带钩，穿皮靴。这同中原华夏族人传统的宽衣、博带、长袖大不相同。但"胡服骑射"命令还没有下达，就遭到许多贵族的激烈反对。很多人都不愿穿胡服，特别是他的叔父公子成等人，他们认为，华夏服饰才是正统形象，放弃华夏服饰改穿胡服是无法接受的。于是，许多大臣便以"易古之道，逆人之心"为由，拒绝接受胡服，诡称有病不来上朝。

赵王派人去说服公子成："家事听从父母，国政服从国君。现在我要百姓改穿胡服，而叔父您却拒绝，我担心天下人会议论我徇私情。治国有章法，以有利于民为根本；为政有原则，以施行政令为重点。推行法令须从近臣做起。所以，我希望叔父您能做大家的表率，协助我完成改穿胡服的功业。"

公子成回复说："我听说，圣人教化世人，以礼乐仪制为规，是以远方国家前来游观，周边地区也学习效法。现在您舍此不顾，却仿效胡人服装，是擅改古习、违背人心的举动，希望您慎重考虑。"

使者回报赵王。赵王亲自登门，向公子成解释赵国所面临的内外危局，强调要因时制宜，怎样有利于国家，就该怎样去做。只要能对富国强兵有利，就不必拘泥于古人旧法。他对公子成说："我之所以下决心改穿胡服，学胡人骑射，是想以此抵御四面危机，为国报仇雪恨。而叔父您一味依循中原旧俗，忘记了鄗城的奇耻大辱，我对您深感失望啊！"公子成幡然醒悟，第二天就穿着赵武灵王赐给他的胡服，入朝面君。

公元前307年，赵武灵王坚定决心，正式下达了胡服骑射的法令，号令全国执行，他亲自带头穿胡服会见群臣。赵武灵王还改革赵国军事体制，放弃车战，按胡人作战的方法，教将士骑马射箭，并利用围猎活动，展开实战演习。

在赵武灵王的亲自教习下,赵国人胡服骑射蔚然成风,赵国的综合国力和军事技术都有了较大提高,逐渐增强了与北方民族及中原诸侯抗争的能力。自胡服骑射第二年起,赵国不但打败了经常侵扰赵国的中山国,还夺取林胡、楼烦之地,向北方开拓了千里疆域,设置了云中、雁门、代郡等郡,将赵国的疆域一直拓展到河套地区。接着,赵武灵王又在今河北张家口到内蒙古巴彦淖尔盟五原县一线,修筑了"长城"。公元前297年,楼烦王向赵国投降,楼烦被纳入赵国版图。

赵武灵王以敢为天下先的进取精神,在一片"攘夷"声浪中,力排众议,冲破守旧势力的阻挠,实行向戎狄学习的基本国策,体现了他的改革魄力和胆识。凭借军事变革的优势,短短十几年后,赵国便从一个连小小中山国都敢侵犯的弱邦,迅速崛起为唯一能够同强秦相抗衡的东方强国。赵军灭中山国后,又南抑魏、齐,北逐三胡,开疆千里,还占领了如今的陕北一带,对秦都咸阳构成直接威胁。

战国七雄中,赵武灵王推行胡服骑射,首开战国军事变法之先河,是我国古代军事史上的重大变革事件。赵国"胡服骑射"之后,中原各国的军队装备、作战手段及军事技术,也纷纷采取变革措施,由此导致了中原国家军队模式的重大变化。从此,骑兵正式成为中国军事史上的崭新兵种。

"胡服骑射"还促进了华夏民族与北方游牧民族的服饰融合,大大缩短了胡汉民族的心理差异,胡人开始从感情上亲近赵人,华夏民族鄙视胡人的那种"传统"心理也逐渐削弱,由此奠定了中原民族与北方游牧民族文化融合的基础，促进了中国各民族大一统局面的形成。

近代史学家梁启超认为，赵武灵王是中国历史上少数可以取得对北方游牧民族战争胜利的人物之一。他把赵武灵王比作俄国的彼得大帝，认为："七雄中实行军国主义者，惟秦与赵。……商鞅者，秦之俾斯麦；而武灵王者，赵之大彼得也。"

燕哙让国与燕昭图治

前述六国变法，虽然内容、政策有别，但大都取得了较为明显的成效。不过战国变法之中，还有一个不太成功的案例，就是战国中期燕王哙让国给相国子之的"禅让"闹剧。此事不仅在燕国内部造成了严重的政治混乱，而且招来了齐国入侵，差点导致燕国亡国。

西周初年，召公奭被封于燕，是为燕国。燕国曾是西周在北方地区的重要藩屏。春秋时期，因戎狄阻隔，燕国与中原各国交往相对较少。进入战国以后，燕国虽向辽东方向有所拓展，但与战国七雄中的其他六国相比，其发展势头一直不甚突出。

公元前321年，燕王哙即位。史载，燕王哙性节俭，不游乐，"好贤"。他"不安子女之乐，不听钟石之声，内不湮污池台榭，外不罼弋田猎，又亲操耒耨以修畎亩，子哙之苦身以忧民如此其甚也"（《韩非子·说疑》）。这说明，燕王哙为人非常低调，一心想向尧、舜等古代圣王学习。

战国时期，随着原有的宗法贵族制度的解体，战国思想界的各学派在讨论权力继承时，纷纷提出了"尚贤""尊贤"之论，"禅让"之说也一度盛行。燕王哙很可能受此影响，并热衷实践。他或许还有一种虚荣心和道德优越感，以为效法尧舜，自己便会成为尧舜一样的圣君了。

燕王哙的相国子之是一个"贵重主断"之人，有很大的权力欲。他与苏秦的弟弟苏代有姻亲关系，于是就托苏代游说燕王哙，诱导燕王让位于他。苏代出使齐国回来，燕王哙问他："齐王其霸乎？"苏代对曰："不能。"王曰："何故？"对曰："不信其臣。"于是，燕王对子之更加信用。

此时，还有位叫鹿毛寿（又名潘寿）的"隐士高人"，也以"尧让天下于许由"而获千古美名的故事诱导燕王哙让国。鹿毛寿对燕王哙说："人之谓尧贤者，以其能让天下也。今王以国让子之，是王与尧同名也。"燕王哙于是把国事完全托付给子之，子之权势因此大重。

接着，又有人对燕王哙谈起禹当年传天下于益，而实令其子启取之的故事，"今王言属国于子之而吏无非太子人者，是名属子之而实太子用事也"（《资治通鉴·周纪·慎靓王》），暗示燕王哙应该削弱太子权力。燕王哙一心要向古代圣王看齐，于是"收印自三百石吏而效之子之"（《战国策·燕策一》）。

当子之集中了燕国所有大权的时候，便堂而皇之地"南面行王事"。公元前316年，燕王哙禅位给子之，自己反而

"顾为臣",燕国国事皆决于子之。这就是有名的"燕哙让国"的故事。

"燕哙让国"也许是出于一种善心,但那是在走历史的倒退之路,是注定不能成功的。子之当国三年,燕国国政愈加混乱,导致"百姓恫怨""诸侯弗与",最终引发燕国内乱,太子平和将军市被联合起来,进攻子之,却被子之打败,太子平、将军市被被杀。

燕国的内乱,引起了对手齐国的觊觎,齐国乘机出兵伐燕。当时跟齐国一起伐燕的,至少还有中山国。据二十世纪七十年代出土的中山王譽(cuò)方壶铭文记载,中山国相邦司马赒"率三军之众,以征不宜(义)之邦",为中山国"辟启疆土,方数百里,列城数十,破敌大邦",指的估计就是随齐破燕的事。

齐军乘乱攻下燕都,燕王哙身死,子之被擒后,被处以醢[①]刑。之后,齐军又在燕国大肆屠杀抢掠,导致燕国"构难数月,死者数万众,燕人恫怨,百姓离意"(《战国策·燕策一》)。这出以"禅让"为噱头的改革闹剧,最后以燕国被齐、中山攻破,几乎亡国而收场。

燕王哙和子之死后,因为担心燕国破灭于己不利,赵武灵王便把流亡韩国的公子职立为燕王,派将军乐池将他送回燕国,这就是燕昭王。昭王登位之初,决心要令燕国强大起来,于是四处

---

① hǎi,剁成肉酱。

物色治国良才。

燕昭王登门拜访了老臣郭隗。郭隗很有见识，他给燕昭王讲了一个"千金市马"的故事。燕昭王听后大受启发，派人造了一座精致的房子给郭隗，并拜郭隗做老师，同时筑黄金台，向各国发出招贤令。各国的有才能之人，见燕昭王果然真心实意招纳贤才，纷纷来到燕国。史载，"乐毅自魏往，邹衍自齐往，剧辛自赵往，士争凑燕"（《战国策·燕策一》），一时燕国成为"人才高地"。燕昭王于是拜乐毅为亚卿，请他整顿国政，训练兵马。

乐毅是名将乐羊之后，深通兵法，才学出众。他很感激燕昭王的知遇之恩，受命以后，倾全力协助昭王改革内政、整顿军队。

首先，乐毅针对燕国法度弛坏、官吏营私的严重局面，教昭王制定法律，严厉加强对官吏的审查和考核。

其次，乐毅提出察能而授官的用人原则，摈弃"亲亲""贵

错金银云纹铜犀尊（战国，中国国家博物馆藏）

贵"的旧传统，廓清子之当权时拉帮结党、滥用亲信的劣迹，使燕国的吏治日趋清明。

再次，乐毅建议昭王对那些遵守国家法度的顺民，包括身份低下的贫民和一部分奴隶，都用一定制度予以奖励，以安定社会秩序。昭王因此注意吊死问孤，去抚慰那些有丧葬之忧的人家。对那些有生育之喜的夫妇，昭王也派人去祝贺，给予关怀。昭王与庶民百姓同甘苦、共命运，得到了全国百姓的拥护。

燕昭王还支持乐毅进行军事改革，着重进行战法和纪律训练，使燕军的战斗力有了极大的提高。

随着燕昭王的励精图治，燕国也一天天强大起来。燕昭王二十八年（前284），燕国联合赵、楚、韩、魏等国攻齐，上将军乐毅攻破齐国，占领齐国七十多城。与此同时，燕昭王还派燕将秦开袭破东胡，迫使东胡后退千余里，燕国领土向东北扩展到了辽东一带。经过持久的努力，燕昭王终使燕国跻身于战国列强之列，迎来了燕国历史上的辉煌时期。但燕王哙时期走过的一段弯路，其教训是值得永远记取的。

第四章 战国制度变迁

战国制度变迁的总体趋势

战国变法运动，实乃各国在面临严峻的兼并战争压力下，围绕"耕战"目标，为增强国家集权能力、提高国家的资源（包括人力和物力）汲取能力和社会动员能力，而实施的体制改革与制度创新举措。随着变法的陆续推行，各国的社会、政治、经济结构有了深刻的调整与变化。其总体趋势，是由此前的以宗法政治为核心的传统治理模式，逐步向着以国家集权体制为核心的新型治理模式转化。这一历史变迁的过程涉及多个层面，其中最核心者，就是各国政治制度的变迁。

战国时期，是古代中国集权国家治理体制的成型时期。与传统的宗法政治模式强调等级秩序的稳定不同，战国时各国逐

汉画像石拓印

战国出土器物上的采桑图

步形成的集权国家治理模式,更加注重行政效率与国家能力的提升。

战国时代,是一个"列强争于力气""务在强兵并敌"的时代,集权能力的强弱,实在是国家生死存亡的关键。国家集权能力,实际上是在列强竞争形势下各国变法所要解决的核心问题。集权能力强,行政效率高,存活概率就大;反之,被吞并的概率就大。战国政治变革的这种总体趋势,为秦灭六国之后"大地域"集权国家体制的确立奠定了坚实基础。

总的来看,战国制度变迁的这一趋势,是古代社会历史演进的必然结果。

首先,随着列国疆域的扩大及人口的增长,如何处理好"大地域"国家治理的问题,就成为各国所面临的关键性难题。

西周和春秋时期,以宗法等级制为核心的政治制度,是建立在当时"小国寡民"的社会基础之上的。西周乃至春秋早期,各诸侯国的地域范围,大多为"方五十里"或"方七十里"的规模。就是有少数"方百里""方千里"的大国,国君直接控制的范围还是很有限的。到了战国时期,随着各国实力强弱的变化,弱小国家不断被兼并，以韩、赵、魏、齐、楚、秦、燕等战国七雄为代表的区域大国逐渐形成。各区域性大国的疆域面积，少则方圆千里，多则方圆数千里，而且国家的直接控制力大大加强了。七雄之外的宋、卫、鲁、中山等中小国家，也都拥地数百里，疆域规模远较西周时期要大得多。与此同时，各国人口规模也有极大的增长。这说明，战国时期各国所面临的整体局势，已不再是早前的"小国寡民"的状态，而逐渐具有了"大地域"国家的特点。如何提高建设"大地域"国家的能力，就成为各国制度改革普遍关注的核心议题。

其次，日益严峻的列强兼并形势，对各国生存及国家能力建设提出了更高的要求。

战国时期，兼并战争的形式、规模，较以往有了极大突破。春秋初期，诸侯国家能有兵车"百乘"，已是"大国"标准。但到战国时期，"千乘之国"已是普遍状况，以七雄为代表的区域性强国，军力甚至可达"万乘之国"的规模。从历史记载看，这一时期的战争规模、次数及其惨烈程度也较以往有了明显变化。交战双方动辄动用数十万兵力，战争频率增加，且往往持续数月乃至数年，战场死伤也往往有数万乃至数十万……所有这些，都对列国的行政管理能力、军事动员能力、社会动员能力（包括人力、物力的组织及生产效率）的提升，提出了严峻的要求。

其三，人口流动的频繁和旧有村社传统的解体，要求国家进一步加强对居民的行政控制能力。

战国时期，随着国家疆域的拓展和人口数量的增加，各国人口迁徙流动的规模及频率都日益加大，原有的以古代村社为代表的"邑落"社会结构越来越无法适应当时形势的要求。基于人口动员和社会动员的需要，国家行政管控向社会基层的延伸已成为基本的发展趋势。与此同时，人口也成为列国兼并中争夺的重要资源。如《孟子》所说，若行"王政"，则天下之民"归之如流水"，就从一个侧面反映出人口在战国争霸战争中的重要作用。

其四，兼并战争形势下人才竞争的内在要求。

战国时期，各国间的兼并战争日趋激化，各国对人才的渴求程度也不断增加，人才竞争日渐激烈。在此背景下，如何创造条件吸引和鼓励有才之士，建设"人才高地"，就成为决定各国国势强弱的重大现实问题。而要达成这一目标，就必须要改变传统宗法国家以世袭为主的"世卿世禄"制，采取因功受赏的政策，创造各种条件，激励有才之士脱颖而出。

总之，战国时期各国制度变革的总体趋势，就是面对兼并形势如何有效提升国家行政能力和社会动员能力，紧紧围绕"耕战"目标，采取措施加强中央集权、提升行政管理效率，强化农业生产效率、提高社会动员能力，以破解"大地域管理"的难题，由此展开的战国列强的变法活动，最终导致了以君主专制为核心的集权国家体制的逐步形成。

战国官制的变化

（一）文武分途，将相分职

"官分文武，惟王之二术也"（《尉缭子·原官》）。战国时期，为了适应形势需要，各国大都推行了以国君为首、文武分职的中央集权体制。国君之下，分设相、将，掌管文官、武吏系统，最终统归于国君，并对国君负责。

这种文武分途、将相分职的制度安排，与此前宗法国家以卿大夫为主的世袭权力体制有很大不同，其代表了战国时期行政管理体系的职业化分工趋势及官吏设置的层级化趋势，有助于进一步加强国君对各级官吏的有效控制，也有利于提高国家的总体行政效率及行政决策能力。

按照文武分途的原则，国家日常行政管理事务，由以相为主的文官体系承担。各国通常设"相"一职，作为国君的辅佐。

相，有"佐助"之意。战国之前的相，只是诸侯朝聘时主持行礼的司仪。到战国时期，相（或曰相国、丞相、宰相或相邦等）一职，才逐渐演变为国君任命的管理全国文职官吏的首要行政首脑。

按《荀子·王霸》的说法，相的职权是："论列百官之长，要百事之听，以饰朝廷臣下百吏之分，度其功劳，论其庆赏，岁终奉其成功以效于君。当则可，不当则废。"这段文字说明，相一方面是国君的助手，另一方面则是百官之长，以双重身份负责朝中行政事务的管理。

《荀子·王霸》有关相职权的论述。

战国时期，魏国最早设相。此后，韩、赵两国也相继设立相职；秦国置相，是受三晋国家的影响，年代稍晚。公元前328年，张仪始为秦相；公元前309年，秦国初置左右丞相，以甘茂为左丞相，樗里疾为右丞相。秦国的相，又叫相邦。1974年陕西西安市临潼区秦始皇陵兵马俑坑发掘出土的器物中，有"三年相邦吕□□造"的铭文，所指就是秦相吕不韦。楚国以令尹为最高官职，与其他国家的相国相当。典型的例子，就是楚悼王以吴起为令尹，主持变法；楚考烈王以春申君黄歇为令尹执政。

将，又称将军、上将军或大将军，是军队的最高长官。春秋时期，晋设"三军"，置"六卿"为其正副统帅，称将军。到战国时代，由于各国疆域的扩大、官吏机构的庞杂，再加上常备军的建立和普遍征兵制的推行，战争规模扩大与战争方式改变，"将军"开始成为军队的统帅。为了突出最高统帅的地位，各国往往设上将军、大将军等。将军之下，还有国尉、都尉等高级武官。秦统一六国后，以太尉掌管全国军事。

将相之外，还有御史一职。御史原是国君之秘书，协助国君处理日常事务，兼理外交事务。如别国来臣献国书，往往由御史接受；国君宴会群臣，通常是"执法在傍（旁），御史在后"（《史记·滑稽列传》）；两国国君相会，也会有御史在旁记录。这方面最典型的案例，是《史记·廉颇蔺相如列传》所载秦王与赵王渑池相会的情景："秦王饮酒酣，曰：'寡人窃闻赵王好音，请奏瑟。'赵王鼓瑟。秦御史前书曰：'某年月日，秦王与赵王会饮，令赵王鼓瑟。'"随着国君权力的加强，御史之职权责也逐渐加重，不仅负责机要文书档案的处理，作为国君的耳目亲信，还要承担监察其他官员的职能。秦统一六国后，以相、尉、御史大夫为"三公"，御史的职责，依然是以秘书兼监察性质为主，当是沿袭战国时代的官制传统。

战国时期，各国在将、相设置上，称谓各有不同。但总的来说，"将相分职，文武二途"，确实是战国官制变化的总体趋势。这一变化，代表了战国时期国家行政管理的制度化趋势日渐加强，同时也体现了官僚层级及职能划分的科学化，体现了国家管理的行政分工原则，极大地促进了国家行政、军政管理效率和能力的提升，并最终发育成中国古代中央集权国家的各个行政条块，对后世历史产生了重要影响。

（二）从家臣到国臣：职业官僚的诞生

西周及春秋时期，国家管理多以血缘宗法关系为纽带，以世卿世禄制为基石，任职者多为公族出身，其职位、爵禄、待遇等以世袭为原则。

春秋中期以后,在一些有势力的诸侯国卿大夫家内,"家臣制"开始出现。家臣多半是职业管理者,与卿大夫家族是一种雇佣责任关系。家臣没有封地,只领取俸禄。

到春秋末期,在一些诸侯国内,陆续出现了一些没有封地、只领俸禄的官吏。例如,孔子担任鲁国司寇,"奉粟六万";后来到卫国做官,"亦致粟六万"(《史记·孔子世家》);孔子弟子"原思为之宰,与之粟九百"(《论语·雍也》)。

战国时期的列国变法,彻底瓦解了世卿世禄制,随着战国国家集权体制的形成,食禄性质的家臣制逐渐转化为国家官吏(国臣)制。官员的任命,以贤能、才干为标准,直接对国君负责;同时,采用因能授职的原则,以俸禄多寡衡量,任官者不再有土有民,待遇也不能世袭。职业官僚集团就此开始形成。

战国时期的职业官僚,大致有以下几个方面的特点:

一是因能授官,推行俸禄制。

取消世袭传统,不计较出身、身份,有能力者胜出,国君对于各级官吏可随时任免,随时选拔。故有所谓"明主之吏,宰相必起于州部,猛将必发于卒伍"(《韩非子·显学》)之说,充分体现了"因能授官"的原则。按照这样的原则选拔出来的官吏,经过长期的基层历练,其能力和行政水平都比以前的世袭贵族有较大提升。

此外,战国时期的国家官吏,不再有土有民,而是以俸禄代替食邑,根据职位高低给予不同俸禄。俸禄的多寡,一般以粮食计量单位为标准。各国计量标准不一，名称各异，或以"盆"计（卫国），或以石、斗为单位（秦、燕等国），或以"担"计（楚国），但其性质均为实物俸禄制。

二是依凭授权，推行玺符制。

战国时期，玺符已成为国君下达命令或行政公文来往的重要依凭。《吕氏春秋·离俗览·适威》记载："若玺之于涂也，抑之以方则方，抑之以圜则圜。"这里所说的"涂"，就是作为玺符依凭的封泥。

玺作为权力的象征，大小官吏受职，必有玺符（官印）作为授权依凭，意味着权力的合法性。一般来说，举凡丞相、郡守、县令等官都是由国君任命，发放玺印，其他下级官员的玺印则由上级主管发放。普通官员的玺印，多为铜制，但丞相之玺，因其地位特殊，往往是金制，此所谓"黄金之印"（《史记·范雎蔡泽列传》）。

官吏去职时，要上交玺印；而对于不称职的官吏，国君可以随时收玺、夺玺。《韩非子·外储说左下》曾记载，西门豹任邺令，居期年上计（考核），成绩大不理想，国君收其玺。西门豹自请曰："愿请玺，复以治邺。"文侯不忍心，于是再次将玺印交给西门豹，让他继续任邺令。结果第二年考核，邺地大治，文侯迎而拜之，西门豹遂纳玺而去。另据《吕氏春秋·审分览·执一》记载，吴起问商文说："今日释玺辞官，其主安轻？"所谓的"释玺辞官"，说的也是这个意思。

战国时代，武将领兵，要给虎符作为凭信。虎符通常做伏虎形，上有铭文，分为两半，底有合榫。使用时，右半存国王处，左半发给领兵将领，右半和左半合符，才能顺利调动和指挥军队。著名的"窃符救赵"的故事中，魏国信陵君所窃之"符"，就是由魏王发放的军队指挥权的凭证。

出土文物中有一件秦国的新郪虎符，其铭云："甲兵之符，右才（在）王，左才新郪。凡兴士被甲，用兵五十人以上，囗（必）会王符，乃敢行之。燔燧事，虽毋会符，行殹（也）。"明确规定"甲兵之符"右半归王掌握，左半归将领掌握。凡用兵五十人以上者，必须会合王符。如果外敌入侵，边塞有烽火，这时虽然没有王符会合，也可以机动行事。

与"符"相同性质的，还有"节"。"节"是用于来往通关的证件。早期的节，多用竹节制成。到战国时期，多以青铜铸成，上有铭文，常常几枚合成圆形竹节状，作为通行的凭证。安徽淮南市寿县曾出土"鄂君启节"一件，就是楚王发给鄂君的通关文牒。

战国时期，由玺、符、节等构成的玺符制度，实际是国君授权的一种主要形式。有了这种严密的授权制度的推行，大权也就能够集中于国君手中。

三是任内考核，推行上计制。

战国时期，国君对官吏实行任内考核制度，根据行政业绩决定奖惩。考核通常以一年为限，或者以任期为单位，"岁终奉其成功以效于君。当则可，不当则废"（《荀子·王霸》）。前引西门豹例子中的"期年"，就是指任期。

官吏考核的办法，叫"上计"。"计"，又称"计书"（《商君书·禁使》），指考核统计的籍册。战国时期，地方官吏上计范围相当广泛。据《商君书·去强》记载，"强国知十三数：竟内仓、口之数，壮男、壮女之数，老、弱之数，官、士之数，以言说取食者之数，利民之数，马、牛、刍藁（gǎo）之数"，这些大多是上计考核的内容。另据《管子·问篇》强调，国君行霸王之术，"凡立朝廷，问有本纪"，所问内容，一一罗列，竟然多达三十六项。

郡县一级地方官员的上计，通常由国君亲自考核，或由丞相协助考核。考核时，各级官吏要将预算情况写在木"券"上送交国君，国君把"券"一分为二，国君执右券，臣下执左券。到了年终或任职期满，臣下到国君处报核，这就是所谓"上计"。官吏上计，采用了合券计数的方法。《荀子·君道》中说："合符节，别契券者，所以为信也。"说的就是这个意思。如果没有达到"券"上的规定，国君便可当场收玺免职。上级官吏对于下级官吏的考核，也大多采取同样的办法。这种考核办法应当说还是很实在的。

上计过程中，往往还会涉及度量衡器和符节契券等，作为政府考核官吏的计量标准。《韩非子·外储说右下》上有一个故事——田婴相齐时，有人对齐王说："一年的财政结算，大王如果不用几天的时间亲自听取报告，就不能了解官吏的营私舞弊和政事得失了。"田婴于是准备好"押券斗石参升之计"，即各种账目与凭证，请齐王来听取汇报。结果齐王听着听着就睡着了，官吏们就把各种"押券斗石"全削平了……这里说的虽是田婴相齐的故事，但也正说明计量标准（斗石之计）在官吏考评中的作用。

为明确标准和防止官吏舞弊，各国都比较关注统一度量衡制度。其中最典型的，就是公元前344年商鞅变法时，统一了秦国的斗、桶（斛）、权衡、丈、尺等标准，设立了秦国的标准计量器具。现在存世的"商鞅方升"，就是这一过程的产物。另据史载，田齐国为了防止官吏舞弊，制造了"左关之釜""仓廪之釜"作为标准，铸造了标准量器。度量衡制度的统一，是中国古代的"标准化"，对于经济社会的发展具有重要意义。

俸禄制、玺符制和上计制，是战国官吏制度的重要组成部分，代表着战国时期集权国家行政管理的新变化和新趋势。相关制度的推行有效地提升了国家集权管理能力，极大地提高了行政效率，同时也催生了职业官僚阶层，带来了君臣关系的新变化，形成了"主卖官爵，臣卖智力"（《韩非子·外储说右下》）和"臣尽死力以与君市，君垂爵禄以与臣市"（《韩非子·难一》）的交换关系。这种制度的出现，不仅对战国社会历史发展，而且对后世中国古代国家行政管理体制都产生了深远影响。

（三）从采邑制到封君制

战国时期，各国有权势的贵族或有功劳的大臣往往会被国君封以食邑，以示奖宠，名为"封君"。战国的"封君"制，形式上与之前的宗法国家贵族世袭的"采邑"制很相似，但其实质却有重大区别。

宗法制下的卿大夫的封地，名曰"采邑"。卿大夫在其采邑内几乎拥有与国君一样的经济、政治及征兵的权力，有土有民，且可以世袭，通常设家宰或邑宰掌管其封邑，实际上就是一个独立的小国。

车马出行图漆圆奁（战国，湖北荆门市包山出土，湖北省博物馆藏）。盖外壁绘车马出行图，计有二十六人，四辆车，十匹马，反映了当年贵族出行的气派。

战国"封君"制，封君的封地叫食邑。顾名思义，封君在食邑中，仅享有衣食租税之权，没有土地和人民的调配权。战国历史上有几位著名的封君，如魏国的信陵君、赵国的平原君、楚国的春申君等，都有较大面积的封地，且在国内政治中发挥着重要影响，但在其封地内，他们也同其他封君一样，只有衣食租税之权，而非有土有民。

战国封君在食邑内，几乎没有政治、军事的控制权，必须遵奉国家统一法令，行事以国君所授玺、符为凭。没有国君所授的玺符，封君甚至无权征发其封邑内的军卒。封君失官或身死后，其所封食邑要归还国家。以商鞅为例，据《史记》记载，公孙鞅由魏入秦，因变法有功，被封于商。秦孝公死后，商鞅遭到保守势力的攻击，因没有国君授玺，他无权征发封地内的军卒，只好动用自家门客进行抵抗。结果商鞅失败，死后尸体受车裂之刑，

漆木鼓座（战国，河南信阳市出土，现藏河南省信阳博物馆）

其封地亦失。

另外一个例子是秦国的穰侯魏冉。他因拥戴秦昭襄王即位有功，威震人主，"擅权于诸侯"，"富于王室"，先封于穰（今河南邓州市），后封于陶①，后遭范雎之谗，身以忧死。秦国即把他受封的陶地收为国家直接管理的郡。

战国时期的封君，几乎没有世袭的了。即便贵为国君的宠弟或太后爱子，也很少有例外。《战国策·赵策四》有"触龙说赵太后"一章。赵太后喜欢自己的小儿子，要多给他封地。触龙谏赵太后，问她："从现在往上推三代之前，甚至到赵国刚立国的时候，那些封侯的赵国君主的子孙，他们的子孙还有继续为侯的吗？不只是赵国，其他诸侯国国君子孙封侯的后代，还有继续为侯的吗？"（"今三世以前，至于

---

① 即原属宋的陶邑，在今山东菏泽市定陶区。陶本属宋，齐湣王伐宋前为争取赵国支持将陶送予权臣李兑，后因灭宋一事遭各路诸侯围攻，齐国几亡，土地被瓜分，陶成为秦国在齐的一块飞地，后分封给魏冉。

赵之为赵，赵主之子孙侯者，其继有在者乎？"曰："无有。"曰："微独赵，诸侯有在者乎？"）太后回答："无。"由此可见，战国贵族的封地，已很少有世袭的了。

中央与地方：郡县制度的建立

战国国家集权体制的变革，体现在中央与地方关系方面，就是分封制的解体与郡县制的确立。

中国古代国家，是一种"大地域"国家统治的形态。如何处理好中央与地方的互动关系，一直是古代国家制度建设的重点之一。在古代中国，中央与地方的关系通常有两种模式：一种是分封制，以西周时期为代表；一种是郡县制，以战国、秦汉时期为代表。

先来看分封制模式。

西周宗法国家体制下，最高统治者（周天子）都采用"封建亲戚，以藩屏周"的策略，以"授土授民"的办法，建立诸侯国。诸侯国有封域内的治理权利，但要承担"藩屏"王室的义务，并定期朝觐天子，而周天子则通过制礼作乐、巡守、祭祀等制度，维系对诸侯的控制，此之谓"天子建国"。由此构成了西周中央与地方关系的第一个层面。

在诸侯国内，国君也按照同样的原则，将土地（邑）与人民（民）作为采邑，分封给国君子弟和卿大夫，由他们在自己的采邑内实施有效控制，此之谓"诸侯立家"。由此构成了西周时期中央与地方关系的第二个层面。

这种模式还可以在卿大夫采邑内继续复制，此之谓"卿置侧室"，最终形成了"天子建国，诸侯立家，卿置侧室，大夫有贰宗，士有隶子弟"（《左传·桓公二年》）的权力网络结构。由此，在地域管理上，就形成了"天下"（以天子为核心）—国（以诸侯为中心）—家（以卿大夫为中心）的基本层次，这就是中国古代"封建"制的核心。

《左传·桓公二年》有关"天子建国……士有隶子弟"的记载。

这种以分封制为核心，以宗法制为补充的中央与地方的关系，既有"尊尊"原则，又体现"亲亲"理念，实质是借助血统关系的亲和力维护周天子的权威，这是西周初年为解决"大地域"治理难题的创新性制度安排。

"分封制"的主要特征，就是治权层层下放，由此形成一种"同心圆"性质的权力结构网络，类似于今天的"总店+分店"的商业连锁加盟模式。用以维系中央与地方关系的是基于血亲原则但经过了政治改造的宗法制，再配以礼乐等级制作为隔断，形成了相对稳定的治理秩序。这种秩序以体现血亲原则的"亲亲"为基础，最终却归结于体现政治原则的"尊尊"，具有天然的凝聚力，但同时也具有天然的分离倾向。特别是地方随着实力的不断发展，离心倾向也就日渐明晰。从春秋时期开始，天子和国君的权威渐失，以致出现了从"礼乐征伐自天子出"到"礼乐征伐自诸侯出"，再到"陪臣执国命"的权力下移趋势。这就是孔子所说的"礼崩乐坏"。这显然不利于中央集权权威的加强，更不利于国家动员效率的提升。

从分封制向郡县制过渡，是战国国家集权体制建设的核心。

战国时期，分封制模式的弊端已充分暴露。随着各诸侯国疆域面积的扩大，地方治理的难度也在增加。如何处理好中央与地方的关系，就成为考验各国国家集权能力的关键。在兼并战争的压力下，出于提升国家集权能力和增强社会动员能力的需要，各国纷纷采取了措施，重新调整中央与地方的关系，由此形成了垂直管理模式的地方行政制度，此之谓"郡县制"。

据学者研究，"县"的初文，是西周金文中的"寰"字，其原意为附属于大邑落的聚落空间，与传世文献中所称的"县鄙"大致接近。[①]春秋时期，随着国家权力结构的变迁及邑落间政治隶属关系的变化，"县"也大致经过了从"县鄙之县"到"县邑

---

① 李家浩：《先秦文字中的"县"》，《文史》第28辑，中华书局1987年版。

之县"，再到"郡县之县"的三个发展阶段。[①]随着诸侯国疆域的日渐扩大，晋、楚、秦等一些国家往往在新兼并的地方设"县"，作为国君的直接控制区。春秋中期，晋国和楚国开始设县。

最初，县设在边地，带有强烈的国防功能。到春秋后期，晋国在卿大夫领地内设县，县的长官以食禄为主，领民而不领土，流动而不世袭，维持卿大夫家族对附属邑区的统治。战国时期，县的设置日渐普及。

战国初期，秦国在东部边地设县。公元前456年，秦国在频阳（今陕西渭南市富平县东北）设县；公元前398年，在陕（今河南三门峡市陕州区）设县；公元前374年，又在栎阳（今陕西西安市阎良区）设县。秦孝公时，商鞅变法，在全国范围内推广县制，"集小（都）乡邑聚为县，置令丞"（《史记·商君列传》），共设三十一县（《史记·秦本纪》载为四十一县）。由此，"县"的编制得以在秦国普遍确立。县令作为国家的地方权力派出官员，代表国君管理其辖区的土地和人民，由此形成了县级行政格局。

县与采邑不同，县采取中央集中管理的模式，县的长官由国君直接任命，有集中的政治和军事组织，还有特别的征赋制度，包括征发军实和军役。县内往往设有一套相对完整的行政管理体系。更为主要的是，县的长官是流动的，不是固定在一地的，所

---

① 周振鹤：《中国地方行政制度史》，上海人民出版社2005年版。

谓"铁打的江山流水的官",就始于县制的创建。

以秦县为例,县的行政部门主要有令、丞、尉、司马、司空等职。

县令是一县最高的行政长官,秦国的县令也称县啬夫。县令的属官有以下几种。

令史,辅助县令掌文书,调查案件,率卒捉拿人犯等。县令（县啬夫）有缺,令史可以代理。令史属官,称令史掾。

县丞,地位仅次于县令（县啬夫）,分管县内经济和司法,包括粮草的征收,亲自审问案件等。县丞属官,称丞史。

县尉,分管县内军务,有权发一县役卒,监督役卒服役和督造文书等,其属官有尉吏（或称尉史）、士吏等。

县司马,《秦律》规定,若马匹不好使用,司马要受处罚,可见这个官与一县的马政有关,或许是专司一县马匹的征调和使用。其属官有司马令史和司马令史掾。

县司空,本主管县工程建筑（以军事性质为主）,因建筑工程多用刑徒,所以又是分管刑徒的官。其属官有司空佐史、司空啬夫、士吏等。[①]

另据《韩非子》《战国策》等文献记载,韩、魏两国的县还有御史一职。此外,新郑出土的韩国兵器铭文显示,韩国的县内

---

① 秦国相当于县一级的地方组织,还有道和都。道是设在少数民族聚居区,其官称"道啬夫"。都是设在有王室私产和宫室的地方,称"都官",都不属县令管辖而直属中央内史,自己有一套机构,属官有佐、史、啬夫之类。

空首布（春秋战国金属货币，陕西西安出土）。形似铁铲，有崇拜农耕之意。铸有文字，大多为地名、干支、数目等。

还设有主管刑法和监管兵器制造的县司寇一职。

郡的设立，较县要晚。最早的郡大约出现于春秋末年的晋国。晋国在新得边地置郡，作为国君直属区。因为边地荒陋，地广人稀，所以郡的面积较县为大。史载，赵简子与范氏、中行氏作战，发布的动员令中有"克敌者，上大夫受县，下大夫受郡"（《左传·哀公二年》）之语，可知郡的地位比县要低。

战国中后期起，随着列国疆域拓展，边地开发加快与人口兼并增加，原来的边地日渐繁荣。于是，各国又在郡下分出若干小县，由此形成了以郡统县、郡县两级的地方行政组织。这种以郡统县的制度安排，是从三晋国家开始的。如，魏国的上郡有十五个县，赵国的代郡有三十六个县，韩国的上党郡有十七个县。后来，秦、楚、燕三国也效法三晋的做法，推行郡县制度。

总的看来，战国时代的郡大都设在边地，以巩固国防为主，所以郡的首长一般称为守（也称郡守、太守）。郡守通常由国君直接任免，大都由武官兼领行政，具有军民合一的特征。这实际上是一种类似于今天"军区制"的行政安排。郡内的行政部门，除郡守外，还有郡尉、郡监（监御史）等。郡守，为一郡最高行政长官，掌全郡军政民政事务，并直接受中央政府节制；郡尉，辅佐郡守，掌管全郡军事；郡监，掌监察工作。

战国七雄中，只有齐国始终没有设郡。但齐国有"五都"，带有郡的性质。都的长官称大夫，直接由国君任命，并接受国君的定期考核；各都均有选练的常备兵，称"五都之兵"（《战国策·燕策一》）。

按照郡县制的原则，郡守、县令均由国君直接任命并对其负责，不得世袭。这样就从根本上打破了西周以来的分土封建模式，彻底否定了世袭分封制。中央政府通过考课和监察，加强了对地方的有效管理，有利于防止地方割据，有力地维护了国家统一；而自上而下的层层督课，使得中央政令能较为顺利地贯彻到最基层，保证了政令划一，有利于提高国家行政效率及动员能力。

秦统一六国后，为巩固中央集权统治，加强中央对地方的控制，最终决定废除分封制，在全国全面推行郡县体制。秦始皇将全国分为三十六个郡（后随边境开发和郡治的调整，增至四十余郡），郡下设县，在全国设数百个县。县内居民满万户以上者，设县令；不满万户的，设县长。令、长为一县之首，掌全县政务，受郡守节制。县令下设尉、丞。尉，掌全县军事和治安；丞，为县令或县长的助手，掌全县司法。由此，最终形成了以郡县制为特色的地方行政管理体制，成为中国古代"大地域"疆域治理的基本体制。

郡县制的确立，是中国古代地方行政制度变革的里程碑，为后来两千余年的地方行政体制奠定了坚实的基础，成为中国古代中央集权体制的重要组成部分，也是中国古代官僚政治取代贵族政治的重要标志。

战国封君制的这一特点，后来为秦汉帝国所继承，对后世历史产生了深远影响。

乡里制度：基层社会治理架构的形成

战国时期，各国对基层社会的治理，大多采用乡里制的模式。

乡里制的萌芽，可以溯源到西周、春秋时期。西周金文中有"里君"一词，通常被认为是国中（王城）的居民组织。[①]而西周、春秋时期有"乡"，是以血缘亲族关系为纽带的自由民（主要是四民中的"士"）的聚落组织。[②]《左传》有子产"不毁乡校"之说，《论语》中有"乡党""乡愿"之辞。今存《礼记》中的"乡射礼""乡饮酒礼"中，还保留了古代乡礼的一些内容。从这些记载中可知，"乡"在西周、春秋时期，既是当时社会基层治理的基本单位，也是居民日常生活的社会空间，承担着基层社会交往的重要职能。

[①] 朱凤瀚：《先秦时期的"里"——关于先秦基层地域组织之发展》，《先秦史研究》，云南民族出版社1987年版。

[②] 杨宽：《古史新探》，中华书局1956年版；田昌五、臧知非：《周秦社会结构研究》，西北大学出版社1996年版。

西周、春秋时期的乡，大多是直接隶属于天子或国君的一级行政组织，乡中居民称"国人"，平时务农，战时出征，因此，乡也是西周国家军队编制的基本单位。《墨子·尚同》中有"是以数千万里之外有为善者，其室人未遍知，乡里未遍闻，天子得而赏之"之辞。墨子生活在春秋晚期，他将"乡里"与"天子"并言，大致还保留了早期乡里制的某些遗痕。

到了战国时期，随着集权国家政治权力的变化，再加上郡、县制的推行，乡就逐渐被纳入了郡县管理体系中，成为郡县下面的基层民政组织。

从文献记载看，当时各国乡里组织的名称与层级设置，存在一些差异。如：

《荀子·礼论》有"国—乡—州—里"的建制；《庄子·胠箧》中有"治邑屋州闾乡曲"的说法；《庄子·达生》则有"宾于乡里，逐于州部"之说；《管子·立政》则有"乡—州—里—游—什—伍"的说法，而《鹖冠子·王钺》记载的基层社会管理体系是"郡—县—乡—扁—里"的模式。商鞅在秦变法，参照三晋国家的经验，在秦国实行"集小乡邑聚为县"的办法，建立了"县—乡—里"为核心的社会管理体系。(《史记·商君列传》)虽然这些组织的层级和名称有异，但作为郡县制下基层民政与社会控制的基本居民组织，却是战国乡里制演化的共同特点。战国后期，随着兼并形势的变化，秦国的乡里体系逐渐占据优势，并在秦灭六国后逐渐普及开来，对后世产生了深刻影响。

总的来说，郡县体制下的乡里制度，通常是县以下设乡，乡以下设里。乡有三老、啬夫和游徼等职。乡三老,掌管风俗教化;乡啬夫,掌管居民诉讼和税收;乡游徼,掌社会治安。里设里正或里典,以贯彻县乡布置的民政及行政任务为主,同时兼有强化对居民的控制和组织管理生产的职责。此外,乡中还设有"亭",专门负责地方治安和驿站系统,作为乡里制度的补充。

乡里制度下的基层居民管理,通常按照"什伍"的原则,形成什伍组织。《管子·立政》《鹖冠子·王铁》《尉缭子·伍制令》和《史记·商君列传》等对此均有记载,实质上是一套兼有军政、民政功能的体系。其要点是将居民按照十家一什、五家一伍的标准编制起来,使居民互相监督、互相纠结,乃至彼此连坐,以保证国家对居民的有效控制。

战国文献中,对什伍编制之下的居民日常管理,也有较详细的记载。如《管子·立政》记载:

> 分国以为五乡,乡为之师;分乡以为五州,州为之长;分州以为十里,里为之尉;分里以为十游,游为之宗。十家为什,五家为伍,什伍皆有长焉。筑障塞匿,一道路,博出入,审闾闬,慎管键,管藏于里尉。置闾有司,以时开闭。闾有司观出入者,以复于里尉。凡出入不时,衣服不中,圈属群徒,不顺于常者,闾有司见之,复无时。

《鹖冠子·王铁》记载:

其制邑理都使瞳习者,五家为伍,伍为之长,十伍为里,里置有司,四里为扁,扁为之长,十扁为乡,乡置师,五乡为县,县有啬夫治焉,十县为郡,有大夫守焉,命曰官属。郡大夫退修其属县,啬夫退修其乡,乡师退修其扁,扁长退修其里,里有司退修其伍,伍长退修其家。事相斥正,居处相察,出入相司。父与父言义,子与子言孝。长者言善,少者言敬,旦夕相薰苧,以此慈孝之务。若有所移徙去就,家与家相受,人与人相付,亡人奸物,无所穿窬,此其人情物理也。

此外,《尉缭子·伍制令》记载:

军中之制,五人为伍,伍相保也;十人为什,什相保也;五十为属,属相保也;百人为闾,闾相保也。伍有干令犯禁者,揭之,免于罪;知而弗揭,全伍有诛。什有干令犯禁者,揭之,免于罪;知而弗揭,全什有诛。属有干令犯禁者,揭之,免于罪;知而弗揭,全属有诛。闾有干令犯禁者,揭之,免于罪;知而弗揭,全闾有诛。吏自什长以上,至左右将,上下皆相保也。有干令犯禁者,揭之,免于罪;知而弗揭者,皆与同罪。

上述文献,《管子》属于齐系统,《鹖冠子》属于楚系统,《尉缭子》属于三晋系统。鉴于战国乡里什伍制度民政、军政互通的性质,其中所言的什伍连坐之法,既可应用于军中,又可应用于居民的日常管理。商鞅在秦变法,引三晋之制以变秦法,大力推行什伍连坐之法,以适应"耕战"形势的需要。

秦汉以前的基层社会管理,在《汉书·食货志上》中也有描述:

> 五家为邻,五邻为里,四里为族,五族为党,五党为州,五州为乡。……春令民毕出在野,冬则毕入于邑。……春,将出民,里胥平旦坐于右塾,邻长坐于左塾,毕出然后归,夕亦如之。入者必持薪樵,轻重相分,班白不提挈。冬,民既入,妇人同巷,相从夜绩,女工一月得四十五日。

以往学者多以为《汉书》所言,是对古代社会管理的想象或模糊追溯,不能据实。但近年来新出土的张家山汉简《二年律令》中有《户律》一篇,其中记载:

> 自五大夫以下,比地为伍,以辨□为信,居处相察,出入相司。有为盗贼及亡者,辄谒吏、典。田典更挟里门籥,以时开。伏闭门,止行及作田者。其献酒及乘置乘传,以节使。救水火,追盗贼,皆得行。不从律,罚金二两。

《二年律令》所属的年代已是西汉早期，但将其与《管子》等战国文献相比对，仍然可以看到两者对基层社会管理的具体措施描述如此一致，可见此种制度的延续性是非常明显的。

有学者将战国秦汉的这套基层社会管理系统称为"官社"组织，认为其具有"政社合一"的特点。[①] 如果从国家强制力量向基层社会渗透的角度看，这套基层治理系统确实鲜明地体现了集权国家的行政主导意识，如果再配以国家授田制、户籍制、赋税制等相关制度，则国家权力已全面且稳固地渗透到基层社会之中了。

如果说，郡县制的设立是"大地域"集权国家地域管理的有效手段，那么，战国乡里制的形成，则是有效解决"大地域"集权国家基层社会和居民管理的重要手段。两者整合为一，从国到郡，从郡到县，从县到乡，从乡到户，国家权力的因素系统地分布到当时社会的每一个角落，最终形成了战国集权国家严密的社会控制网络。

军功爵制：居民政治身份的重塑

中国古代社会中，爵往往是居民身份等级和政治地位高低的

[①] 张金光：《战国秦社会经济形态新探——官社经济体制模式研究》，商务印书馆2013年版。

重要标志。西周春秋时期的爵制，与世袭宗法制、邑土分封制等互为表里。周天子分封诸侯，大致有公、侯、伯、子、男五种，称"五等爵"；而在封国之内，则又有卿大夫、士的等级差别。不同的爵级，享有不同的祭祀和政治特权。因为与世卿世禄制并行，就形成了爵位、身份的世袭制，最终造成社会固化，既不利于新兴阶层脱颖而出，也不利于人才的培养与选拔。

战国列国的变法，打破了世袭制，促进了各阶层的身份流动，吸引了智能之士，服务耕战目标。随着旧有"世卿世禄"制的废除，与之适应的新爵制也随之推出。

战国新爵制的最大特点，是强调因功授爵原则，将政治待遇与个人功劳挂钩。魏国李悝变法，首倡"食有劳而禄有功"；吴起在楚变法，"使封君之子孙三世而收爵禄，绝灭百吏之禄秩"，然后用所收减的爵禄"以奉选练之士"。这些做法，都是按照功劳大小来确定政治身份的，对爵禄世袭制造成了很大冲击。此后，赵、燕、韩、齐等国纷纷采取类似政策，如赵孝成王依据"功大者身尊"原则，对降赵的韩上党郡守冯亭等"以万户都三封太守，千户都三封县令，皆世世为侯，吏民皆益爵三级，吏民能相安，皆赐之六金"。燕国则推行"公子无功不当封"的政策，以上功、中功、下功、无功来区别赏赐的等差。韩国申不害改革，则采取"循功劳，视次第"的原则，"见功而与赏，因能而授官"。功高者爵高，爵高者不仅赏赐多，而且政治待遇也高。

列国爵制的这些新变化，打破了旧的以五等爵为基础的世袭等级制，通过重构个人身份等级及政治待遇的方式，建立集权国家与居民个体的内在关联，从而有效调动了智能之士的积极性，促进了社会流动，逐渐形成了"宰相必起于州部，猛将必发于卒伍"（《韩非子·显学》）的造才和授爵趋势。

战国爵制改革中，最彻底也最有代表性的，当数秦国的军功爵制。《史记·商君列传》记载："秦王显岩穴之士……序有功，尊有德。"秦国的军功爵制，起于商鞅变法。商鞅以三晋国家的因功授爵制为原型，着重突出了"耕战"原则和军功因素，建立起了完备的军功爵制。

秦的军功爵制有两大要点：

第一，"有军功者，各以率受上爵"，以军功作为爵禄赏赐的最必要条件，英雄不问出处，只要立有军功，不管出身、门第之贵贱，都可以授爵。

第二，"宗室非有军功论，不得为属籍"，取消宗室贵族仅凭血缘关系就可以世袭爵位的特权（属籍）。

为凸显军功因素的作用，秦国赏赐爵秩时，制定了一套严格的规制：

其一，"官爵之迁与斩首之功相称"。以军功大小决定爵秩尊卑等级，立功者奖，无功者罚。商鞅规定，秦军士兵斩敌"甲士"（敌军军官）首级一枚，可获"公士"之爵、田一顷、宅一处和仆人一人；斩首越多，获得的爵位就越高。但所谓"斩首"，需要扣除己方人员战斗伤亡，方能算数。因此，普通士兵获得爵位，并不是件轻而易举的事，需要奋勇杀敌，才有可能得到。

其二，以二十等为标准，划分爵级。爵高者赏赐重，爵低者赏赐轻，史称"二十等爵"。"二十等爵"涵盖了四种身份，其名称及对应的等级是：

第一级公士，第二级上造，第三级簪袅，第四级不更，相当于士的身份；

第五级大夫，第六级官大夫，第七级公大夫，第八级公乘，第九级五大夫，相当于大夫的身份；

第十级左庶长，第十一级右庶长，第十二级左更，第十三级中更，第十四级右更，第十五级少上造，第十六级大上造，第十七级驷车庶长，第十八级大庶长，相当于卿大夫的身份；

第十九级关内侯，第二十级彻侯，相当于诸侯的身份。

其中，以"五大夫"（二十等爵的第九级）为界，分为高爵和低爵两类。五大夫以上为高爵，除了正常的官爵升迁外，还有"赐邑""赐税""税邑"等；五大夫以下为低爵，只赏赐官爵一级，或者加赐几千钱或仆从。

战国军功爵制的最大特点是"不别亲疏，不殊贵贱"，"见功而行赏，因能而授官"，居民的身份等级与其军功之大小相匹配。同时，有资格获得爵秩的居民阶层，也由原来的"卿大夫、士"等级扩大到了"公士、上造"直到"关内侯""彻侯"等二十余级，这就为庶民阶层入仕提供了方便的上升通道。《盐铁论·险固》说："庶人之有爵禄，非升平之兴，盖自战国始也。"此语可谓道破了战国爵制的本质。

爵位高低，不仅关系到政治身份的高低，而且往往与田宅、税邑、隶臣等物质利益挂钩，这极大地刺激了军人对爵禄的欲求，有效增强了秦军的战斗力。

《荀子·议兵》记载，齐国的"技击之士"即使冒死战斗，所得赏金不过八两，再无别的赏赐，具有雇佣兵性质，所以战斗力有限。魏国的武卒"中试则复其户，利其田宅"，能够享受免税、免徭役的优待，而一旦身衰力竭，优待条件并不改变，所以军队更新不易，而且优待众多士卒会造成国库空虚；加上受优待的士卒如果战死，就会影响自身的利益，导致士兵不愿死战，这样的军队战斗力不强，是"危国之兵"。只有秦国将士因功授爵，又增益田宅、配发奴仆，可以成为军功地主；若不断立功，还可以不断受赏，直至获得高官厚禄，所以能"最为众强长久""四世有胜"。

漆画神兽武士（局部，战国，湖北随州曾侯乙墓出土）。神兽武士手持双戈戟。这些神兽武士象征墓主人生前的仪卫部队。

从战国爵制推行的历史效果看，魏国实行军功爵制最早，所以战国初魏国以武力称雄一时；楚国自吴起变法实行军功爵制以后，数年之间便"南平百越，北并陈、蔡，却三晋，西伐秦"，国势大张；秦国的军功爵制最完善、最合理，所以秦国的军队战斗力最强。之所以有这样各殊的效果，与各国的爵制改革彻底与否存在密切关系。

新的军功爵制,既是战国军制改革的重要内容,也是战国政治改革的重要部分。由此,有无军功,就成为衡量人们爵禄等级和政治地位的重要因素。"有功者显荣,无功者虽富无所芬华"(《史记·商君列传》),由此造就了一批爵禄及身而止,不再传给子孙的新官僚和军功地主,带动了战国社会阶层的新变化。

更重要的是,军功爵制在政治待遇和身份等级方面,进一步加强了集权国家对居民的身份控制。日本学者西嶋定生认为,二十等爵制是封建大一统帝国社会政治结构的基盘和框架,是中央皇帝与广大庶民之间的政治维系与精神纽带,是当时中国社会上层建筑中的特色事物。[1] 从国家对社会控制的角度来看,这样的结论,对我们理解战国爵制变化所体现的普通居民与战国秦汉集权国家之间的内在关联性是很有启发意义的。

---

[1] 西嶋定生:《中国古代帝国的形成与结构:二十等爵制研究》,中华书局2004年版。

第五章 战国生产方式的变革

第五章　战国生产方式的变革

战国时期，是中国古代社会结构发生剧变的时代。其中，最值得注意的，一是集权国家政治体制的形成，二是个体小农经济为主体的精耕农业生产方式的确立。这两点，是理解战国历史变迁轨迹的两个关键变量。前者决定政治权力结构的走向，后者则奠定了社会生产方式的基础。集权国家政治体制的形成，前章已有介绍。本章将重点讨论战国时期个体小农经济生产方式的确立及其历史影响。

战国时期，日益激烈的兼并形势，使"耕"（农业生产）与"战"（军事战争）压力突出。农业是列国综合国力竞争的基础和决定性因素。"粟者，王之本事，人主之大务，有人之涂，治国之道也。""是以先王知众民、强兵、广地、富国之必生于粟也。"（《管子·治国》）"兵不如者，勿与挑战；粟不如者，勿与持久。"（《战国策·楚策一》）因此，行"重农"之策，就成为各国普遍关注的重点，同时也是实现"富国强兵"的重要手段。

纵观战国历史，列国以"耕战"为基石。重农政策，总体上围绕两点展开：一是着眼于提高农业生产效率，增加财富积累，达成"富国"目标；二是加强国家的经济汲取能力和社会动员能力，适应战争需要，达成"强兵"目标。核心就是以国家权力为主导，依托集权体制，从土地和赋税制度改革入手，重建土地与农民的直接联系,落实国家对土地(田)和劳动力(民)资源的有效控制与调配。

农业生产形态下,土地分配形式(田制)的变化与赋税制度的变革存在紧密联系。田制的变化,往往以赋税改革为先导;而赋税制度的变革,则是导致土地制度变化的主要动力因素。因此,战国农业体制变革的重点,是田制和赋役制度改革。其中,国家授田制的推行,则是重中之重。

国家授田制的推行

制度变迁,乃是社会变迁的重要驱动力。战国时期,各国通过加强中央集权政治体制改革,逐渐将土地控制权收归到了国家手中,这就为授田制的推行提供了重要的政治前提。而国家集权能力的加强,也为授田制度的实施提供了稳定的制度架构和有效的组织保障。战国时期以个体家庭为核心的小农经济[①]的生成,则是各国变法,即制度变革与政策创新的产物。

授田制是战国土地制度的主流形态。其核心要点是,以土地国有为前提,通过国家行政权力进行调配,按照一定标准,通常是"一夫百亩",将土地直接分配给个体农户耕种,使农业生产

---

① 其主流形态即古书中所言"五口百亩之家"。

者（小农家庭）与基本生产资料（耕地）紧密结合起来，并由国家直接向农户家庭征收赋役的一种土地分配形式。这种以国家授田为主导的土地分配制度，相比西周春秋时期以村社共耕为基础的"井田制"土地分配制度，更能激发小农的劳动积极性，也更有活力，代表了战国社会生产方式变迁的基本走向。

井田制背景下，国家并不直接控制农业生产者，而是通过对村社共同体的间接支配来达成目标。西周时期，由于存在"国""野"之别，所以周人对井田征收赋税，大多采用"彻"法，推行双轨制：国中行"助"法，对国中居民实行集体共耕公田，征收力役地租；野中行"贡"法，以野中的居邑——村社共同体为单位，征收实物地租。从春秋时代开始，这种以间接控制为主的双轨制模式，越来越不适应形势发展的需要。各国陆续有一些调整：如齐桓公推行"相地而衰征"，开始按土地肥瘠程度征收赋税；其后，鲁国行"初税亩""作丘甲"，楚国行"量入修赋"，秦国行"初租禾"，都开始以土地面积为标准征收赋税，开启了田制和赋役制改革的序幕。只不过这时赋税征收的对象，依然以村社共同体为主。

战国时期，各国在此前赋税变革的基础上，推行更彻底的变法措施。其中，李悝在魏国"尽地力之教"，行"一夫挟五口，治田百亩"；齐国则力推"均地分力"之法；秦国商鞅则"废井田，开阡陌"，同时"令民不分异者倍其赋"；就连小小的滕国也开始实行"受一廛而为氓"的制度。这些变法的总体趋势，就是由国家直接向个体农户分配土地，推行以个体家庭为基本单位的农业生产模式。战国授田制的出现,正是春秋时期以来土地赋税制度变革不断累积的结果。

通常而言,战国的授田制大致包含如下几方面:

(一)制土分民

土地国有,是授田制推行的基础。在土地国有的背景下,国家通过土地规划,确立合理的耕地与居民的比例,史称"制土分民之律",是战国授田制推行的重要制度前提。

"制土分民"的基本原则,是"土地—邑落—居民"三者相匹配。《礼记·王制》载"凡居民,量地以制邑,度地以居民,地邑民居,必参相得",《尉缭子·兵谈》云"量土地肥硗而立邑",银雀山汉简《守法守令十三篇·田法》有"量地肥饶而立邑建城",说的都是同一件事情。

从文献记载看,各国制土分民的标准可能有所差别。如,齐国采用总量平衡的办法进行折算,"上地方八十里,万室之国一,千室之都四。中地方百里,万室之国一,千室之都四。下地方百二十里,万室之国一,千室之都四。以上地方八十里,与下地方百二十里,通于中地方百里"(《管子·乘马》),同时以郡县为单位,核定土地等级,"郡县上臾之壤守之若干,间壤守之若干,下壤守之若干,故相壤定籍而民不移"(《管子·乘马数》)。

而三晋及秦国的做法与齐国不同。据《汉书·食货志》记载,魏国李悝"尽地力之教","以为地方百里,提封九万顷,除山泽、邑居三分去一,为田六百万亩"。而《商君书·徕民》记载:"地方百里者,山陵处什一,薮泽处什一,溪谷流水处什一,都邑蹊道处什一,恶田处什二,良田处什四,以此食作夫五万,其山陵、薮泽、溪谷可以给其材,都邑蹊道足以处其民。"其中制土分民的细节,虽与齐国有所差别,但原则却是一致的,都是通过国家整体性区域规划,核定可耕土地的种类及面积,进而确定赋税总量,以确立土地与居民的合理比例,作为授田的总体依据。

(二)计户授田,计亩征税

战国授田制的核心环节是土地授受。其中,授田主体是国家,而受田主体则是以一家一户为单位的个体农户家庭。国家把耕地按"一夫百亩"的通行标准分配给农民家庭耕种,同时向农民征收赋税。这种安排,大致有两层意思:一是以一夫一妻的成年夫妇及其子女组成的个体核心家庭为授田单位;二是耕地单位以百亩为标准。由此形成了"一农之量,壤百亩也"(《管子·臣乘马》)与"家五亩宅,百亩田"(《荀子·大略》)的基本格局,最终确立了国家政权与个体农户的直接联系。

这种每户百亩的标准,是比较符合战国时期劳动生产力总体状况的。但实际授田时,通常还要根据家户人数多寡和耕地状况的好坏,加以适当变通。《吕氏春秋·先识览·乐成》记载:"魏氏之行田也以百亩,邺独二百亩,是田恶也。"邺地因田恶(土地贫瘠)的缘故,以二百亩为单位,相当于魏国其他地方的一百亩。由于授田标准不同，各国亩制也多有区别。银雀山汉简《吴问》记载："范、中行是（氏）制田，以八十步为畹，以百六十步为畛，而伍税之。其□田陕（狭），置士多；伍税之，公家富。……韩、魏（魏）制田……以百步为畹，以二百步为畛，而伍税[之]。其□田陕（狭），置士多……赵是（氏）制田，以百廿步为畹，以二百卌步为畛，公无税焉。公家贫，其置士少……"[1]而商鞅在秦变法，为鼓励垦土务农，"为田开阡陌封疆"（《史记·商君列传》），也采取大亩制，确立了以二百四十步为畛的标准（杜佑《通典·州郡典·雍州风俗》），这样做，实际是增加了授田数，惠利了农户。

各国对受田者的身份和年龄，也有所规定。云梦秦简《为吏之道》引《魏户律》曰："民或弃邑居壄（野），入人孤寡，徼人妇女，非邦之故也。自今以来，叚（假）门逆吕（旅），赘壻后父，勿令为户，勿鼠（予）田宇。"[2]从中可知，"叚门逆旅，赘壻后父"，因其地位低下，不能单独立户，也不能独立授田。银雀山汉简《田法》有"□□□以上、年十三岁以下，皆食于上。年六十〔以上〕与年十六以至十四，皆为半作"[3]的记载，从中可知，授田对象的年龄也是有规定的。

授田之后的赋税征收，通常采取"案田而税"（《管子·大

---

[1] 银雀山汉墓竹简整理小组：《银雀山汉墓竹简（壹）》，文物出版社1985年版。
[2] 睡虎地秦墓竹简整理小组：《睡虎地秦墓竹简》，文物出版社1978年版。
[3] 银雀山汉墓竹简整理小组：《银雀山汉墓竹简（壹）》，文物出版社1985年版。

汉画像石。上图为一牛一驴拉犁，后一人扶犁，一人持镢头随后。犁上方有飞鸟两只。一派人与自然和谐相处的景象。最左边是一棵树，一人在树下乘凉。

匦》)，或曰"訾粟而税"(《商君书·垦令》)的办法，以百亩为基准单位，按授田面积征收。云梦秦简《田律》记载："入顷刍稾，以其受田之数，无垦（垦）不垦（垦），顷入刍三石、稾二石。"[①] 由此可推知，国家的租税征收，不论是否耕种，都要按照授田亩数缴纳。除田赋外，各国通常还要以家户为单位征收户赋，云梦秦简《法律答问》有解释"匿户"的条款，曾明确提到户赋。此外，各国还有依照丁口数征发更役、戍卒、卫卒的规定，这些都是受田农民的基本义务。

值得一提的是，战国时期，除授田制外，各国还推行奖励军功的政策，对有军功的平民阶层实施赐予田宅、奴婢的奖励政策，这也要实行土地登记，称"名田制"。"名田制"作为战国授田制的一种补充，依然是建立在普遍授田制的前提之上的。

---

① 睡虎地秦墓竹简整理小组：《睡虎地秦墓竹简》，文物出版社1978年版。

编户齐民的出现

战国授田，采取以户属地、以地征赋的原则，以严密的户籍管理为基础。《管子·禁藏》所言："户籍田结者，所以知贫富之不訾也。故善者，必先知其田，乃知其人，田备然后民可足也。"伴随着授田制的推行，战国户籍管理也日渐强化与完善，最终导致了"编户齐民"的出现。

所谓"编户齐民"，是以"户"为单位登记居民名籍，不分贵贱等级，统统隶属于国家权力的居民管制方式。《汉书·高帝纪》颜师古注曰："编户者，言列次名籍也。"《汉书·食货志》注户籍、田结者，引如淳曰："齐，等也。无有贵贱，谓之齐民，若今言平民矣。"其基本要点，是以"百亩"授田标准而立户，以户为单位而定籍，作为国家立户授田、征收赋税、派发徭役兵役的基本依据。

战国时期的户籍管理已经相当严格。居民户籍登记，不仅要写清姓名、年龄，还要严格区分性别、身体状况、职业等相关内

《管子·禁藏》有关"户籍"的记载。

容。《管子·度地》记载,"案家人比地,定什伍口数,别男女大小。其不为用者辄免之,有锢病不可作者疾之,可省作者半事之"。而《商君书·境内》则强调"四境之内,丈夫女子皆有名于上,生者著,死者削",同书《去强》也说"举民众口数,生者著,死者削",要随时掌握"壮男、壮女之数,老、弱之数,官、士之数,以言说取食者之数,利民之数"等基本情况。无论男女老少,都要登记在册,一旦死亡,就要从名册上除名。这样的规定无疑加强了对人口的管理,便于国家政策的制定和实行,自然也方便了国家土地政策的实施。

从出土秦律看,户籍申报有严格的规定,申报不实,要受处罚,相关的基层官员如里典、伍老等,也要追究责任。"匿敖童,及占癃(癃)不审,典、老赎耐,百姓不当老,至老时不用请,敢为酢(诈)伪者,赀二甲;典、老弗告赀各一甲;伍人,户一盾,皆罨(迁)之。"[1]居民要更籍,必须先提出申请,待批准后才会有效,否则要受法律制裁。"甲徙居,徙数谒吏,吏环,弗为更籍,今甲有耐赀罪,问吏可(何)论?耐以上,当赀二甲。"[2]《秦律》还规定,"逆旅""游食"者不能授田,要有官府发给"符"以为暂居之凭证。而据《管子》记载,齐国对耕作不勤的"不服之民""贼人"及劳动最差的"役夫"等所谓"三不树"者,由官府"主使之",即政府强迫其务农垦田。

---

[1] 睡虎地秦墓竹简整理小组:《睡虎地秦墓竹简》,文物出版社1978年版。
[2] 睡虎地秦墓竹简整理小组:《睡虎地秦墓竹简》,文物出版社1978年版。

错金银带钩（战国，陕西咸阳市武功县出土）

"编户齐民"政策的推行，一方面使国家通过编户制进一步强化了农民与土地的结合程度，既稳定了农业劳动力的投入，也便利了国家对农民的有效控制；另一方面，这还是一种有效的军事动员和社会动员手段，体现出国家权力对基层居民单位及日常生活的全方位渗透。以编户制为基础，国家按照居地相连的原则，借鉴军队"什伍"编制模式，将居民纳入以"里""乡"为单位的基层行政组织，设置"里正""乡官"，对居民实行直接管控，颇有点儿"寓兵于农"的味道。这一制度的推行，不但有利于国家授田制度的稳定，同时还确保了国家的社会动员能力和经济汲取能力，对于实现"耕战"目标具有重要意义，在中国历史上产生了深远的影响。

小农生产方式的确立

授田制推行所导致的最重要的结果，是在国家权力的支配下，以个体家庭为单位的小农生产方式产生了。

《荀子·王霸》强调："匹夫者，以自能为能者也。……百亩一守，事业穷，无所移之也。"《孟子》则强调"使民有恒产"，有"恒产"乃有"恒心"。战国授田制通过"分田而耕"的形式，把土地分给个体农户家庭耕种，加强了农户与土地的紧密联系，使之安心务农，有助于达到"驱民务农"的效果，同时还明确了农民对国家的责任与义务，使他们成为直接隶属于国家政权的基本生产单位。

授田制将个体农户（五口之家）紧紧限定于"百亩"耕地之上，以"五口之家，治百亩之田"。由此促进了家庭结构的变化，形成了战国小农家庭的主流形态——"五口百亩之家"。

战国"五口百亩之家"，以一夫一妻制核心家庭为主，还可能包括其未成家的子女和年老的父母。以这样的家庭规模为农业生产单位，实质上构成了传统中国"个体小农经济生产方式"的基本单元。

关于"五口百亩之家"的规模，并不能机械地理解。实际上，战国个体农民家庭除"五口百亩之家"的主流形态外，依照家庭人口规模的大小，还有"上家""中家""下家"之别。

银雀山竹简《田法》说："食口七人，上家之数也。食口六人，中家之数也。食口五人，下家之数也。"[1]《孟子》中屡次谈到的"数口之家"或"八口之家"，也应该纳入此范围中。

秦国商鞅变法，着力强调"民有二男以上不分异者，倍其

---

[1] 银雀山汉墓竹简整理小组：《银雀山汉墓竹简（壹）》，文物出版社1985年版。

赋"和"令民父子兄弟同室内息者为禁",进一步分拆几代同居的农民大家庭为个体核心家庭,对秦国小农家庭结构产生了重要影响。西汉初年贾谊曾言:"秦人家富子壮则出分,家贫子壮则出赘、借父耰锄,虑有德色;毋取箕帚,立而谇语。"(《汉书·贾谊传》)这充分说明经过商鞅变法,个体小农家庭已成为秦国社会生活的基本单元。

这种以核心家庭为主流的个体小农家庭,以"百亩之田"为基本生产单位,以精细化农业为基本生产形态,在经营农业的同时,还兼营家庭畜牧业、瓜果种植业及布帛麻丝等家庭手工副业。由此,农户生产经营的"男耕女织"模式确立,便于家庭生产单位稳定性与积极性的充分发挥,因而具有顽强的再生能力和延续能力。

关于小农家庭的日常生产情况,《孟子·尽心上》中有生动的描写:

> 五亩之宅,树墙下以桑,匹妇蚕之,则老者足以衣帛矣。五母鸡,二母彘,无失其时,老者足以无失肉矣。百亩之田,匹夫耕之,八口之家,足以无饥矣。

关于个体小农经济的劳动效率优势,古代文献中也有所反映。《吕氏春秋·审分览·审分》强调:"今以众地者,公作则迟,有所匿其力也;分地则速,无所匿迟也。"而《管子·乘马》则指出:"均地分力,使民知时也。民乃知时日之蚤晏,日月之不足,饥寒之至于身也。是故夜寝蚤起，父子兄弟不忘其功。为而不倦，民不惮劳苦。故不均之为恶也；地利不可竭，民力不可殚。不告之以时，而民不知；不道之以事，而民不为。与之分货，则民知得正矣；审其分，则民尽力矣。是故不使而父子兄弟不忘其功。"

这种生产方式，可以充分调动农民从事生产的积极性，促其在有限耕地上投入更多劳力，进而有

《孟子·尽心上》有关小农家庭日常生产情况的记载。

效提高农业精细化耕种的程度，提高单位面积的劳动生产率。战国时期，精细化农耕技术（如深耕、施肥、复种等）的普遍进步，正是建立在以个体家庭为单位的小农生产模式的基础之上的。

凡事有一利，必有一弊。以个体家庭为单位的小农生产模式自有其重要优势，但也存在与生俱来的致命弱点：其经营规模小，不利于再生产能力的扩大，抗风险能力也弱，很容易遭受外界影响，容易招致生产的危机。据《孟子》所言，农夫的生活理想是"乐岁终身饱，凶年免于死亡"，足见这种生产方式的脆弱性。而《汉书·食货志》引李悝言"农夫所以常困"，其根本原

因，大概也源于此。这时，就需要国家承担起农业生产管理者和保障者的具体责任。

小农与国家间的共生互动关系

授田制及其配套政策的推行，造就了广泛的个体小农群体，为古代集权国家的发展提供了稳定的社会基石，国家也获得了对农业劳动力和农村社会的强力控制，经济汲取能力与社会动员能力均有明显提升。但小农经济的天然脆弱性，又要求国家承担更多的责任和义务，由此决定了战国时期小农与国家之间具有共生互动的关系。

授田制背景下，国家不仅要为农户授田提供制度保障与政策支持，还要直接介入生产管理环节，并承担相应责任。列国在农业生产中所承担的管理责任是全面而多样的：

首先，田界管理。授田后，国家要安排定期核查、管理与适当调整，以保持小农授田后份地的稳定性。齐国实行"三岁修封，五岁修界，十岁更制"的措施，"……□巧（考）参以为岁均计，二岁而均计定，三岁而壹更赋田，十岁而民毕易田，令皆受地美亚（恶）□均之数也"[1]，使百姓授田等级的好坏与其所承担

---

[1] 银雀山汉墓竹简整理小组：《银雀山汉墓竹简（壹）》，文物出版社1985年版。

的赋税相匹配。

秦国法律规定，每年"秋八月，修封捋（埒）、正疆畔，及癹（除）千（阡）百（陌）之大草"①；同时，秦律还规定，"盗徙封"者②，要被施以"赎耐"③的刑罚④。所有这些，都充分体现了国家在授田管理方面的权威地位和突出作用。

其次，生产管理。政府一方面要按照时节指导农民各项生产活动，同时还要对生产的各环节进行指导和监控。据《管子·国蓄》记载："春以奉耕，夏以奉芸，耒耜械器，钟镶粮食，毕取赡于君。"而云梦睡虎地秦简《秦律》中，有《仓律》一种，甚至规定"种：稻、麻亩用二斗大半斗，禾、麦亩一斗，黍、荅亩大半斗，叔（菽）亩半斗。利田畴，其有不尽此数者，可殹（也）。其有本者，称议种之"。⑤还有《厩苑律》一种，规定要定期评比耕牛，加以赏罚。此外，《秦律》中还有向农民出借铁制农具，因其破损而核准报销的律文。

国家还要承担协调农业生产过程、推广新的耕作技术及生产手段、加强水利基础设施建设等任务，采取措施确保农业生产的正常运行。这说明，在战国授田制背景下，国家对农业生产活动的直接介入和有效组织，是维系小农生产活动不可或缺

---

① 四川省博物馆《青川木牍·更修为田律》。
② 私自移动田界的人。
③ 耐：剃去鬓发的刑罚；赎耐：出钱以赎耐刑，赎刑的一种。
④ 睡虎地秦墓竹简整理小组：《睡虎地秦墓竹简》，文物出版社1978年版。
⑤ 睡虎地秦墓竹简整理小组：《睡虎地秦墓竹简》，文物出版社1978年版。

的重要前提。

第三，社会保障。小农生产本身的脆弱性，还需要国家提供有效的社会保障。屡见于战国文献中的"贷民""振困"、减免租赋、假田公田、贷民种食等方面的记载，均体现了国家对小农生产提供救助及保护的职能。

战国授田制，是以个体家庭为生产单位的国家土地所有制模式。有学者认为：授田制的实质，乃是一种"国家份地农分耕定产承包责任制"。[①] 这种说法是很有道理的，随着这种分耕承包责任制的实施，中国传统农业的耕作方式由原来的村社共同体成员共同劳动的"共耕制"（"耦耕"），转化为个体农户的"责任分耕制"，从而有力地促进了农民生产积极性和劳动自主性的发挥，大大提高了耕作农业的生产率及产品累积率。

授田制造成了小农对国家权力的高度依赖，影响到国家权力在小农生产生活中的功能定位，国家不但是"农业政策制定者"和"农业行政管理者"，更是"农业生产活动的组织者"及"小农生产者的保护人"，可以说是集四种角色于一身。[②]

由此，以授田制为纽带，原来淹没在村社共同体中的个体小农家庭与国家建立起了直接联系。在土地和赋役制度方面，小农与国家间具有"服从—管制"关系，在农业生产环节，国家与小

---

① 张金光：《银雀山汉简中的官社经济体制》，《历史研究》2001年第5期。
② 于凯：《从战国农业政策看中国古代国家政权和小农之关系的确立》，《华东师范大学学报（哲学社会科学版）》2000年第4期。

农间还具有"代理—依附"关系。由此,战国时期小农与国家形成了奇特的共生互动格局。这在某种程度上,甚至影响了后世中国社会变迁的整体走向。

战国秦汉之际,"五口百亩之家"个体小农阶层的形成,是集权国家制度选择的结果;而由此造成小农阶层的广泛存在,则构成了秦汉中央集权国家的根本基石,成为"大地域"中央集权国家统治无法摆脱的"路径依赖"。秦汉以后,传统中国小农经济的发展与中央集权国家统治的加强都与这些因素高度相关。

第六章 列国争雄

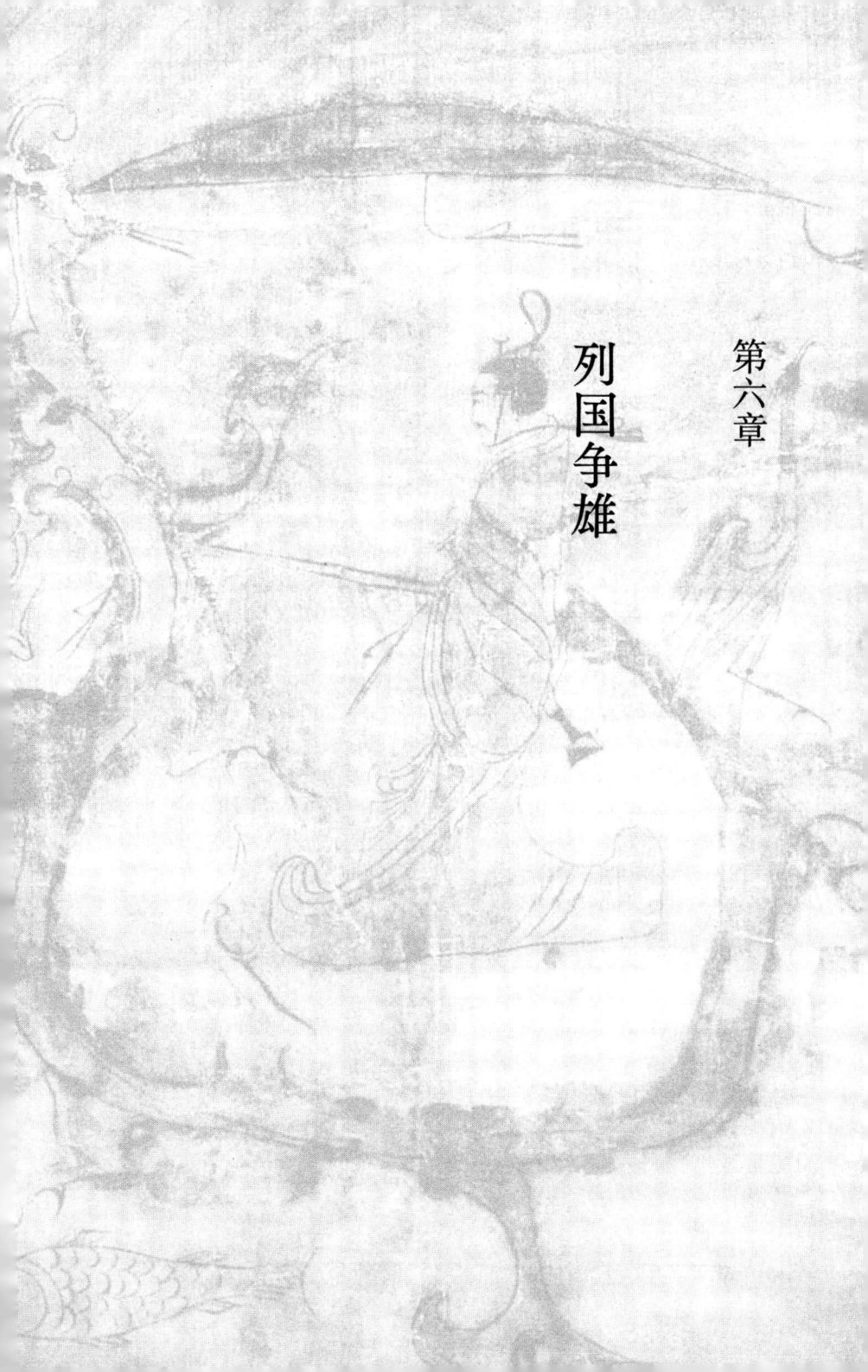

魏国始强

随着变法运动的陆续展开和战国社会政治经济形势的日渐演化，七国争霸的格局逐渐形成，战国历史由此进入了群雄逐鹿、列国争霸的时代。

七国之中，最先强盛而称雄的国家是魏国。战国时期列国兼并的第一阶段，基本上是以魏国为主导而次第展开的。

三家分晋后，魏与韩、赵两国于公元前403年正式获得了周王的册封，地位得到了认可。但与韩、赵相比，魏国可谓是四面强邻环伺，它西临秦，南临楚，北临赵，东有齐，是典型的中央之国、四战之地。特殊的地缘战略环境，使魏国面临的压力最大，忧患意识也最为强烈。李悝变法为魏国的强盛夯实了制度基础，魏国迅速崛起为当时最有影响力的国家，成为战国早中期列强关系的核心。

魏国的强盛，与魏文侯的励精图治有密切关系。

魏文侯，名斯，是魏国百年霸业的开创者。史载，魏文侯礼贤下士，选贤任能，网罗了各国的优秀人才，为魏国的强盛奠定了坚实基础。据说，魏文侯曾"师子夏，友田子方，礼段干木"。子夏，是儒家学派创始人孔子的重要弟子，"孔门十哲"之一，子夏为学，强调经世致用。魏文侯以子夏为师，把子夏延请到魏国讲学，吸引了各国人才聚集，形成了颇有影响的"西河学派"。其中，主持魏国变法的李悝、著名军事家吴起等，都曾是子夏的学生。

魏文侯选拔人才，不以出身为标准，而是注重才干。他先后任用李悝、翟璜为相，任用乐羊、吴起、西门豹等为将。其中，李悝、吴起为卫国平民出身，乐羊和西门豹是魏国平民出身，而翟璜则出身于戎狄。这些不同出身的有才之士，均被魏文侯网罗在其麾下，并根据他们各自的特长委以重任，为魏国崛起发挥了重要作用。

魏文侯在位期间，在国内政治方面强调内修德政，变法除弊，群臣文武相济，各司其职。在李悝的主导下，魏国在经济上行"尽地力之教"，制度上编订了《法经》，强化法治；军事上则由吴起主导，兴"武卒"制，选练精兵；地方治理方面，则有西门豹治邺，废除当地所谓"为河伯娶妇"的陋习，并凿漳河十二渠以灌邺田，使邺地民心归附。一时间，魏国大治，"贤人是礼，国人称仁，上下和合"，魏国的综合国力迅速增强。

在国际战略方面，魏文侯根据当时列国间的总形势，审时度势，确立了"联合韩赵，西击秦，东摒齐，南抑楚"的策略。史载，当时韩、赵两家相与为难，都向魏借兵，准备攻击对方。魏文侯不仅拒绝出兵，而且说服韩、赵两家，强调三晋要互为兄弟，抱团取暖，互相支持配合，共同开拓中原，由此得到了韩、赵的尊重，也为魏国拓展疆土赢得了不小的合作空间。在这一时期，魏国成为三晋地区国家关系的主导者。

在笼络韩、赵的同时，魏文侯将首要用兵方向对准了西方的秦国。公元前419年，魏国西渡黄河，筑城少梁（今陕西韩城市南），作为西进据点。魏相翟璜向魏文侯推荐卫人吴起。吴起的用兵才能得到了魏文侯赏识，他任命吴起为攻秦主将。在吴起指挥下，魏军节节胜利，打破了与秦在河西地区的僵持局面。

公元前413年，吴起率军攻占郑（陕西渭南市华州区），直接威胁秦的关中地区，秦国举国震怖。魏太子击趁机率军渡河，攻破了秦国的军事重镇繁庞（今陕西韩城市东南），秦国的河西防线彻底崩溃。

公元前408年，魏国完全占据了河西地区，吴起受命为河西守，有效巩固了魏国在河西地区的控制。此后，魏又占领了陕（今河南三门峡市陕州区），控制了西方与中原交通的黄金通道，将秦压制在洛水以西，长达八十年不得与中原交通。魏则独擅关东之利，使秦国受到了很大的削弱。这时的魏国以强盛的国力军力夺取了整个河西高原与秦川东部，将秦国压缩得只剩下关中中西部与陇西、商於等地，魏国的领土大大扩张。

对于东方的齐国，魏文侯也采取了积极的干预政策。公元前405年，田悼子去世，齐国发生内乱。魏、赵、韩联合出兵干预，三晋联军在廪丘（今山东菏泽市郓城县西北）大败齐军，次年又围攻齐的要塞平阴（今山东济南市平阴县），并攻入齐长城，最终迫使齐国屈服，以此挟持齐侯，逼迫周天子封三晋为正式诸侯。《吕氏春秋·慎大览·下贤》记载,魏文侯"东胜齐于长城,虏齐侯,献诸天子,天子赏文侯以上闻"。

为阻止楚国北上侵夺郑地,公元前400年,在魏文侯主持下,三晋联军又南下伐楚,至桑丘(今山东济宁市兖州区)而还,直逼楚之方城[①]。公元前391年,三晋又大败楚于大梁(今河南开封市西北)、榆关(今河南郑州市中牟县),进取襄陵等地。

除此之外,魏国还越过赵国,灭掉了由白狄建立的中山国,后来魏国国势削弱,中山又得以复国。魏将吴起又夺取了戎狄在今陕西境内洛河以东、黄梁河以北、子长以南的大片土地,魏文侯因此设上郡。这些举措极大地拓展了魏国疆域,使魏国一跃成为中原的霸主。

魏文侯在位长达五十年,他的文治武功为魏国的强盛奠定了坚实的基础。

魏文侯去世后,其子魏击即位,是为魏武侯。

魏武侯时期,受魏文侯余荫的庇护,魏国的综合国力仍比较强盛。但与此同时,魏武侯在位的二十六年间,魏国国势衰落的种子也渐渐埋下。

魏武侯治国,既没有魏文侯的积极进取,也不像魏文侯那样重视与尊重人才。以魏武侯和吴起的关系为例。据《史记》记载,魏武侯即位时,吴起已任河西将军多年。一次,魏武侯与吴起乘船,

---

[①] 楚国北疆山岭上修筑的方形城寨,是具有防御功能的军事设施,类似"长城"。"方城"名即由此而来。其位置在今河南南阳市方城县大关口一带。

自河西沿河南下，船到中流，魏武侯眼看两岸河山壮美，不禁感叹道："美哉乎，山河之固，此魏国之宝也！"吴起正色回答道："在德不在险……若君不修德，舟中之人尽为敌国也！"被吴起一顿抢白，魏武侯只好悻悻地回答曰："善。"（《史记·孙子吴起列传》）

魏武侯即位后，魏文侯的股肱之臣李悝、乐羊等也已先后去世，吴起的作用因此日渐突出。也许是吴起秉性过于耿直的缘故，魏武侯对吴起态度十分冷淡，长期只让吴起担任河西守。《史记》上说，魏武侯任命田文为丞相，吴起认为自己的才能，无论治军、治民还是征战都强于田文，内心非常郁闷，他问田文，为何自己不能做丞相。田文回答道："主少国疑，大臣未附，百姓不信，方是之时，属之于子乎？属之于我乎？"吴起默然良久，只好说："属之子矣。"但他内心的不满，溢于言表。

田文死后，魏武侯又任公叔痤为相。公叔痤气量狭小，利用吴起性格耿直的特点，设计把吴起从魏国赶走了。吴起离开魏国时，望着自己长年战斗过的地方，感慨万千。吴起离魏奔楚，对其个人而言是一个悲剧，而对魏国而言，无疑也是一个难以估量的重大损失。

魏武侯即位后，放弃了魏文侯制定的三晋团结的基本外交方针。公元前375年，魏与韩争夺郑地；公元前372年，魏又与赵争夺卫地，在北蔺（今山西吕梁市离石区西）打败赵军。从此，魏与韩、赵两家结怨，联盟关系破裂，后续冲突不断。

魏武侯去世时，其子公子䓨与公子缓争位。公子䓨得到了大夫王错的拥戴，最终取得了优势。但在此过程中，韩、赵却出兵干涉魏国，魏国险些被韩、赵所灭，多亏两国最终意见不一，才使魏得以幸免被瓜分的命运。

公元前369年，公子罃即位，是为魏惠王（公元前361年，魏惠王迁都到大梁，故《孟子》称之为梁惠王）。魏惠王在位期间，在内政上做了一些改革，在外交方面，则说动韩、赵两国，调整和交换了部分土地，使魏国国土得以在中原地区连接成片，魏国形势一度有所缓和。

魏惠王在位五十一年，魏国国力有所恢复。他以白圭、公叔痤为相，庞涓为上将军，率军多次攻伐诸侯，一度达到"拥土千里，带甲三十六万"（《战国策·齐策五》）的程度。他以朝见周天子为名，在臼里（今河南巩义市南）召集十二国诸侯会盟，是为"臼里之盟"（《韩非子·说林上》）。稍后，魏惠王又接受秦国的游说，决定"先行王服，然后图齐、楚"，于是"广公宫，制丹衣柱，建九斿，从七星之旗"（《战国策·齐策五》），同时"乘夏车，称夏王，朝为天子"（《战国策·秦策四》），成为第一个称王的诸侯。魏惠王召集宋、卫、邹、鲁等国国君及秦公子少官等，在逢泽（今河南开封市南）会盟，是为"逢泽之会"，使魏国大出风头。当然，魏的率先称王对魏国来说，既是好事又是坏事。这样一来，魏国实际上是孤立了自己，给了秦国一个发展的机会，最后倒让秦国统一了天下。

实际上，魏惠王在用人方面虽然标榜自己招贤纳士，却缺乏有效识别人才的眼光，效果并不理想。如，魏相公叔痤临终，向其推荐商鞅，但他弃而不用，最终商鞅赴秦变法，成就了秦的霸业。著名军事家孙膑赴魏，在魏国遭到庞涓的陷害，被处以膑刑，逃至齐国，成为魏的强大对手。范雎本是魏国人，却受诬通敌，被打成残废，弃之于厕，后来他逃到秦国为相，帮秦国奠定了天下统一的基石。

在对外战略方面，魏惠王也缺乏长期经营的清醒目标。魏国与韩、赵两国时战时和，西线与秦争胜，东线则试图控制宋、卫而与齐争强。此时，列国间的争斗已进入频繁期。在西线，秦国经秦献公改革，国力已有起色，开始在河西展开反击。在东线，魏国与赵国的矛盾日渐突出，同时也触动了齐国的利益。由于缺乏明确的战略目标，魏国国力消耗虽大，但始终未能取得太大的实质性战略进展，反而结仇于诸侯。此后，经过公元前353年围魏救赵的齐、魏桂陵之战，公元前341年围魏救韩的齐、魏马陵之战和此后秦国收复河西之战，魏国元气大伤，国势逐渐衰落。

齐魏争霸

齐国地处山东地区，一直是比较有影响力的区域大国。田氏代齐后，特别是齐威王、齐宣王改革之后，齐国的国力有所上升，在列国中的地位也逐渐提高。

就战国形势而言，齐国的地理位置相对优越，它背靠海滨，富有渔盐山海之利，北方与燕接壤，西面与赵、韩相连，西南隔着鲁、宋等中小国家与楚相望。总的来说，以齐国所处的战略位置而言，它在各个方向上所遭遇的强敌威胁其实并不严重，但齐国要想在列强兼并中取得决定性优势，确实也比较困难。

齐、魏争霸初期，齐国将其主要拓展方向集中于西境，这样就与魏、韩、赵三国的东进策略发生了冲突。总体来看，此一阶段，齐国并未占优势。公元前413年，齐国的田庄子与魏交恶，伐魏获胜，入魏之黄城（今河南安阳市内黄县西北）；公元前405年，三晋国家借助齐国发生廪丘（今山东菏泽市郓城县西北）之乱的机会，大败齐于廪丘，"齐将死，得车二千，得尸三万，以为二京"（《吕氏春秋·慎大览·不广》）。第二年，三晋又借周王之命联合一气，破齐长城，入齐腹地，齐又大败。

公元前387年，齐君田和主动与魏武侯会于浊泽（今河南禹州市东北），请魏武侯帮忙，请求周天子册封其为诸侯，次年获周安王认可，完成了田氏代齐的"法定手续"。此后，三晋仍不断伐齐，齐国的西进策略严重受挫。

魏惠王时期，魏与赵、齐等国在争夺卫国领土方面产生了冲突。当时赵、齐两国的国力都处于上升期，三国矛盾日渐突出。公元前354年，赵国伐卫，夺取卫的漆和富丘（均在今河南长垣市），并在两地筑城。对卫觊觎已久的魏国自然不能容忍赵的扩张，于是发重兵八万，由魏将庞涓率领，进攻赵之邯郸。

次年，赵求救于齐，齐威王也乐得助赵攻魏，于是，派将军田忌和军师孙膑率军救赵。齐军救赵，采用军师孙膑的建议，实施围魏救赵之策，直逼魏都大梁，迫使魏军主力回援；而后又在桂陵设伏，最终大败魏军，生擒魏将军庞涓，是为桂陵之战。

此后，齐、魏两国争霸，渐渐成为此一阶段列国兼并的核心。

公元前342年，魏出兵伐韩，韩不敌魏军，遂向齐求救。齐威王派田忌、田婴为将，孙膑为军师，出兵救韩。魏惠王急于报仇，以雪桂陵之耻，遂派太子申和庞涓率十万大军迎击齐军。

孙膑让齐军避开魏军锋芒，直趋魏都大梁，吸引庞涓回援，又采取"减灶诱敌"的策略，制造齐军入魏后大量减员的假象，以迷惑魏军。魏将军庞涓果然中计，以为齐军怯战，遂弃其辎重，以轻骑简车追赶齐军。最后在马陵一带，遭齐军设伏包围，魏军大败，庞涓自杀，魏太子申被俘，魏国遭受到前所未有的惨重损失。

稍后，齐国又联合赵、宋、秦等国乘机攻魏，魏国遭受东西夹击，腹背受敌，连连失败，处境日益艰难。

齐、魏马陵之战的同一年，魏与秦争夺河西地区，也遭受重创，被迫割河西之地献于秦。面对秦咄咄逼人的进攻态势，魏惠王只好向齐求和。公元前334年，他采纳了相国惠施的意见，通过齐相田婴的关系，到齐的徐州（今山东滕州市南）朝见齐威王，"与诸侯会徐州相王"（《史记·魏世家》），魏王"变服折节而朝齐"（《战国策·魏策二》），尊齐为王。与此同时，齐国也需要借助魏的力量平衡其他诸国，所以齐威王也承认了魏惠王的王号。

"徐州相王"之后，齐、魏两国各取所需，齐国借此奠定了在诸侯中的霸权地位，而魏国的优势地位也得到了齐国的确认。

齐、魏共分霸业，两国关系有所缓和。

通过与魏的多次交战，齐国在东方诸国中的"龙头老大"地位得到了列国的认可。公元前319年，齐威王死后，其子齐宣王即位。宣王喜好文学游说之士，一时各国学者聚集于齐国都城临淄的稷门之下，讲学议论，史称"稷下学宫"。对于来齐的稷下学者，齐宣王皆赐列大夫，令其"不治而议论"（《史记·田敬仲完世家》）。此举推动了齐国学术的发展，一时间，"齐之强，天下不能当"（《战国策·齐策一》），齐国国力达到鼎盛，成为列国势力中的重要一极。

秦之崛起

从桂陵之战到马陵之战的十几年间，是列国政局变动的关键时期。总的来说，这一时期的局势特点是，居于中央的魏国国力因不断消耗而逐渐衰落，西方的秦国和东方的齐国"国际影响力"则在持续上升。齐国的情况已如上述，下面来看看秦国崛起的情形。

秦国本为西隅偏远落后之国，但自秦献公始，国力有所提升。到秦孝公时，他奋发图强，立志革新，任用商鞅推行变法，取得了显著成效，秦的综合国力得到了迅速提升，崛起为西方的强国。

位于秦、魏两国之间的河西地区，因其战略位置重要，一直是两国争夺的焦点。战国前期，魏国占据了上风。商鞅变法以后，随着秦国国力的增强，秦在河西地区也逐渐变守势为攻势。公元前354年，秦、魏先战于元里，后战于少梁，皆以魏败秦胜告终。此后秦军又紧逼韩、魏两国交界的地区。

齐、魏桂陵之战后，魏国在东方受挫，秦国乘机东进。公元前352年，商鞅被任命为大良造，率秦军围攻魏的西部重镇安邑（今山西运城市夏县西北），安邑魏军被迫降秦以求和。但魏国毕竟崛起多年，实力雄厚，而秦国则仍处于羽翼未丰的阶段，公元前350年，魏惠王和秦孝公相会于彤（今陕西渭南市华县西南），双方达成了和解。此后，在河西地区的争夺中，双方互有攻守，呈犬牙交错的态势。直到公元前343年前后，秦在武城（今陕西渭南市华县东）筑城，河西地区才大部分转入秦人手中。

公元前343年，周天子"致伯于秦孝公"，秦孝公受周命而正式称霸。第二年（前342），"诸侯毕贺，会诸侯于（逢）泽（今河南开封市南），朝天子"（《史记·六国年表》），是为"逢泽之会"。自此时起，在秦、魏两国的竞争中，秦逐渐居于魏国之上，开始在战国政治舞台上扮演主角。

秦孝公去世后，秦惠文王即位。秦惠文王时期，秦国集聚了一批谋臣、武将，在对外战争中连连取胜。秦惠文王首先将进攻矛头指向魏国，任命大良造公孙衍率军伐魏。秦军在雕阴（今陕西延安市甘泉县南）重创魏军，虏魏将龙贾，斩魏军四万五千人，史称"雕阴之战"。这是秦大规模东进的序曲，也标志着魏国称雄中原时代的结束。

《荀子·强国》关于荀子入秦考察的记载。

此后，秦继续对魏用兵，秦军一度深入魏的河东地区。公元前328年，秦惠文王命公子华和张仪率兵，攻占魏的蒲阳（山西临汾市隰县）。魏国为了求和，被迫献出上郡十五县和河西的少梁地区给秦。至此，黄河以西地区全部归秦所有，魏国在河西苦心经营多年的防线终于被秦摧毁。

此时，秦在战略上已处于极其有利的地位。它的西面、北面已没有强敌；南边是秦岭，东边是黄河，又有函谷关天险可据守，同时占有了关中千里沃野，进可攻，退可守，为日后秦国的强大奠定了坚实基础。

据说,战国末期,荀子曾应邀入秦,考察秦的政风民风,他对秦国的治理效果做了极高的评价:

> 其固塞险,形埶便,山林川谷美,天材之利多,是形胜也。入境,观其风俗,其百姓朴,其声乐不流污,其服不挑(佻),甚畏有司而顺,古之民也。及都邑官府,其百吏肃然,莫不恭俭、敦敬、忠信而不楛,古之吏也。入其国,观其士大夫,出于其门,入于公门,出于公门,归于其家,无有私事也;不比周,不朋党,倜然莫不明通而公也,古之士大夫也。观其朝廷,其朝闲,听决百事不留,恬然如无治者,古之朝也。故四世有胜,非幸也,数也。是所见也。故曰:佚而治,约而详,不烦而功,治之至也,秦类之矣。(《荀子·强国》)

荀子说的是对的,"四世有胜,非幸也,数也",所谓"数",就是必然的意思。有那样好的自然环境,有那样好的民风民俗,有那样好的恭俭之吏,这个国家怎么可能不雄起呢?

合纵与连横

随着魏的衰落和齐、秦两国的崛起,列国兼并的形势,逐渐步入第三个发展阶段，由魏、齐争强，变成了齐、秦争强。

此时，列国实力虽有强弱之别，但即使是齐、秦这样的强国也没有独立掌控局面的能力。于是，各国纷纷展开激烈的军事外交活动，积极拉拢同盟，以求在兼并形势下获取更大利益。由此，天下逐渐形成了以齐、秦两国为主的东、西两条阵线的对峙局面，而处于中间地带的韩、魏、赵、楚、燕等国则在联秦抗齐和联齐抗秦中左右摇摆。战国历史上著名的"合纵""连横"策略，也就顺势而起了。

"合纵""连横"的本意，按《韩非子》的说法，"从（纵）者，合众弱以攻一强也；而衡（横）者，事一强以攻众弱也"。所谓一强，理论上是指秦、齐这样的强国，但在战国特定的历史情境中，乃以秦为主。所谓"众弱"，指的是国势稍弱的其他诸侯国。从地理位置看，秦在西方，古人以南北为纵，东西为横，对于处于两强之外的其他各国，尤其是三晋国家来说，若与秦合作，称"连横"；而东方六国要对付强秦的进逼，则称"合纵"。那些往来各国之间，鼓吹合纵或连横的人，称"纵横家"。战国纵横家们通过各种关系，游走列国之间，向各国的主政者鼓吹和兜售自己的主张和策略，或主合纵，或主连横，以便帮助所在国家实现称霸企图，或达到"成王"目的，宣称"外事，大可以王，小可以安"（《韩非子·五蠹》），"从（纵）成必霸""横成必王"（《韩非子·忠孝》）。

著名的历史文献《战国策》，大体就是这些策士往来各国活动的言论记录。二十世纪七十年代，长沙马王堆汉墓出土的战国古籍中，还有一种《战国纵横家书》，是与《战国策》性质相同的策士们的言论记录。

战国纵横家中最著名的两位，一是张仪，一是公孙衍，两人一纵一横，声势倾动天下。《孟子·滕文公下》曾引当时人言："公孙衍、张仪岂不诚大丈夫哉！一怒而诸侯惧，安居而天下熄。"足见其影响力之大。

张仪是主张连横策略的代表。他原是魏国公族的庶支，曾师从鬼谷子学纵横之术，先游说楚王，却遭人鄙视"贫无行"而受笞刑，后得东周昭文君礼遇资助，于公元前329年入秦，见秦惠文君，献连横之策，得到了秦惠文君的信任，被任命为客卿。公元前328年，他与公子华一道，受命率军攻占魏之蒲阳。为了对付东方的强齐，张仪建议秦暂时与魏交好，于是秦君派公子繇到魏国为质子，再派张仪前往游说魏惠王："秦王之遇魏甚厚，魏不可以无礼。"（《史记·张仪列传》）此时魏国河东地区大受秦军威胁，也急于求和，于是把上郡十五县，包括少梁在内，一起献给了秦国，秦、魏两国暂时和好。至此，秦国完全占有了河西地区。张仪也因功取代了公孙衍的地位，并被任命为秦相，成为秦国历史上的第一任相邦。

合纵策略的倡始者是公孙衍。公孙衍，原为魏人，后赴秦，官至秦国大良造。张仪赴秦后，公孙衍遭受排挤，遂离秦至魏，任魏将。公孙衍积极主张合纵，他张罗各国结盟以抗秦，成为张仪的主要对手。

当此之时，魏、齐两国国君均已称王，秦惠文君对"王"的称号十分羡慕。公元前325年,在张仪的怂恿和安排下,秦惠文君正式称王。秦君称王,魏惠王感到很大的威胁,遂积极联络韩、赵、齐等国以抗秦。就在秦君称王的当年,魏君与韩君在巫沙相会,互相尊称对方为王。公元前324年至次年,魏、齐两次相会,图谋联合抗秦。此时,公孙衍出任魏将,号为犀首,他采取合纵的策略,策动魏、赵、韩、燕、中山等"五国相与王"(《战国策·中山策》),以组织联合阵线抗秦。

为拆散东方各国的联合,张仪建议秦国拉拢齐、楚等,寻机向魏进攻。公元前323年,秦派张仪与齐、楚两国的大臣在齧(niè)桑(今江苏徐州市沛县西南)相会。会后,楚国派兵伐魏,公孙衍的合纵策略受挫。魏相惠施联合齐、楚的活动也遭到失败,被驱逐。

魏惠王遭受齐、楚打击后,被迫转而寻求与秦连横。公元前322年,他任用张仪为魏相,企图联合秦、韩之兵,以伐齐、楚。但张仪的真正意图是要魏国首先事秦,让其他诸侯国仿效,后张仪因图谋败露而被逐回秦国,连横活动受挫。秦国遂出兵武力攻魏,占领了魏国河东的曲沃(今山西临汾市曲沃县)等地,同时,又攻取了韩国的鄢地(今河南许昌市鄢陵县)。

秦国的这一举动,引起了各国的震惊,并促成了东方各国新的联合。公元前319年,魏惠王赶走张仪后,以公孙衍为魏相。次年,公孙衍主张东方国家联合抗秦,得到了齐、燕、赵、楚、韩等国的赞成,各国均"以事属犀首"。

公元前318年,公孙衍策划五国合纵攻秦。五国为魏、赵、

韩、楚、燕,而以楚为纵长。但是,实际出兵与秦作战的只有韩、赵、魏三国。联军进至函谷关(今河南灵宝市境内),秦国震恐。据出土文献《诅楚文》记载,当时秦国形势是"唯是秦邦之羸众敝赋,鞟□栈舆,礼使介老将之,以自救殹(也)"。秦王派大庶长樗里疾与三晋军队在脩鱼(今河南新乡市原阳县西南)交战,最终把三晋联军打败。此时,齐又倒戈攻赵、魏,公孙衍的合纵活动也因此半途而废。

《诅楚文》拓片

此后,秦王接受大将司马错的建议,将进攻矛头转向西南,趁巴、蜀交战之际,于公元前316年起兵,消灭了巴、蜀,占有了秦岭以南的广大地区。巴、蜀归秦后,秦派张若治理,张若在任四十余年,巴蜀的政治、经济有了很大发展,使秦得以"擅巴汉之饶"(《史记·刺客列传》),为秦国以后的发展开辟了重要的战略基地。

张仪第一次连横活动失败后，秦对三晋恢复了进攻势头，以武力迫使魏、韩屈服。与此同时，张仪又采取离间手段，拆散了齐、楚联盟。公元前313年，张仪佯装辞去秦相之职，南至楚，见楚怀王，对怀王说："秦憎恶的是齐国，若楚与齐绝交，秦愿意将商、於之地六百里赠予楚。"

贪图小便宜的楚怀王为张仪的花言巧语所惑，不禁大悦，楚国群臣皆贺。楚遂与齐绝交，并遣使辱骂齐王。齐王大怒，与楚绝交，而与秦复合。但秦离间楚、齐的目的达到后，张仪却改口，将六百里割地范围改为六里。

楚怀王自感受了愚弄，遂大怒，于公元前312年发兵攻秦，秦楚军队激战于丹阳（今陕西、河南两省间的丹江以北一带），楚军大败，八万将士被斩首，主帅以下七十余位将领被擒，秦军趁机占领了楚地汉中（今陕西安康市、湖北十堰市郧阳区一带）。怀王愈怒，再以倾国之兵袭秦，战于蓝田（今湖北钟祥市西北），结果又是一败涂地。与此同时，韩、魏两国趁火打劫，攻占楚至邓（今湖北襄樊市北）。秦最终取得了汉中地区，取得了对楚的地缘战略优势。

公元前311年，秦惠文王卒，秦武王即位。秦武王野心膨胀，想取代周天子的地位，提出"窥周室，死不恨也"，遂出兵攻韩国中原重镇宜阳（今河南洛阳市宜阳县）。秦的势力深入中原，并在周王室面前炫耀。

公元前307年，秦武王卒，无子，诸弟争君位，秦国发生内乱。公元前306年，齐趁机提议合纵，自为纵长，邀楚参加，联合攻秦。楚怀王因曾受秦国的欺骗，且两次败于秦国，因而同意参加。秦国恐怕齐、楚联合于己不利，遂将上庸（今湖北十堰市竹山县）之地六县还给楚，楚竟因此再次背齐，并与秦国联姻。

公元前303年，齐、魏、韩联兵讨楚背约，怀王使太子横质于秦，请得秦的救兵，三国才退去。但在次年，楚太子横与秦人私斗，失手杀死秦大夫，逃归楚国，从此秦、楚结怨。公元前302年，齐、魏、韩等联合攻楚，秦国坐视不救，楚军大败于垂沙，大将唐蔑（又作唐昧）被杀。

秦与楚关系决裂后，转而寻求与齐结盟。齐胜楚后，秦昭襄王派其弟泾阳君入齐为质，并邀请齐国贵族孟尝君田文入秦为相，秦、齐和好。

但秦、齐之间的合作关系是脆弱的，孟尝君相秦一年后，被秦免职，并遭到秦的软禁，多亏其手下门客用鸡鸣狗盗之计骗取出关，才最终得以逃归齐国。孟尝君返齐后，复任齐相，齐、秦由此结怨。在齐的策划下，公元前298年，齐、魏、韩三国联合攻秦，稍后宋和中山两国也加入攻秦队伍，最终于公元前296年，五国联军攻入秦之函谷关，秦国被迫归还原属魏、韩的部分领土。

公元前301年，秦伐楚。第二年，楚军大败，秦攻取楚之襄城（今河南许昌市襄城县），楚军节节败退。其间，齐与魏、韩等国联合攻秦。秦昭襄王为缓解压力，致书于楚，表示愿与楚修好，要求楚怀王亲至秦、楚交界的武关会盟。

楚怀王求和心切，又怕得罪秦国，加上儿子催促，便贸然应命前往，结果被秦军劫持至咸阳。秦昭襄王提出，要楚割让巫郡、黔中（今湖南怀化市一带），作为释放怀王的条件。楚怀王要求秦君先立盟誓，遭拒，遂被秦羁押。

公元前297年，楚怀王想逃回楚国，不幸计谋泄露了，秦人在楚道拦截。楚怀王被迫从小道奔赵，赵国不肯收容他。楚怀王又准备奔魏，秦兵追至，将他押回。第二年，楚怀王病发而死。楚国愤然与秦绝交。

公元前294年，秦大败韩军，"斩首二十四万"。之后，秦王给楚顷襄王送去一封书信，曰："楚倍秦，秦且率诸侯伐楚，争一旦之命。愿王之饬士卒，得一乐战。"楚顷襄王吓得心惊胆战，立即"与秦平"，次年又"迎妇于秦"（《史记·楚世家》）。

公元前295年，齐、秦国内形势发生变化，两国复又和好。此后，齐则集中兵力攻宋，后又谋燕，无暇顾及中原形势。秦则趁机集中兵力进攻魏、韩，直到公元前289年才告暂停，魏、韩力量受到很大削弱。

秦从魏、韩两国取得大片土地，耀武于中原。这时，各国国君都已陆续称王，秦昭襄王觉得王的称号已不能反映秦的实力，于是谋求称"帝"。为了避免齐的反对，他决定拉拢齐湣王一道称"帝"。公元前288年，秦昭襄王在宜阳自称西帝，同时派秦相魏冉出使齐国，尊齐湣王为东帝。这一提议，一方面表示了他们的特殊地位，另一方面也有着秦、齐平分天下的意味，企图达到离间齐与东方其他国家关系的目的，阻挠它们的联合。

秦、齐称帝的举动，引发了韩、魏等国的警觉。魏昭王被秦打败后，拉拢赵国，请赵国的奉阳君李兑出面，联络各国伐秦。此时，苏秦也从燕国至齐进行游说，苏秦建议齐湣王取消帝号，以使天下"爱齐而憎秦"，以便"间举宋"（《战国策·齐策四》）。

齐湣王贪图宋国的领土，听从苏秦的建议，与赵会盟，并约秦共同取消帝号，同时出兵威胁秦。秦昭襄王见称帝引发了众怒，不得不于称帝两月后，宣布取消帝号，结束了称帝闹剧。

公元前287年，韩、赵、魏、燕、齐五国出兵，推赵国李兑为主帅，准备攻秦。但各国实际上是同床异梦，各有盘算：齐的目的，是借攻秦之名，谋取宋地；苏秦则是代表燕国联络赵、魏，准备攻齐；赵、魏两国虽有心伐秦，怎奈实力不济，所以反秦大军虽声势浩大，但都在徘徊观望，谁也不愿意出头，最终只好无功而返。

战国中期的合纵连横活动，列国均着眼于自身眼前利益，时而和好，时而争斗，同盟阵营始终变化不定，各国势力消长瞬息万变，而秦、齐、楚三大国地位日渐突出，呈现三强并峙的局面。夹在中间的三晋国家，尤其是魏国与韩国，时而连横，时而合纵，但战略空间不断被压缩，总体实力受到严重削弱。

齐国虽然表面上获得了与秦并列的位置，但齐国并没有谋求到更多的好处。再加上齐湣王后期，齐国内政不稳，稍后，齐、燕两国互侵，齐几乎灭国，实力大损，总体上属于"得口惠而无实利"。

楚国是南方大国，战国时期，楚的土地面积最大，人口最多，军队人数也最多，由于得天独厚，楚本应处于有利的地位，但因为统治者贪图小利，缺乏长远眼光和清晰的战略定位，不停摇摆犹疑，最终不但失去了大片土地，而且连楚怀王自己都被拘禁而客死在秦国，国势从此衰落不振。

这一番长期博弈，最终得益者只有秦国。秦长期以来对外拓展目标清晰，外交策略又灵活机动，巧妙地利用了各国的矛盾，逐渐占据有利形势。

齐燕互侵

就在诸国中原争雄之际，地处北方的燕国也在谋求发展。燕国也是老牌的诸侯国家，但长期以来，燕国的势力发展不快，再加上其西面有强赵，南面有强齐，在大国之间一直没有太大作为。

燕王哙时期，上演过一出"让国"闹剧，引起国内大乱。燕国的内乱，给齐国提供了伐燕的良机。齐宣王决定乘虚而入，命将军田章率"五都之兵，以因北地之众"攻燕。燕国在齐国的进攻下大败，燕王哙和子之皆死，齐国乘机控制了燕的大部分地区。与此同时，中山国也乘机配合齐国出兵，侵占了燕国的一些领土。

齐军占燕后，对燕地进行掠夺，遭到了燕人的反抗。此外，其他诸侯国对齐攻燕而独占燕国的事情也心怀不满，于是谋划联合攻齐。公元前312年，秦、魏、韩等国军队在濮水击败齐军，齐被迫从燕地撤出。赵国武灵王趁机扶持燕公子职回国即位，是为燕昭王。

燕昭王即位后，奋发图强，锐意改革，经过二十多年的努力，使"燕国殷富，士卒乐轶轻战"（《史记·燕召公世家》）。由于向南方发展受限，燕国专力向北方和东北拓展，燕将秦开"袭破走东胡，东胡却千余里"（《史记·匈奴列传》），设置了上谷、渔阳、右北平、辽西、辽东五郡，燕国国力蒸蒸日上。

与此同时，齐国的国力却在走下坡路。尤其是公元前300年齐湣王即位后，他自恃强大，专恃武力，四面出击，招致诸侯列国的对抗。此外，齐湣王不修内政，滥杀大臣，导致内政不稳，百姓不附，亲族离心。据当时的著名外交人士苏代判断，此时的齐国，"南攻楚五年，蓄积散；西困秦三年，民憔悴，士罢弊；北与燕战，覆三军，获二将。而又以其余兵南面而举五千乘之劲宋，而包十二诸侯。此其君之欲得也，其民力竭也，安犹取哉"（《战国策·燕策一》）。在十余年间，齐国到处挑起战事，结果伤害的是自身的国力。

燕昭王见时机已到，决心乘机伐齐复仇。他先与苏秦密约，派苏秦作为燕国的间谍入齐，取得齐湣王的信任，并充分掌握齐国政治军事的动向和情报。同时，燕昭王任用乐毅为将，命其率军伐齐。乐毅是著名的魏国将领乐羊的后代，以善于治军、用兵而闻名。燕昭王以乐毅为上将军，征发全国军队，同时联络了秦与三晋等国，统一由乐毅指挥，"合五国之兵而攻齐"。

齐湣王闻讯，紧急征发全国之兵迎战，双方在济西摆开战场。由于齐湣王的昏聩，齐国大败。燕昭王亲赴济西劳军，封

燕王职壶（战国晚期，上海博物馆藏）

乐毅为常国君。乐毅率燕军乘胜追击，攻陷了齐都临淄（今山东淄博市临淄区），尽取齐国宝器以归燕，同时指挥燕军乘胜进击，攻陷齐国七十余城，最后只有即墨（今山东青岛市即墨区）和莒（今山东日照市莒县）两邑未下。齐湣王被迫逃亡至莒，向楚求援，不料却引狼入室，被楚将淖齿所杀，落了个身死名裂的下场。

乐毅攻陷齐地后，在所占齐地设置郡县，设官分职，同时招徕齐国的逸贤人士，以实施有效统治，打算长期占领。当此之时，魏国也趁机将齐国侵占的宋国土地占为己有，鲁国也乘势占领了齐的徐州，秦国则占领了齐的商业重镇陶（今山东菏泽市定陶区），作为权臣魏冉的封地。齐国面临着被彻底瓜分的危险。

燕军占领齐国长达五年。其间，只有齐将田单率部坚守即墨城，与燕展开艰苦抗争。公元前279年，燕昭王去世，燕惠王即位。燕惠王对乐毅有所忌惮，担心乐毅功高震主。于是，田单乘机实施反间计，派人到燕地，散布乐毅欲留齐为王的消息，引发了燕惠王的不满。

燕惠王派将军骑劫取代乐毅为将，乐毅惧而奔赵。田单乘机组织反击，设计用火牛阵冲破燕军包围，乘胜杀死燕将骑劫，

"齐七十余城皆复为齐",史称"田单复齐"。田单复齐后,从莒地迎回齐襄王入临淄,齐国得以复国。

田单复齐虽然成功,但亡国危机历时五年之久,齐国的府库财货又被燕军劫掠一空,人口大量流失,军力大为削减,元气大伤,国力一蹶不振。此后,齐国在列国外交舞台上再也没有往日的风光,逐渐消沉下去。

秦的远交近攻

齐国的衰落,打破了原有的齐、秦两国东西对峙的均衡局面,引发了新一轮列国国力竞争。此后,列国间的斗争趋于激化,相互间的战争空前激烈,秦国一枝独秀的局面也日益明显起来。

从公元前280年开始,秦国用兵的主要方向集中于西南和南方,楚国成为秦的重点进攻对象。当年,秦攻取了楚国的上庸及汉水北岸等地。公元前279年,秦将白起率大军对楚发动猛烈攻击,先后攻占

白起像

了楚的鄢（今湖北宜城市）、邓（今湖北襄阳市，一说在今河南邓州市）、西陵（今湖北宜昌市西北）等地。第二年，秦军乘胜进击，攻占了楚国国都郢（今湖北荆州市江陵县城南），烧掉了楚国先王陵墓所在的夷陵，楚被迫迁都到陈（今河南周口市淮阳区）。楚国遭受了前所未有的重创。

公元前277年，秦又攻占了楚的黔中郡（今湖南怀化市沅陵县一带）。在秦国的连续进攻下，楚不仅丢失了大片的国土，连国都也被攻陷，这对楚国而言，自然是很大的打击。楚国著名的爱国诗人屈原有《哀郢》一诗，叙述的就是这个时期楚国的遭遇。楚国的失败原因，除了国君的昏聩无能、战略眼光短浅之外，长期以来楚国国政被屈、景、昭三大贵族势力所控制，也是一个重要的原因。

秦攻占楚都后，想联合韩、魏继续攻楚。这时，楚国的春申君黄歇"恐一举兵而灭楚"，就给秦王写了封长信，离间秦与韩、魏的关系。

此后，秦将战略重点转向了魏国。公元前276年，秦将白起攻取魏国两城。第二年，秦相魏冉再次攻魏，直逼魏都大梁城下，击败援魏韩军，斩首四万，魏被迫献出温地三县（今河南焦作市温县）求和。秦之所以未攻取大梁，与秦相魏冉的私心作祟有关。当时魏冉封地在陶，大梁位于陶和齐国之间，魏冉担心大梁攻陷后，自己的私邑可能会受损，所以止步。当然，这也与秦国担心激怒山东六国有关。

公元前273年，秦将白起率军攻魏之华阳（今河南新郑市北），魏将芒卯逃走，秦军"得三晋将，斩首十五万"，魏被迫献南阳（今河南焦作市一带）于秦，秦兵才退。这对三晋来说，是一个极其惨重的损失。

华阳之战后，能够与秦军对抗的，只剩下赵国了。

赵国经过赵武灵王胡服骑射后，国力有所上升。到赵惠文王时，赵国网罗了一批重要的人才，如乐毅、蔺相如、廉颇、赵奢等人。用当时策士的话说："今赵万乘之强国也，前漳、滏，右常山，左河间，北有代，带甲百万，尝抑强齐，四十余年而秦不能得所欲，由是观之，赵之于天下也不轻。"（《战国策·赵策三》）在齐、楚两国都遭受严重削弱之后，赵国已成为战国后期唯一能够与强秦相抗衡的国家。

秦国在集中精力进攻楚国之际，曾对赵采取又打又拉的策略。公元前281年，秦军进攻赵国，攻取赵之石城（今河北石家庄市鹿泉区）。次年，又伐赵，杀赵军两万人。但到公元前279年，秦昭襄王邀请赵惠文王相会于渑池，想对赵国实施外交讹诈，但赵惠文王得到蔺相如的帮助，成功挫败了秦的挑衅，秦、赵两国达成和解。秦本来想拉拢赵国，但赵国却趁机将秦以前所攻取的蔺（今山西吕梁市境内）等三城纳入，而拒绝归还秦的领土。

公元前270年，秦昭襄王派军越过韩之上党（今山西晋中、长治、晋城一带），进攻赵国的战略要地阏与（今山西晋中市和顺县），赵将廉颇等认为"道远险狭，难救"。但赵奢却认为，正因为道远险狭，"譬之犹两鼠斗于穴中，将勇者胜"。于是，赵惠文王派赵奢率军往救。（《史记·廉颇蔺相如列传》）赵奢用计迷惑秦军，魏令公子咎以锐师居安邑以挟秦，秦军首鼠两端，不敢贸然进攻。赵奢乘机带兵急行军至阏与，迅速抢占有利地形，打败秦军。此后，秦进攻几地（今河北邯郸市大名县东南），廉颇率军救几，秦军又大败。这两场战役使秦军的东进锋芒大受挫折。

此役，秦军之所以失利，与权臣魏冉私心自用，派秦军主力远攻齐国也有一定关系。魏冉试图以自己的封地陶邑为据点行五霸之事，这就与秦国的总体东进战略发生了冲突。此时，策士范雎入秦，游说秦昭襄王并严厉批评魏冉的私心，提出要坚持"远交近攻"之策。范雎对秦昭襄王说，"王不如远交而近攻，得寸则王之寸，得尺亦王之尺也"（《战国策·秦策三》），建议秦昭襄王采取果断措施，铲除魏冉等权臣。秦昭襄王听从范雎的建议，废掉魏冉等"四贵"，并以范雎为相，开始实施远交近攻策略，步步蚕食诸侯，为秦的统一奠定了基础。

秦昭襄王以范雎为相后，首先向韩、魏两国发动了猛烈攻势。公元前268年，秦军占领魏的怀（今河南焦作市武陟县西南），后又拔魏之邢丘（今河南焦作市温县东），然后将进攻方向聚焦于韩国的上党地区。公元前265年，秦国发兵攻取韩国的少曲（今河南济源市东北），并攻占韩国的高平（今河南济源市西南）。

少曲和高平两地，位于太行山脉的西南，是韩国上党郡到达韩都新郑的中间要道所在。范雎所制定的伐韩战略，就是要"北断太行之道"，腰斩上党郡和韩国本土的联系，从而夺取韩的上党郡。此后，公元前264年，秦将白起率军攻伐韩国的陉城（今山西临汾市曲沃县东北），连攻五城，斩首五万。公元前263年，白起又率军占领太行山以南地区的南阳之地。公元前262年，再占野王（今河南沁阳市），完全阻绝了上党与韩国本土的联系。

此后，秦昭襄王兵分两路，造成大军压境之势，以达到逼迫韩国割让上党的目的。但韩国的上党太守冯亭另有打算，他拒绝了韩桓惠王要求降秦的命令，转而率上党十七县的民众归附了赵国。

冯亭派使者出使赵国，提出献上党郡给赵国，赵孝成王曾征求大臣意见，大臣们意见不一。平阳君赵豹认为，接受上党，必将引祸于赵国，招惹秦军攻赵；但平原君赵胜却认为，应该接受冯亭的归附。最终，赵王听从了平原君赵胜的主张，发兵上党，将上党收为赵地，并封冯亭为华阳君。由此引发了秦国的严重不满，秦军开始准备攻赵，秦、赵长平之战的序幕由此拉开。

公元前260年，秦为夺回上党地区，急令公孙起等人率军进攻上党，上党民众投奔赵军所驻守之长平（今山西高平市西北）。秦军遂向长平发动进攻。赵国派老将军廉颇驻守长平。面对秦军咄咄逼人的态势，廉颇采用了坚壁固守的策略，任凭秦军挑战，拒不出战，想用以逸待劳的办法拖垮秦军。秦、赵两军在长平相持日久，不分胜负。

赵孝成王急于求成，数次派人催促廉颇进军，廉颇均置之不理。秦相范雎为离间赵王与廉颇的关系，采用反间之计，派间谍秘密潜入赵都，四处散布谣言，破坏赵王对廉颇的信任。赵王果然中计，就决定派赵奢之子赵括取代廉颇为将，守卫长平。赵括虽为名将之后，但只知道夸夸其谈兵法计策，而没有什么实际作战的经验。他到达前线后，即令军队盲目出击。而此时，秦国却悄悄调来名将白起。白起利用赵括的弱点，引诱赵括出击，乘机包围赵军，并派人切断赵军粮道，将赵军分割包围。赵括被困四十余日，被迫率众突围，结果被秦军射杀。四十万赵军投降了秦军。白起受降后，为削弱赵国军力，将老弱者二百四十人放归，其余赵军降卒则全部坑杀。1995年，考古工作者在长平之战的遗址发现了大量被秦军杀害的赵国军卒的遗骨，场面极其惨烈。

长平之战，赵军前后损失达四十五万之众，几乎全是青壮男丁、有生力量，赵国国力因此大受影响。公元前259年，秦军乘胜进击赵国都城邯郸。

因为长平之战的惨败，赵人奋发图强，同仇敌忾，坚决抗击强秦。史称："赵人之死者不得收，伤者不得疗，涕泣相哀，勠力同忧，耕田疾作，以生其财。"同时"主折节（君主放下架子）以下其臣，臣推体（官员推心置腹）以下死士。至于平原君之属，皆令妻妾补缝于行伍之间，臣人一心，上下同力"（《战国策·中山策》）。

在赵人的顽强抵抗下，秦军久攻邯郸不下，继续增兵也无效果，战争相持不下。公元前257年，赵国平原君决定联合他国合纵，寻求救援。于是，他率食客二十人冲出秦军包围，前往楚国，请求楚赵合纵。最终在门客毛遂的帮助下，说动楚王歃血结盟，同意出兵救赵。

平原君夫人是魏国信陵君公子无忌的姐姐，她和平原君多次写信给魏王和信陵君，请求魏国发兵救赵。魏安釐王派将军晋鄙率军十万救赵，但又惧怕秦的威胁，因而首鼠两端，中途不前。信陵君救赵心切，设法窃取了魏国调动军队的虎符，假传魏王之令，率精兵八万进击秦军。邯郸城内的赵军乘机从内杀出，双方里应外合，终于击破了秦军的包围。此时，楚国的春申君黄歇也派军救赵，秦军被迫退走。

追击秦军的过程中，魏国趁机攻取秦的汾城（今山西临汾市襄汾县），收复了部分河东失地。韩国也参与了合纵攻秦。韩、魏、楚联军，迫使秦军退兵，顺势将范雎的封地应邑也收复了。这一战使得秦灭亡赵国的计谋未能立马实现，赵国由此转危为安，也使得魏、楚等国暂时解除了秦的威胁。

秦灭六国

秦自商鞅变法开始崛起，历经秦孝公、秦惠文王、秦武王，到秦昭襄王时，已发展成为首屈一指的天下强国了。

秦昭襄王以范雎为相，铲除了魏冉等权贵，巩固了秦的中央集权，并确立了远交近攻的策略，进一步加快了东进步伐。为打击敌人有生力量，秦军不但掠地，还大量杀死敌国士兵。公元前293年伊阙之战，白起大胜韩、魏联军，斩首二十四万；公元前279年鄢之战，白起引水灌城，淹死楚国军民数十万；公元前273

年华阳之战，白起又大胜赵、魏联军，斩首十五万；公元前260年长平之战，白起更坑杀赵军主力四十余万。仅此四次大战，秦所杀死的三晋和楚的士兵，已在一百万以上。秦军的这种残忍做法，固然可以有效消灭敌国的军力，但也因其滥杀而大大激发了六国军队的抵抗意志。

魏国信陵君救赵破秦后，列国形势有所变化。秦国战线收缩，暂时减轻了对山东六国的压力。但是山东六国却没有很好地图谋合作，而是重新陷入了相互兼并的局面。魏、楚两国趁战胜秦军的余威，向东进行兼并。魏灭卫，楚灭鲁，赵、燕两国间也发生了大规模的兼并战争，这就给秦国提供了新的机会，使其可以陆续蚕食三晋土地，进而把六国全部兼并。

周赧王五十八年（前257），秦发兵攻陷韩国的阳城、负黍（河南登封市西南），又攻陷赵地二十余县，攻势直逼周地。周君恐惧，准备与东方国家合纵，阻断秦与阳城之间的通道。秦昭襄王大怒，派军进攻东周王朝的封国西周国。周赧王五十九年（前256），西周公被迫投降，将三十六邑、人口三万户和未散的王室宝器献给秦国。同年，周赧王死，秦国于是把周之九鼎宝器掠归本国。周王室先于六国而亡，周天子的世袭至此告终。

公元前249年，秦相吕不韦又发兵灭掉了东周国，秦将西周、东周之地设为三川郡，秦国的边界直逼魏都大梁。

公元前251年，秦昭襄王卒，秦国一度陷入内乱，先后继承昭襄王的两个君主，一个享祚三日，一个也只享祚三年。秦国政局不稳，对外攻势稍缓，给了东方六国一定程度的喘息机会。

公元前247年，年仅十三岁的秦王政践位，这就是后来的秦始皇。秦王政即位之初，年纪尚幼，大权集中在太后和丞相吕不韦手中。此时，东方六国乘机组织起来，联合抗秦。魏国的信陵君统率五国之兵，破秦于河外，并乘胜逼近函谷关。后来，秦派人行反间计，破坏了五国合纵的关系，这次攻秦才得以终止。

公元前238年，秦向魏东部进攻，使秦的东郡东北与燕接境，东与齐接境，北面包围赵国，南面包围韩、魏两国，"断齐、赵之腰，绝楚、魏之脊"，使得东方六国隔断，不敢再发动合纵攻秦。

公元前237年，秦王政亲自掌握朝政，消灭了吕不韦集团和嫪毐集团，秦国的中央集权程度有所加强，秦兼并六国的步伐也进一步加速。秦王政重用尉缭和李斯。尉缭献离间计，对秦王政说："以秦之强，诸侯譬如郡县之君，臣但恐诸侯合从（纵）。……愿大王毋爱财物，赂其豪臣，以乱其谋，不过亡三十万金，则诸侯可尽。"（《史记·秦始皇本纪》）

尉缭之计得到了李斯的赞成。秦王政乃"阴遣谋士赍持金玉以游说诸侯。诸侯名士可下以财者，厚遗结之，不肯者，利剑刺之。离其君臣之计，秦王乃使其良将随其后"（《史记·李斯列传》）。这样一来，秦国进一步有效瓦解了东方六国的君臣关系，消磨了其抵抗意志，加快了秦灭亡六国的行动。

从公元前236年到公元前221年，秦国军队如秋风扫落叶一般，迅速消灭了东方各诸侯国。

秦王政首先将进攻的矛头，对准了东方六国中实力最强的赵国。

赵悼襄王即位后，统兵大将长期不和，燕、赵之间又连续爆发战争，北方匈奴也不断骚扰赵境，赵国处于内外交困之中。公元前236年，秦军趁赵国与燕国交战之际，派王翦等率兵夹攻赵国，取得了赵国河间（今河北河间市）、安阳（今河北张家口市蔚县东北）等地。公元前234年，秦军又攻赵，建立雁门、云中两郡。次年，秦军越过太行山，直逼宜安（今河北石家庄东南），赵派大将军李牧率兵进行反攻，大破秦军于肥（今河北晋州市西）。第二年秦复攻赵，又被李牧击破。但赵的兵力损失也很严重，"亡卒数十万，邯郸仅存"（《战国策·齐策一》）。秦国在东方最主要的对手受到了严重削弱。

六国之中，韩最弱。公元前233年，韩王安受秦胁迫，对秦王称臣。公元前231年，韩君把残存的南阳之地献给了秦国，秦派内史腾做南阳假守。次年，秦内史腾攻韩，俘获了韩王安，灭了韩国，把所得韩地建置为颍川郡（事见《史记·秦始皇本纪》《史记·韩世家》）。

公元229年，赵国发生大旱灾，秦国乘机大举进攻赵国。当时民谣曰："赵为号，秦为笑。以为不信，视地之生毛。"（《史记·赵世家》）秦将王翦等人分兵三路进攻赵国，赵派李牧、司马尚率军抵抗。后因为赵王宠臣郭开受了秦国的贿赂，造谣说李牧、司马尚要谋反，赵王因此改用赵葱和颜聚为将，并且杀死了李牧。次年，王翦大破赵军，杀死了赵葱，俘虏了赵王迁。赵公子嘉率宗族几百人逃到赵的代郡，自立为代王。六年以后，即公元前222年，公子嘉也被秦军所灭。

公元前227年，秦派王翦、辛胜攻燕。燕、代两国发兵抵抗于易水以西。燕太子丹眼见亡国在即，策划派勇士荆轲伪装献图，试图行刺秦王，事败未成。次年，秦再次大举攻燕，攻下燕都蓟城，燕王喜被迫迁都辽东。秦将李信乘胜追击，燕王喜被迫杀死太子丹，对秦求和。公元前222年，秦派王贲攻取了燕的辽东之地，虏燕王喜，燕亡。

公元前225年，秦派王贲进攻魏国。魏人坚守大梁，秦人引黄河水灌之。三月后，大梁城坏，魏王假出降，魏亡。

公元前225年，秦派李信、蒙武攻楚，先胜楚。楚军乘秦军不备，实施跟踪反击，"三日三夜不顿舍，大破李信军"（《史记·白起王翦列传》）。后来，秦王改派王翦领兵六十万攻楚，大破楚军于蕲（今安徽宿州市东南），迫使楚将项燕自杀。接着，秦军攻入楚都寿春（今安徽淮南市寿县），俘楚王负刍。公元前222年，王翦平定了楚的江南地区，并降服了越国国君，在江南地区置会稽郡，楚亡。

在秦统一天下的过程中，秦国每灭一国，几乎都有一场惊心动魄的大战，尤其以灭赵之

人物纹靴形铜钺（战国，湖南省博物馆藏）

战最为惨烈。先有赵将李牧与王翦相持激战年余；李牧军破后，又有全境大战；赵国国破之后，再度建立流亡政权代国，坚持抗秦六年，直至举国玉碎，代城化为废墟。秦灭燕之战，先有荆轲刺秦不成，再有易水大战。燕军失败后逃亡辽东，建立流亡政权，直到五年后，山穷水尽。秦灭魏之战，魏国据守天下第一坚城大梁，拒不降秦，直到被黄河大水淹没。灭楚之战，楚国首战大败秦军二十万，追击三日三夜不顿舍，攻破两壁垒，杀七都尉；再战则以举国之兵六十万与秦军六十万大规模对峙，直到秦从巴蜀出击，楚国终战败国灭。

虎纽铜錞于（战国，湖南省博物馆藏）

六国之中，唯独赫赫大邦齐国，没经过一场真正的战争，便轰然瓦解了。《史记》记载，"齐亦东边海上，秦日夜攻三晋、燕、楚，五国各自救于秦，以故王建立四十余年不受兵……客皆为反间，劝王去从（纵）朝秦，不修攻战之备，不助五国攻秦"（《史记·田敬仲完世家》）。当秦先后灭韩、赵、魏、燕、楚五国之时，齐相后胜受了秦国贿赂，劝齐王不要帮助五国。

齐王建"听流说，信反间，用后胜之计，不与诸侯从亲"（《盐铁论·论儒》），选择了"作壁上观"的消极策略，最终也难逃灭亡的命运。五国既亡后，秦军于公元前221年攻破齐国，俘齐王建，齐亡。

至此，秦国仅用了十多年的时间，就彻底消灭了山东六国，最终完成了海内统一的大业。

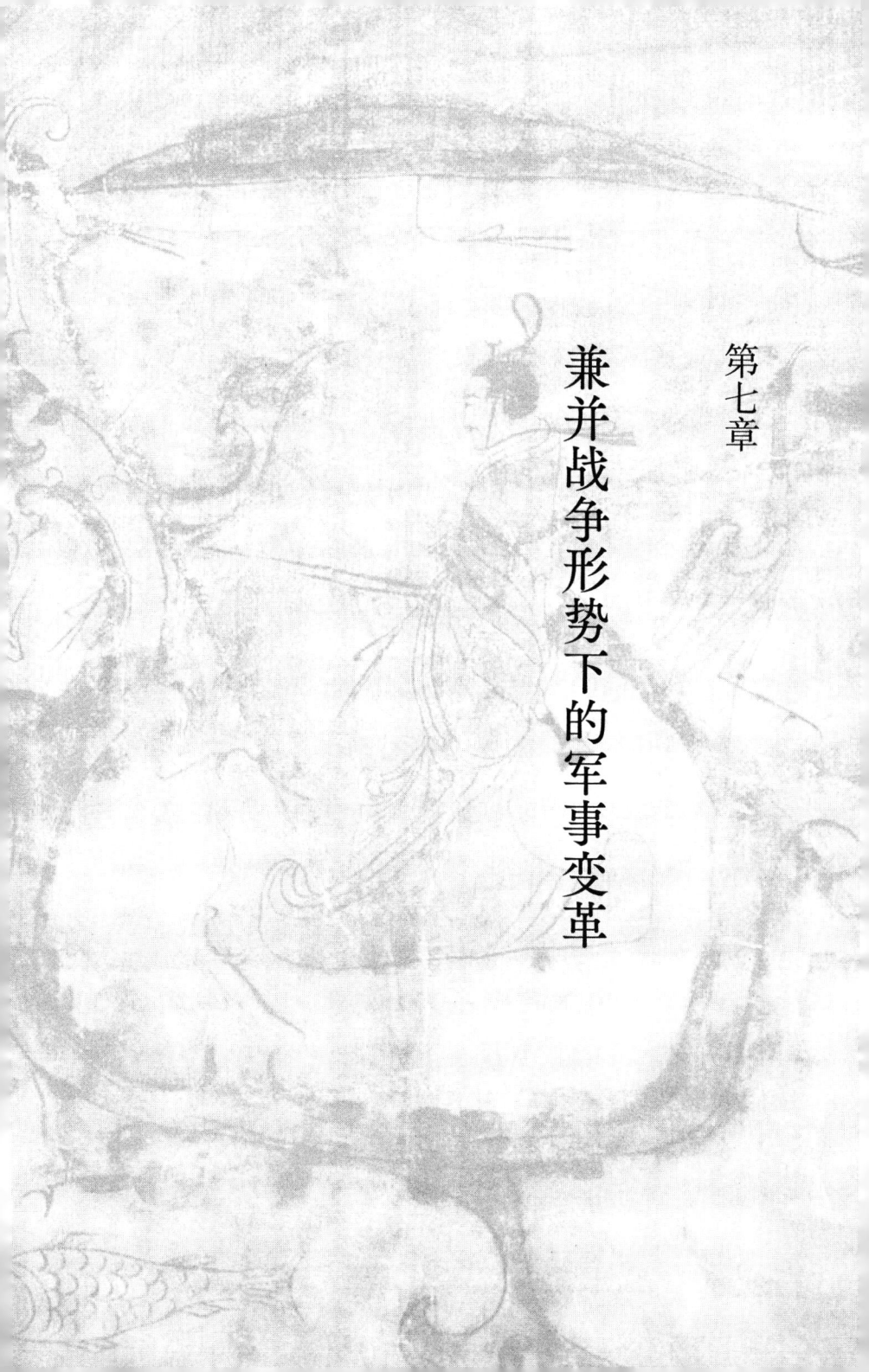

第七章 兼并战争形势下的军事变革

战国兼并战争的基本特点

在列强争霸的战国时代,战争是始终不可忽略的重大主题。司马迁《史记·六国年表序》中写道:"及田常杀简公而相齐国,诸侯晏然弗讨,海内争于战功矣。三国终之卒分晋,田和亦灭齐而有之,六国之盛自此始。务在强兵并敌,谋诈用。而从衡短长之说起。矫称蜂出,誓盟不信,虽置质剖符,犹不能约束也。"在兼并战争的严酷形势下,各国互相攻伐,争城夺地,诈谋纷出,杀人盈野,战争的规模与烈度也日渐扩大,这就为各国军事变革提出了时代要求。

战国时期,随着兼并形势的发展,列强间的战争出现了一些前所未见的新特点:

首先,战争形势日趋激烈。战国时期,列国之间的竞争,以"强兵并敌"为原则,以夺取敌方国土、人口和财富为目标,战争烈度空前,其兼并性质愈加明显。据统计,战国时代二百五十多年之间,有记载的大小战争就达二百三十多起,各国交战的对象也不固定,通常是你来我往,此起彼伏,连绵不绝。而且越是战国中后期,战争频率越高、规模越大、烈度越强,战争也愈加惨烈。

其次，交战双方投入的兵力日渐庞大。战国时期，各国拼命扩充军队，列国的兵额，少则数十万，多则百余万。这一点，在战国谋臣策士的言论中屡有提及。如秦国有"战车万乘，奋击百万"（《战国策·秦策一》），魏国最强盛时有"武力二十万，苍头二十万，奋击二十余万，

乐毅像

厮徒（奴隶）十万，车六百乘，骑五千匹"（《战国策·魏策一》），赵国有"带甲数十万，车千乘，骑万匹"（《战国策·赵策二》），齐国有"带甲数十万"（《战国策·齐策一》），楚国有"带甲百万，车千乘，骑万匹"（《战国策·楚策一》），燕国有"带甲数十万，车七百乘，骑六千匹"（《战国策·燕策一》）等，不一而足。

交战国在单次战役中投入的兵力，从战国早期的十万左右，到战国中期已达数十万，战国末期的战场用兵甚至高达六十多万。公元前251年，燕攻赵，"令栗腹以四十万攻鄗，使庆秦以二十万攻代"（《战国策·燕策三》）。公元前225年，秦派将军李信带二十万人攻楚，受挫后，次年改用老将王翦带六十万人再度攻楚，大破楚军。除了军队，为每次战役所动员的后勤保障人员，往往要几倍于作战人数。随着战争规模的扩大，战场消耗也

不断增加。《孙子兵法·作战》云："日费千金，然后十万之师举矣。"因此，几乎每一次大规模战争都是全国动员的规模，足见列强兼并战争达到了空前的激烈程度。

第三，多兵种联合作战渐成主流，战争旷日持久，战场杀戮严重。战国列强争战，已突破了单一兵种的限制，往往采取步、骑、车兵等多兵种联合作战的模式。战场地域广阔，地形地貌复杂，战争场面蔚为壮观。战争的持续时间，少则数月，多则数载，并出现了持久战。如魏、秦两国围绕河西地区的拉锯战争，长达几十年；燕昭王命乐毅进攻齐国，攻取齐城七十余座，占领齐国长达五年；秦军围攻赵国都城邯郸，双方相持三年多；至于秦、赵长平之战，双方动员的兵力之多、相持时间之长、战场之广阔、战争之残酷，更是达到了前所未有的程度。不仅赵国是全国动员，秦国也征集了国内十四岁以上的男子参战。在此情形下，战争烈度不断加强，战场杀戮日趋严重。《孟子·离娄上》描述的情景是："争地以战，杀人盈野；争城以战，杀人盈城。"典型的战役如伊阙之战，秦大破韩、魏联军，斩首二十四万；华阳之战，秦军斩首魏军十五万；至于长平之战，秦将白起最终坑杀赵军俘虏四十多万，秦军自己也伤亡过半。

列国军事变革措施

战争形势的剧烈变化，对于各国军事建设提出了新的要求。

各国纷纷采取军事变革措施以增强军力,提高作战效能。归纳起来,列国军事变革的举措,主要包括如下几个方面:

首先,改革军事领导体制,加强中央集权,提高军事指挥能力。列国普遍废除了贵族私属武装,建立了由国君掌握的统一军队,由国君任命专职将领,负责统兵作战;同时,在郡、县、乡、里等行政部门设立专职的军事人员,负责军事动员和军赋、军役的征发。进一步完善军队指挥体系,设立谋策、兵法、侦探、号令、工程、气象、地理、宣传、赏罚、粮秣、兵器、医药、财务等各部职能人员,形成专职的幕僚机构,以应对战场复杂化趋势。

其次,改革兵役制度。战国兵役制度改革的重点有二:

一是按照"寓兵于农"的原则,实施普遍兵役制。通行做法是,以"什伍"为单位,将授田、赋役与户籍管理有机结合,对达到服役年限的男丁(通常是十五至六十岁的男子)进行登

杜虎符(战国后期,陕西西安出土)

记，加以"兵之教令"(《尉缭子·兵教上》)，训练基本步伐、队列、号令、旗帜、阵法等。战时视情况需要，征发兵力。应征者自备衣服与用费参战，战事结束则解甲归田，若战事再起，可再次征发从军。小规模作战，通常只征发与敌国邻近郡县的壮丁；遇有大战，则举国征兵；城市防御作战，甚至连老弱、妇女也在被征之列。

二是实施募兵制，组建常备军，打造战场精锐战力。除普遍兵役制外，各国还采用招募的办法，通过训练和考核，从应征士兵中选拔勇武士卒，组成精锐军队。如魏国的"武卒"制，要求"衣三属之甲，操十二石之弩，负服矢五十个，置戈其上，冠胄带剑，赢三日之粮，日中而趋百里"(《荀子·议兵》)；齐国的"技击"之士，则讲究拳击格斗技术训练；韩国的"材士"，则着重于射箭技术的训练，要求"超足而射，百发不暇止，远者达胸，近者掩心"(《战国策·韩策一》)；中山国的"力士"，要求穿铁甲，手持铁杖，"所击无不碎，所冲无不陷"(《吕氏春秋·开春论·贵卒》)。此外，还有秦国的"锐士"、赵国的"百金之士"等。这些军队，待遇优厚，平时习武，战时则作为作战主力。

此外，战国时期的兵器管理、后勤保障等制度也日渐完善。随着常备军的扩大及作战兵种的增加，各国武器制造与管理，也统一由官府掌握，采取严格的监造、查验和管理措施，军马管理和训练也有了专门机构，军粮及其他军用物资的供给也已形成制度。

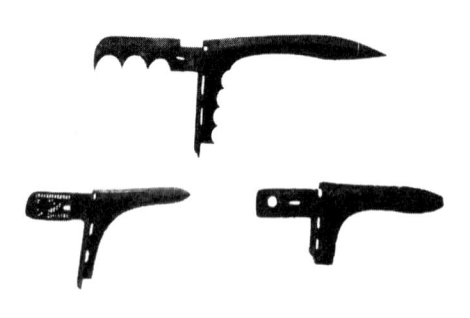

透雕云纹戈（上，战国早期）、曲胡戈（下左，战国晚期）、蔡公子加戈（下右，春秋晚期，上海博物馆藏）

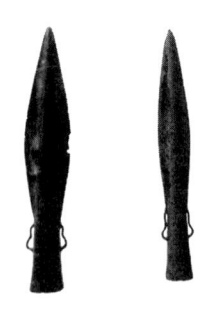

犀牛手心纹矛、虎纹矛（战国，上海博物馆藏）

战国军事技术的发展

随着战争形势的发展，战国时期各国的武器装备无论是种类，还是性能，都达到了先秦时期的顶峰。多兵种联合作战方式被普遍采用，进攻与防御技术也日臻完备。

首先是武器装备的发展。战国军队的武器几乎囊括了我国冷兵器时代的所有兵器，其中，长短兵器、抛射兵器、攻守城器械、防护装具，战车、战船等大量应用于各国军队。青铜兵器的形制有了显著改进，而随着冶铁技术的进步，矛、剑、戟、刀、匕等铁制兵器也迅速发展。其中较著名者，如韩国冥山、邓师、宛冯、太阿等地出产的剑戟，"陆断马牛，水击鹄雁，当敌即斩"（《战国策·韩策一》）。此外，楚国宛地的矛、剑也非常有名。

弓箭制造技术也有了新的发展，强弓劲弩大量用于作战场合。《孙膑兵法·威王问》记载："劲弩趋发者，所以甘战持久也。"弩的木壁后端有弩机装置，其弓弦拉力强，有"臂张"，也有"蹶张"（用脚踏弦张弓发射），弩的射程远、力度大，可以"杀人百步之外"（《孙膑兵法·势备》）。《战国策·韩策一》记载韩国的弩机"皆射六百步之外。韩卒超足而射，百发不暇止"，因此，"以韩卒之勇，被坚甲，跖劲弩，带利剑"，可以"一人当百"。战国末期，又发明"连弩"，载于车上，可以连射连发，称"连弩之车"（《墨子·备高临》），其射杀威力更为强大。

手心纹剑、变形龙纹剑（战国，上海博物馆藏）

其次是多兵种作战趋势增强。列国作战，仍以步兵为主，七大国中，齐、赵、韩、魏、燕均"带甲数十万"，秦、楚各有步兵百万。一次大战，双方投入的步兵动辄数十万，说明步兵已成为作战的主力兵种。赵武灵王胡服骑射改革之后，骑兵作为独立兵种，出现在各国军队中。由于骑兵的机动作战能力强，兼具灵活性和冲击力，逐渐成为当时的精锐兵种，在步骑协同、车骑协同方面，发挥了奇袭冲锋的威力。此外，舟师（水军）有了相当发展。楚、越、齐、秦、赵等国均有舟师组建，其中，楚、越的舟师，有大翼、小翼、突冒、楼船、桥船等多种类型的战舰，

越王州勾剑、越王者旨于赐剑（战国早期，上海博物馆藏）

且发明了专用于水战的"钩拒"。秦国舟师有战船万艘，"一舫载五十人，与三月之粮，下水而浮，一日行三百余里"（《战国策·楚策一》）。出土文物中有一件战国铜壶，其上刻画有"宴乐水陆攻战图"，其中水师战船分上下两层，上层载兵，手持长短兵器，有旗、鼓指挥；下层置划桨手，身佩短剑。

第三是进攻与防御装备、技术的更新。战国时期，在城池攻守战中，出现了云梯、临冲、轒辒、飞楼、大橹等攻城器具。《墨子·公输》记载，公输盘为楚"造云梯之械，成，将以攻宋"，墨子至楚，见公输盘，"解带为城，以牒为械，公输盘九设攻城之机变，子墨子九距之；公输盘之攻械尽，子墨子之守圉有余"。今传本《墨子》中有《备城门》等十三篇，对守城战术、技术，如城防体系、障碍配系、侦察警戒、守城战具、兵力部署、攻守城的战法等，均有具体的论述。此外，战国时期还出现了地道攻城术，同时也产生了相应的防御办法，攻城者掘地而行，守御者则采用鼓风炉"橐"，将烟气压送到敌方所挖的地道中，以窒息敌人。《韩非子·八说》所言"干城距冲，不若堙穴伏橐"，其中的"堙穴伏橐"，即指此事。

此外，军队士兵的个人防护装具，如铁甲、铁胄等，也大量制造并使用。燕下都曾出土战国铁胄，以八十九片铁甲片编缀而成。从秦始皇陵出土兵马俑身着铠甲的形象也可以看出，秦军已普遍采用个人防护技术。

郗竝采戈、虎纹戈、兽面纹戈（战国早期）

战国时期军事理论的创新

战国时期的激烈兼并战争实践的发展，促进了战场谋略和战争理论的发展。列强争霸过程中，战场谋略被广泛采用，奇袭战、伏击战、迂回包围战、间谍战等层出不穷，出现了"战阵之间，不厌诈伪"（《韩非子·难一》）的情形。从列国交战的实际战例来看，战场谋略运用得当与否，已成为决定战争胜负的关键性要素。

随着军事谋略的广泛运用，战国时期涌现出了一大批后世知名的军事家。他们在作战风格上各有特色，如《吕氏春秋·审分览·不二》所言"孙膑贵势，王廖贵先，兒良贵后"。贾谊《过秦论》还提到，"六国之士，有宁越、徐尚、苏秦、杜赫之属为之谋，齐明、周最、陈轸、召滑、楼缓、翟景、苏厉、乐毅之徒通其意，吴起、孙膑、带佗、兒良、王廖、田忌、廉颇、赵奢之伦制其兵"，其中所列举的人物，都是当时的著名军事将领或谋士。

战争实践的发展，促进了战争理论的创新。战国时期不仅有大批军事家整理的兵书战策问世，而且不少政治家，如李悝（李克）、商鞅等，也有论兵著作。此外，战国诸子思想作品如《管子》《墨子》中，也有一些军事方面的内容。《韩非子》曾有"境内皆言兵，藏孙、吴之书者家有之"的说法，足见当时兵学著作的普及程度非常之高。

据《汉书·艺文志》记载，汉初张良和韩信曾整理兵书典籍，得到先秦兵书一百八十二种，其中大多数都是战国时期军事家的著述。这些军事理论著作，涉及内容非常广泛，《汉书·艺文志》"兵书略"将其分为"兵权谋""兵形势""兵阴阳"和"兵技巧"四大门类。其中，"兵权谋"的主要特点是"以正守国，以奇用兵，先计而后战，兼形势，包阴阳，用技巧者也"。"兵形势"的主要特点是"雷动风举，后发而先至，离合背乡，变化无常，以轻疾制敌者也"。"兵阴阳"的特点是"顺时而发，推刑德，随斗击，因五胜，假鬼神而为助者也"。"兵技巧"的特点是"习手足，便器械，积机关，以立攻守之胜者也"。从"兵书略"收录的情况看，战国时期的兵学作品极多，可谓盛极一时。

在战国兵书著作中，流传后世的兵学经典有《孙子兵法》《吴子》《司马法》《孙膑兵法》《尉缭子》《六韬》等。这些军事理论著述或从一般军事哲学高度揭示战争属性及一般战场规律，或讨论战场谋略的原则及战略战术的运用，内容还包括基本作战技术及军事武备运用等，阐述详尽严密，议论气势宏伟，脉络清晰，条理分明，为后世兵家所推崇，是我国传统军事学的奠基之作。

第八章 战国时期社会经济的发展

战国时期农业的发展

随着授田制的推行和小农经济生产方式的确立，个体农户从事农业生产的积极性得到充分调动，国家在农业生产管理中的主导地位和保障作用也更加凸显出来。由此，在各国重农政策的带动下，战国农业生产有了充分的发展。

（一）农业工具与耕作技术的进步

战国农业生产的发展，首先得益于铁质农具的广泛使用。战国时期，中原地区的"铁耕"已非常普遍。铁在古代被称为"恶金"。《国语·齐语》中有"恶金以铸锄、夷、斤、斸，试诸壤土"的记载。《管子·轻重乙》中有"一农之事，必有一

铁铧犁（战国时期魏国）。当时的铁铧犁大多呈 V 形，后端比较宽阔，前端尖利，并有直棱，表明了耕作技术的一大进步。

耡、一铫、一镰、一耨、一椎、一铚，然后成为农"的记载。而《管子·海王》则曰："耕者必有一耒、一耜、一铫，若其事立。"

从文献记载和考古发现所见的战国农具情况来看，战国时期的铁制农具种类繁多，有耒、耜、犁、铫、锛、锄等；与之相关的其他铁制工具，还有刀、斧、凿、锯、锥、锤等。战国时期的农具，绝大多数都是在木器上套一个铁制的锋刃。铁制农具代替了木、石等材料的农具，有利于大量荒地的开垦，便于深耕、发土、平田、除草和收割，大大提高了耕作效率，促进了农业生产力的提升。

战国农业生产技术的进步，还体现在牛耕的运用及推广方面。牛耕技术在春秋后期已出现，到战国时期有了进一步发展。《吕氏春秋·孟春纪·重己》有"使五尺竖子引其棬，而牛恣所以之，顺也"的记载，"棬"就是牵牛的鼻环，这说明牛已被牵引从事生产劳动。《国语·晋语》记载，春秋末期，晋国范氏、中行氏的后人在国内政治斗争中失败，逃到齐国，"将耕于齐"，"宗庙之牺，为畎亩之勤"，由此可知原来用作宗庙祭祀牺牲的牛，如今成为了耕田的牲畜。另外，河南辉县市固围村和河北保定市易县燕下都遗址，都曾出土战国时期的铁犁铧，形制皆为V形，前端尖锐，后端宽阔，锐端有直棱，能加强刺土力，正好适宜牛耕。牛耕技术的进一步推广，为大面积开垦荒地提供了保障，是我国农业动力上的一次革命。

战国农业生产技术的进步，还表现在农业生产过程中的深耕、施肥、除虫、良种推广及复种等农业耕作技术的广泛采用。战国时期已有"深耕易（疾）耨"（《孟子·梁惠王上》）之说。《吕氏春秋·士容论·任地》是战国文献中集中讨论农业耕作技术的专篇，其中说道："五耕五耨，必审以尽。其深殖之度，阴土必得；大草不生，又无螟蜮。"由此可见，战国时人们已意识到，深耕不仅能提高田亩产量，还可减轻虫旱之害。同时，农田施肥技术在改良土壤、保持地力和提高作物产量方面，具有重要意义，因而也受到了战国时人们的重视。《荀子·富国》有"多粪肥田"之说，《孟子·滕文公上》则有"粪其田而不足，则必取盈焉"的说法，都是强调施肥技术在农业生产过程中的重要功用。

农田除虫技术在战国时期也有了进一步的发展。《商君书·农战》有"今夫螟、螣、蚼蠋春生秋死，一出而民数年不食"的说法，而《吕氏春秋·审应览·不屈》则记载："蝗螟，农夫得而杀之，奚故？为其害稼也。"由此可见，重视虫害的治理，已成为战国农业生产管理的重要环节。

良种技术的推广，在战国时期也有所发展。《史记·货殖列传》载，白圭经商，以"长石斗，取上种"，"欲长钱，取下谷"——为增加粮食的产量，就选"上种"；要想提高粮价，则选"下谷"。此外，一年两熟制的推广，对于提高单位面积的粮食产量也是很有帮助的。《吕氏春秋·士容论·任地》说："今兹（年）美禾，来兹美麦。"《荀子·富国》更说："今是土之生五谷也，人善治之，则亩数盆，一岁而再获之。"

这些农耕技术的有效推广，使中国传统农业走上了一条以精耕细作为主的精细化农业的发展路径，对战国及后世社会经济的发展具有深刻的奠基作用。

（二）战国时期的水利灌溉工程

水利工程的修建，是各国落实"重农"政策的重要举措。战国时期的大型农业水利工程修建，较以往有了突出进步。这与战国农业生产力的提升有关，但更为重要的，则是列国在国家集权能力方面的强化与重农政策的贯彻及推行。

战国水利建设的进步，首先表现在河岸堤防建设方面。历史上，中原地区洪涝灾害频繁，通过修建堤防，可以有效防止水患危害，保证农业生产的顺利进行。《汉书·沟洫志》记载："盖堤防之作，近起战国，壅防百川，各以自利。"据《孟子·告子下》记载，齐桓公葵丘之会，诸侯盟誓中就有"无曲防，无遏籴"之语，所谓"无曲防"，就是指不可以壅塞河水，而应以筑建堤防来防止水患。战国时期，民间已有"千里之堤，毁于蚁穴"的谚语，反映出人们对堤防建设的深入认识。

战国时期最著名的堤防，是齐、赵、魏三国共同修建的黄河堤防。《汉书·沟洫志》记载，齐、赵、魏三国以黄河为界，齐国沿河修筑离河二十五里宽的堤防，"河水东抵齐堤，则西泛赵、魏"，于是，赵、魏也沿黄河修筑长堤，河水"时至而去，则填淤肥美，民耕田之。或久无害，稍筑室宅，遂成聚落"。

战国时期，以水利灌溉工程闻名的国家，一是魏国，一是秦国。

魏国早在魏文侯时期，就有邺令西门豹"引漳水溉邺"（《史记·河渠书》）。西门豹在漳水开渠十二条，用以灌溉邺地的农田。后来，他的继任者史公继续治漳灌邺，将邺地盐碱"恶田"改造成良田。民间歌之曰："邺有贤令兮为史公，决漳水兮灌邺旁，终古舄卤兮生稻粱。"（《汉书·沟洫志》）

魏襄王时，魏相白圭（名丹）是著名治水专家，他曾自言："丹之治水也，愈于禹。"（《孟子·告子下》）这当然是他的自炫之词，但他重视治水是确有其事的。另据《水经·渠水注》引《竹书纪年》记载，公元前360年，魏国在黄河、圃田（湖泊名，在今河南郑州市中牟县西）之间开凿运河，使河水流入圃田，又从大梁北郊凿运河引圃田水灌溉。这些水利灌溉工程的建设，对于促进魏国的农业发展发挥了极大的作用。

秦国对水利灌溉工程的修建也非常重视。战国时期秦国修建的著名水利工程，一是在岷江上修建的都江堰分水灌溉工程，二是在泾水和洛水之间修建的人工灌渠郑国渠。

都江堰的岷江分水灌溉工程始建于秦昭襄王时期。秦国的蜀守李冰父子为解决岷江水害与成都平原灌溉的难题，在今四川都江堰市西边的岷江中凿开了与虎头山相连的离堆，在离堆上游修筑了分水堤和排水坝，将岷江分为内江和外江两部分。内江之水顺地势而下，灌溉了成都平原的数万亩良田，不仅彻底免除了岷江泛滥的水灾，同时还便利了航运和灌溉，使成都平原成为"水旱从人，不知饥馑"（《华阳国志》）的天府之国。作为两千多年前的著名水利设施，都江堰工程至今仍在继续发

都江堰设计者李冰父子雕像

挥作用。

据《史记·河渠书》的记载,郑国渠最初本是韩国设计的"疲秦之计"。战国晚期,韩国为消耗秦国国力,遏制其东侵势头,派水工郑国入秦,游说秦王政,集秦国全国之力,开凿从泾水到洛水的大型水渠。按照郑国的规划,在仲山开渠,引泾水西至瓠口(即焦获泽),再从瓠口经今三原、富平、蒲城等县,入洛水(即北洛水)。郑国在筑渠过程中,不幸因谋划泄露被抓。秦王政要杀掉郑国,郑国却说,此渠修成,将对秦国有万世之利。于是,秦王政接受了这个意见,命郑国继续主持完成了此工程,史称"郑国渠"。

郑国渠沟通了泾水和洛水,全长三百余里,灌溉面积达四万多顷(约合今天的一百二十万亩),亩产粟可达一钟(六斛四斗)。渠成后,秦的关中地区成为"无凶年"的"沃野",为秦统一六国奠定了物质基础。

战国时期手工业的发展

战国时期,随着社会生产力的提高,生产分工也日渐细密,手工业技术较前代有了较大发展。在各种手工业的内部,诸如冶金、木工、漆工、陶工、皮革、煮盐和纺织等,都有了更为细致的专业分工。

从其属性上看,战国时期手工业大致包括官营和民营两类。

先来看战国时期的官营手工业的发展。

西周春秋时期,由官府直接控制手工业的生产称为"工商食官"。战国时期,随着国家集权能力的提升,官营手工业有了进一步的发展,在一些重要领域,如铁铜冶炼、武器制造、车辆生产、纺织和服装、皮革生产、漆器生产等,官营手工业生产技术均有了很大提高。各种有高超技术的能工巧匠也都罗致于官营手工业的各部门之中。各国及其郡、县

铜手钳(战国时期秦国,今陕西宝鸡市凤翔区出土)。此种铜手钳与现代使用的手钳已经十分近似,充分表明当时手工业的发达程度。

都有专门的官府手工业组织，设有专门的工师，负责组织和安排生产。《管子·立政》记载："论百工，审时事，辨功苦，上完利，监一五乡，以时钧修焉，使刻镂文采毋敢造于乡，工师之事也。"《荀子·王制》也说："论百工，审时事，辨功苦，尚完利，便备用，使雕琢、文采不敢专造于家，工师之事也。"战国手工业产品铭文显示，工师还可称为"右工师""右军工师"等，其助手有丞或佐，下属百工。

战国时期，各国官营手工业种类繁多，内部分工相当细密。《周礼·考工记》记载："凡攻木之工七，攻金之工六，攻皮之工五，设色之工五，刮摩之工五，搏埴（制造陶器、瓦器）之工二。"工匠间的分工协作，有利于生产效率和产品质量的提高。此外，官府还设有专门材料库，用于储藏铜、铁、皮革、筋、角、齿、羽、箭杆、脂胶、丹、漆等材料，称"五库"，管理仓库的官吏称为大府、中府、少府等。

战国官营手工业的生产主体是官府控制的工匠，其中有大量工奴、刑徒，可能还有一些受雇于官府的个体工匠。楚国铜器铭文中常有"铸客为王后六室为之""铸客为王后七府为之"等，杨宽先生认为，铭文中所见"铸客"的身份，是"被雇用的个体手工业者"。

战国时期的官营手工业，已建立了相当完整的产品质量责任制。《礼记·月令》和《吕氏春秋·孟冬纪·孟冬》中均有"物勒工名，以考其诚，工有不当，必行其罪，以穷其情"的记载，说明古人对此已相当重视。这方面，在考古中发现的手工业器物铭文中有所体现。如，出土的上郡戈之一铭："廿五年，上郡守□造，高奴工师竃、丞申、工鬼薪诎。"此外，出土的吕不韦戟铭："五年，相邦吕不韦造。诏事图、丞戬、工寅。"长沙出土的战国楚漆奁铭："廿九年六月己丑，乍告，吏丞向，右工帀（师）象，工六人台。"

从出土器物的勒铭情况来看，战国官营手工业生产质量管理，通常采用三级负责制：一级是主管官府官员，要在产品上铸上名字，如中央一级有相邦（相国），郡一级有郡守；二级是具体组织领导制造的工官工师、丞、佐，也要在产品上铸上名字；三级是具体做工的"工"，工匠中还包括鬼薪（秦汉时的一种徒刑）等刑徒和服役的更卒。若产品制造中发生质量问题，可以通过勒铭进行追查，依法治

熏炉及其局部（战国，陕西宝鸡市凤翔区出土）

罪。此外，有的产品还刻上有关政府机构名称，如湖北出土的战国铁犁，上铸有"右廪"，就是管理、贮藏和制造农具的政府机构。

再来看战国时期的民营手工业。

战国时期的个体农民家庭，通常耕织结合，家庭手工业经营比较发达。同时，随着分工与交换的发展，独立经营的小手工业者也已作为一个社会阶层而广泛出现。战国城市中，市场设作坊店铺，称"肆"，其经营者称"工肆之人"（《墨子·尚贤上》），他们通常生产与销售兼顾，产品多"奉给民用"（《墨子·节用中》）。

这类独立小手工业者，有一定的人身自由，可以从一国迁往另一国。如果经营得好，或有特别的技术，还可以发财致富，经营不好就会穷困。

《庄子·逍遥游》记载，宋人有善为不龟手之药者，世世以漂洗丝絮为事，有"客闻之，请买其方百金"，遂"一朝而鬻技百金"，因而发家。《韩

《庄子·逍遥游》有关宋人有善为不龟手之药者，遂"一朝而鬻技百金"的记载。

鎏金银盘（战国时期秦国，山东淄博市临淄区出土）

非子·说林》则记载："鲁人身善织屦，妻善织缟，而欲徙于越。或谓之曰：'子必穷矣！'鲁人曰：'何也？'曰：'屦为履之也，而越人跣行；缟为冠之也，而越人被发。以子之所长，游于不用之国，欲使无穷，其可得乎？'"以织屦、织缟为业的鲁人，可以徙往越地，但越人跣行、被（披）发，鲁人的产品在越地没有需求，故曰其人"必穷"。

战国早期的青铜纹饰仍然是蛟龙、卷龙或蟠龙等龙的世界。此类变形纹饰早在春秋晚期就已经出现，到了战国早期更为发展。这一时期描绘水陆攻战、宴乐、采桑等活动的画像很多，这也是一种时代的印迹。到了战国中晚期，青铜器纹饰变化十分显著，除了战国早期的某些纹饰仍然流行外，还出现了许多嵌金、银、铜、绿松石，以及其他物质的几何变形图案，有云纹、菱纹、勾连纹、三角纹等，反映了当时铸造技术的长足进步。

鸟流盉(战国早期,上海博物馆藏)

络纹扁壶(战国早期,上海博物馆藏)

"楚高"青铜缶(战国时期楚国,山东泰安市出土)

"栾书"青铜缶(战国时期楚国,年代有争议。河南辉县出土)

青铜冰鉴及其局部(战国时期曾国,湖北随州市出土。这是中国目前所见最古老的"冰箱")。右图为其局部细节。

攸武使君甗（战国晚期，上海博物馆藏）　　鸟盖瓠壶（战国中期，陕西历史博物馆藏）

此外，战国时期还有豪民经营的大型工矿业，尤其是盐铁经营、丹砂开采等行业，往往大量使用佣工从事相关生产。这也应该算是民营手工业的一种类型。

战国时期的商品流通、市场与货币

战国时期，随着小农经济生产方式的逐步确立，农民从事农业生产的积极性有了很大提升，农业生产力有所提高，农民与市场的交换活动也日渐频繁。同时，随着旧有的"工商食官"体系的瓦解，山泽渔盐之利陆续开放，手工业生产也有很大提高，商品交换日渐频繁，城市规模和交通发展都较以往有了很大提高，这些都促进了战国商品流通与工商业的发展。

（一）战国时期的商品流通

战国时期，随着农业和手工业生产力的提高，商品流通也日渐活跃，而社会分工的细密化，又进一步带动了产品交换与商品交易市场的发展。战国时期的商业，无论在社会产品的交换深度上还是地域空间分布上，都较前代有了很大发展。

随着社会分工的扩大，小农与市场交换的程度也日渐加深。《孟子·滕文公上》曾记载，信仰神农之言的许行，在滕国"受一廛①而为氓（民）"，与其徒数十人，"皆衣褐、捆屦、织席以为食"。孟子曾与他的学生陈向有过一段著名的对话，讲到许行等人所衣、所冠，炊饭所用之釜甑，耕田所用铁器，都是"以粟易之"。这些日常生活用品都需要"纷纷然与百工交易"，由此可见，生产的分工带动了市场交易行为的增加。

李悝在魏国行"尽地力之教"，曾为"农夫五口之家"每年的收入与开销算过一笔账，其中显示，农民日常生活的很多需求都需要通过市场交易来完成。值得注意的是，李悝是以钱为单位来计算农民的市场消费需求的，这说明当时乡村生活市场上的商品交换行为已不再是以物易物那么简单，而是

---

① 指住所，房屋。

相当一部分要借助货币来完成交易。《史记·滑稽列传》记载的西门豹治邺事，也曾提到"邺三老、廷掾常岁赋敛百姓，收取其钱，得数百万"，这也可以看作当时乡村中存在货币交易的明证。

另据《管子·轻重乙》记载："一农之事，必有一耜、一铫、一镰、一耨、一椎、一铚，然后成为农。一车必有一斤、一锯、一釭、一钻、一凿、一銶、一轲，然后成为车。一女必有一刀、一锥、一箴、一鉥，然后成为女。"由此可见，基于生产分工的交换行为，已成为战国社会生产所不可缺少的重要前提。农民除了粮食、布匹、菜蔬以外，农具和若干实用物品都需要向市场购置，农民的"余粟""余布"已投入交换领域，手工业者制造出来的农具、陶器、木器、车辆、皮革制品等，也都投入交换领域。这种情况的普遍化，自然会带动商品流动与市场交易行为的不断增加。实际上，战国时期商品流通的领域与范围，较以往都有了明显的提升。

此外，战国时期各国陆续以特许经营的方式，开放山泽渔盐之禁，允许商人从中牟利，也带动了大宗商品的生产与交易。而随着城市人口的不断增加，人们对商品的需求也日渐增加，甚至带动了奢侈品的生产。

此外，战国时期的陆路和水路交通都较以前有了很大进步。以中原地区为例，战国时期，在魏、赵、齐等国之间有许多纵横交错的大道，通称"午道"。而南方的水上交通，更是水道纵横，四通八达。岷江、长江、汉水以及湘水、资水、沅水、澧水的交通都很通畅。同时，由于邗沟和鸿沟等南北向运河的开凿，南方和北方之间的水上交通也大有发展。战国时期交通工具的制造也有了很大进步，据《考工记》所载，当时的车轮制造已可达到"虽有重任，毂不折"的水平，而出身工匠的墨翟所造车辖[①]，可"任五十石之重"。战国中期的造船技术已达到相当的水平。航行于岷江、长江中的舫船[②]，能够载运五十人及足够吃三个月的粮食，顺流而下，"一日行三百余里"。此外，桥梁架设和栈道的修建技术都有了极大的进步，极大便利了商品的流通与长途贩运。

这些都为工商业的发展提供了重要契机。与农业相比，商业经营通常有较高的利润，自然是人们追逐的目标。《史记》记载："周人之俗，治产业，力工商，逐什二以为务。"（《史记·苏秦列传》）远程贩运的商业利润更高，《墨子·贵义》则云："商人之四方，市贾倍蓰，虽有关梁之难，盗贼之危，必为之。""蓰"与"蓰"通假，是"五倍"的意思，这说明远程贩运较其他工商业更赚钱。

（二）战国时期的市场

战国时期的市场，大致有如下几种基本类型：

第一种是农村集市。主要是农民与其他手工业者交换农产

---

① 车上的一种零件，用来插于轴端的孔内。
② 两船相并而组成的大船。

品、农具和日用品等。这种市场通常是不定期举行，参与其中的商人，大多是"贩夫贩妇"层次的小经营者。但这种市场实际是战国时期庞大市场网络的初级阶段。

第二种是城市中的固定市场。战国时期城市的规模及居民的数量都较前代有很大提升。城市中大多会在特定区域设立固定的"市"，市的四周有"市门"，设市官管理与征税。市内列肆成行，分置商品归类，是战国城市日常商品的主要消费市场。战国时的市，有金铺、珠宝玉器铺、粮食铺、绸布铺、皮货铺、盐铺、药铺、鞋铺等，从卖良剑的，到卖兔、羊、豚、鱼、鳖的，卖茅草、黍种的，卖浆的，杀狗卖肉的，以至卖矛与盾的，无不具备；坐在肆列中从事贩卖的，多为小商人及自产自销的小手工业者。为方便顾客，有的小手工业者还采取前店后坊的经营模式，在自己住所的前屋接受加工订货。如宋相国子罕的南邻，就是"为鞔（鞋子）者也"，其家"为鞔以食"已经有三代，若搬离此地，宋国的求鞔者将不知其处。（《吕氏春秋·恃君览·召类》）

市的交易时间主要在上午，过午则散，至夕而罢，此所谓"市朝则满，夕则虚"。《韩非子·外储说左上》讲了一个郑人买履的故事，郑人在家量好尺寸，忘记带到市上，遂回家去取，回来的时候"市罢，遂不得履"。这说明市的交易时间通常是固定的。

第三种市场，是跨地区的大宗商品贩运与交易。战国时期的大宗商品交易包括粮食、丝帛等农产品及各地特产，还有专供贵富之家享用的珠玉、丹犀等奢侈消费品。此类市场多通过长途贩运，利用区域差价来牟利，其利润远较一般工商业要高。由于利润丰厚，不少富商大贾都不远千里，周游四方，买贱卖贵，"转毂以百数"，"贳贷行贾遍郡国"，以牟厚利。"其商人通贾，倍道兼行，夜以续日，千里而不远者，利在前也。"（《管子·禁藏》）《墨子·贵义》中所述四方商人虽有"关梁之难，盗贼之危"而不顾，也是如此。魏国大商人白圭就是其中的代表。他贩运粮食、丝帛等大宗产品，采用"人弃我取，人取我与。夫岁熟取谷，予之丝漆；茧出取帛絮，予之食……欲长钱，取下谷"（《史记·货殖列传》）的原则，大发其财。

1957年，安徽淮南市寿县出土了四枚楚怀王时的鄂君启节，是楚怀王发给楚国贵族鄂君启经商的优待通行证。启凭证可用舟车从水陆两路贩运货物。节上规定：陆路运输的车辆数一次不得超过五十辆，如用畜力或人力运输，每十匹牲畜或二十个背子（用来背东西的长背篓）当一辆车；水路运输的船只数不得超过一百五十条。启经商运输路线所经过的城邑达二十余个，涉及今湖北、湖南、河南、安徽、广西等地，足见其时长途贩运能力已有相当规模，而启的经营范围也极为广泛。

《荀子·王制》说："北海则有走马吠犬焉，然而中国得而畜使之。南海则有羽翮、齿革、曾青、丹干焉，然而中国得而财之。东海则有紫紶鱼盐焉，然而中国得而衣食之。西海则有皮革文旄焉，然而中国得而用之。"正因为长途贩运市场的繁荣，中原地区才能聚集各地方的特产。

战国时，各国对于工商业经营都要征收关市之税。关税征收

"司马成公"青铜权（战国，中国国家博物馆藏）

公区（ōu）陶量（战国时期齐国，山东淄博市临淄区出土）。此为齐国制定的标准量器，有豆、区、釜等量制单位。

"王"字青铜衡（战国时期楚国）。此衡是杆秤的雏形，长度相当于战国时的一尺，正面有均匀的刻度线。

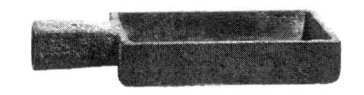

商鞅青铜方升。这是商鞅变法时所规定的标准量器。

尤为紧要。公元前265年，秦诱魏伐韩，信陵君劝魏存韩。他的意见是：魏开共、宁二地，使韩国之上党地区得以直路而行，在这两地设关收税，二国共有，一面可增加税收，一面可使韩必不反魏，而成为魏之屏障。当时商业之繁盛、关税收入之丰富，于此可见一斑。

除了直接征税外，各国对于盐铁等生活、生产必需商品，还采取特许专营的政策。据《汉书·食货志》记载，商鞅变法采取盐铁特许经营，使秦国的"盐铁之利"倍增。

（三）战国时期的货币

战国时期，商品交换的频繁促进了货币制度的发展。金属货币被大量使用，货币经济日趋活跃。

战国货币以铜币为主，民间交易已大量使用铜币，各地可以铸钱，钱币上大都铸有地名，豪家富商也自行铸钱，主要农产品如粟的价格都以铜钱计算；有的地区赋税也征收货币，即所谓的"刀布之敛"。铜币还被用来支付雇来耕作的人的工资。

不同国家的货币，有不同类型，大致可分为：布币、刀币、圜钱、铜贝（蚁鼻钱）等四种主要类型。

布币是从青铜农具镈演变而来的，"布"与"镈"古音相同，同声假借，因其形状似铲，又称铲布，主要流行于三晋、两周（即东周国、西周国）地区。战国布币按形状可分为空首布、平首布两大类。早期布币保留着较多的农具特征，留有装柄的銎，原始而厚重，称空首布；后来逐渐减轻，变薄，变小，币身完全成为片状，称为平首布。平首布上面通常铸有文字，有的是铸币的地名，如"安邑""晋阳"等地名，有的是币值单位，如"一釿""十二朱（铢）"等。

刀币，系由青铜刀演变而来，其柄端有环，柄上有裂沟。刀币分为针首刀、尖首刀、圆首刀、弧背刀等形状，上面铸有文字，主要流通于东方齐、燕等国；在赵、中山等国，与布币并存。刀币大致有"燕明刀"和"齐化刀"两大类型，齐化刀因刀面有"化"字文而称"化刀"。

圜钱也称圜金、环钱，据说由纺轮演变而来，或说由璧环

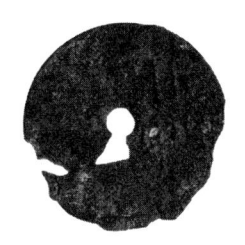

"共"字圜钱（战国，魏国铸币，陕西历史博物馆藏） 　"安邑二釿"平首布（战国，魏国铸币，陕西历史博物馆藏） 　"涅"平首布（战国，韩国铸币，陕西历史博物馆藏）

"中都"平首布（战国，赵国铸币，陕西历史博物馆藏） 　"安臧"空首布（战国，河南新安出土） 　楚铜贝（春秋战国，楚国铸币，陕西历史博物馆藏）

燕明刀（战国，燕国铸币，陕西历史博物馆藏） 　"齐返邦长法化"刀币（战国，齐国铸币，陕西历史博物馆藏）

秦半两　　鬼脸钱 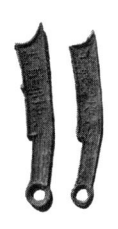　　青铜齐国刀币

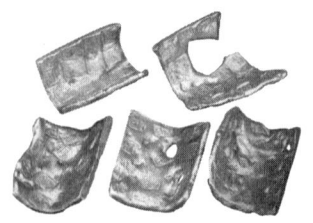

"陈爰"金币（战国，楚国金币，陕西历史博物馆藏）

演变而来；圆形，中央有圆孔，上铸有文字，主要流通于秦、魏等国。圜钱大致有圆形圆孔（早期）和圆形方孔（晚期）两种类型。秦统一六国后，废掉其他各国的钱币形制，独行圜钱，因其上有铭文曰"半两"，故又称"秦半两"，这就是中国古代铜币的典型。

铜贝又称"蚁鼻钱"，是江淮流域楚国的流通货币，仿贝形，椭圆，正面突起，背磨平，因形似蚁鼻，故名。蚁鼻钱多铸行于战国早期，战国中晚期后则演变为鬼脸形状，又称"鬼脸钱"。前者多出土于河南、江苏一带，后者在两湖、河南、江苏、安徽等地均有发现。1963年，湖北孝感市野猪湖一次性出土鬼脸钱五千枚，面纹类似"咒"字，平均约重4.37克。

除铜钱外，黄金也是战国时期的重要货币，称"上币"，各国通用。贵重物品的买卖，如象牙床、千里马、宝剑、狐裘之类，均以黄金论价。国君赏赐臣下，官僚相互送礼贿赂，也常使用黄金，动辄千斤、万镒[①]。

---

① 一镒合二十四两。

金属货币的大量应用，是战国商业和市场发展的结果。后世出土了数量可观、形制多样的这一时期的货币。货币为商业进一步发展创造了条件，是战国商品经济发达的重要物证。

战国时期城市的发展

战国时期，随着工商业和市场交易的发展，城市的形态也发生了很大变化，其经济功能有了显著的提升。

《战国策·赵策三》记载，古时"城虽大，无过三百丈者，人虽众，无过三千家者"。而到战国时，却是"千丈之城，万家之邑相望"，不仅"三里之城，七里之郭"常见，而且还出现了"万家之县""万家之邑"和"万户之都"。（《战国策》《韩非子·十过》）城邑规模的扩大、人口的增加，都与战国工商业的发展有密切关系。

战国时代中原国家兴起的重要城市，据《盐铁论·通有》记载，有"燕之涿（今河北涿州市）、蓟（今北京市），赵之邯郸（今河北邯郸市），魏之温（今河南焦作市温县西）、轵（今河南济源市南），韩之荥阳（今河南郑州市），齐之临淄，楚之宛、陈（均在今河南周口市淮阳区），郑之阳翟（今河南禹州市），三川之二周，富冠海内，皆为天下名都"。

此外，齐的即墨、安阳（今山东聊城市阳谷县）、薛（今山东滕州市），赵的蔺、离石（两地均在今山西吕梁市离石区），魏的大梁、安邑，韩的郑（今河南新郑市）、屯留（今山西屯留区）、长子（今山西长子县），楚的寿春，越的吴（今江苏苏州），宋的陶邑，卫的濮阳（今河南濮阳市），秦的雍（今陕西宝鸡市凤翔区）、咸阳（今陕西咸阳市）、栎阳（今陕西西安市阎良区），也都是当时工商业发达、人口众多的大城市。

其中，安邑、大梁、郑、洛阳、寿春、濮阳、雍、咸阳、吴等城，皆是各国国都，同时又是工商业中心。邯郸、宛是冶铁手工业中心，安邑则是煮造池盐业中心。宋国的陶邑，则因其交通便利而成为有名的物资集散之地。又因其工商业税收比较多，且是当时最富庶的商业城市之一，陶邑为列国权贵所瞩目。卫都濮阳地处濮水以北，交通便利，是三晋和齐国货物集散的重要地点，时人常以陶、卫并称。鲁仲连给燕将的信，就曾说："请裂地定封，富比陶卫。"（《战国策·齐策六》）周都洛阳也是商业发达、人口众多的城市，后来秦王把河南洛阳作为吕不韦的食邑，民户有十万户之众。韩的旧都阳翟也是著名的商业城市，吕不韦曾经是阳翟大贾。

战国都市的市井生活已经相当丰富，市中有"县（悬）帜甚高"的"酤酒者"（《韩非子·外储说右上》）；还有"卖骏马者"（《战国策·燕策二》），"积兔满市"的卖兔者（《吕氏春秋·审分览·慎势》）；还有占卜、博戏等各类娱乐活动。以齐都临淄为例，战国中期，临淄户数多达七万，"其民无不吹竽鼓瑟，弹琴击筑，斗鸡走犬，六博蹋鞠者。临淄之途，车毂击，人肩摩，连衽成帷，举袂成幕，挥汗成雨。家殷人足，志高气扬"（《史

鞍马瓦当（战国，齐国） 　双獾纹瓦当（战国，陕西宝鸡市凤翔区出土） 　多目纹瓦当（战国，齐国）

鹿纹瓦当（战国，陕西宝鸡市凤翔区出土） 　蟾蜍纹瓦当（战国，陕西宝鸡市凤翔区出土） 　变形葵纹瓦当（战国，陕西宝鸡市凤翔区出土）

记·苏秦列传》）。其中描述或有所夸张，但足见临淄城的商业繁华之景象。此外，楚国都城郢（今湖北荆州市江陵县），城内人挤人，有"朝衣鲜而暮衣敝"之说。秦都咸阳"四方辐辏并至而会"，城市商业也有极大发展。

那些由冶铁手工业发展起来的城市，也经常为各国所争夺。公元前301年，齐相孟尝君联合韩、魏攻楚。韩、魏两国取楚的宛、叶（shè，今河南平顶山市叶县）以北地。宛、叶以北地素有"方城膏腴之地"之称，宛就是著名的冶铁手工业地区和繁荣的商业城市。

铜建筑构件（战国，陕西宝鸡市凤翔区出土）

鸠柱形房屋模型（战国，明器，浙江绍兴出土）

秦国对这些冶铁手工业地区当然也十分关注，兼并战争中夺得的最富庶的地方经常会成为秦国权贵的封地。公元前292年，秦将司马错攻韩，夺取宛。次年，司马错又攻取魏的轵和韩的邓。同年，秦泾阳君公子市改封于宛，高陵君公子悝改封于邓。韩国著名的剑戟，有出于宛冯、邓师的，就是这两地的产品。宣太后时秦有四贵之说，其中，魏冉所封的定陶陶邑，公子市所封的宛，公子悝所封的邓，芈（mǐ）戎所封的新城（今河南新密市东南），都是当时工商业比较发达的地方，故此四人皆"私家富重于王室"（《史记·范雎蔡泽列传》）。

第九章 战国时期社会阶层的分化

战国时期，是中国历史上少见的社会动荡期，也是社会格局发生剧烈变动的社会分化期。西周春秋时期以职业和等级世袭为特征的社会秩序被彻底打破，新的社会阶层陆续生成。

战国社会阶层剧烈分化是多方因素聚合的结果，其中既有政治因素，也有经济因素，同时还有社会性因素：

一方面，随着各国变法的展开，以各国中央集权为核心的新的政治体制逐渐建立，因功受赏、因能授官政策的推行，使原有的世袭社会秩序被打乱，不少旧贵族子弟沦为社会底层，而出身卑微的社会底层人士也可以凭借功劳而获得上升渠道，社会流动性进一步增强。

另一方面，随着授田制及配套政策的实施，个体小农经济确立，并因此造就了庞大的自耕农阶层，但小农生产的不稳定性加之其受集权国家的压榨和商品经济的盘剥，造成社会阶层无时无刻不在分化之中。

此外，其他社会性因素，如军功爵制的推行，政治官僚和封君权贵的出现，商品经济冲击下富商巨贾的产生，高利贷的盛行，土地、奴婢、劳动力的商品化，等等，也是造成战国社会阶层剧烈分化的重要原因。

在上述综合因素的影响下，战国社会阶层构成出现了一些新的情况。

小农阶层的分化

授田制下的战国小农阶层,就其身份而言,应该是隶属国家权力的以个体家庭为主体的自耕农。小农受田于国家,但同时也要对国家承担相应的赋税、劳役和从军义务。战国时期,国家对小农的盘剥,通常有"布缕之征""粟米之征"和"力役之征"(《孟子·尽心下》)。除了"以其常正(征),收其租税""(以其常)役,修其城郭"外,国家还会"厚作敛于百姓,暴夺民衣食之财"。(《墨子·辞过》)

各国除了正常的田赋、力役之外,还要按户征收人口税,称"户赋"或"口赋"。农民所遭受的租税徭役负担颇重,故孟子言:"今也制民之产,仰不足以事父母,俯不足以畜妻子,乐岁终身苦,凶年不免于死亡。"(《孟子·梁惠王上》)在这种情况下,不少农民逐渐陷入濒临破产的窘境。很多人被迫借贷维生,最终在高利贷盘剥下,或者弃产流

《孟子·尽心下》有关战国时期官府对小农盘剥的记载。

亡，如冯谖所谓"息愈多，急，即以逃亡自捐之"（《史记·孟尝君列传》），或者困死沟壑之中，即孟子所言"称贷而益之，使老稚转乎沟壑"（《孟子·滕文公上》）。此外，还有农民为逃避繁重赋役，选择依附到豪强门下，甘作佃农，以求庇护，此即《韩非子·备内》所说"徭役多则民苦，民苦则权势起，权势起则复除重，复除重则贵人富"。而当时的权贵之人，也正趁农民苦于"徭役多"的时机，诱使贫民归附，成为他们的佃客，忍受他们的剥削。

还有些农民在失掉耕地之后，成为受人雇佣的佣者。《韩非子·外储说右下》记载："家贫，无以妻之，佣未反。"《韩非子·五蠹》也说："泽居苦水者，买庸而决窦。"《韩非子·外储说左上》又说，有"卖庸而播耕者"，主人"费家而美食"，"调布而求易者"，通过给庸客美羹、钱布（铜币），希望他耕得深、耘得快。这些都表明，战国晚期农业生产中的雇佣关系已经相当流行。此外，还有一部分农民失地后流入城市，靠出卖自己的劳力为生，此之谓"市佣"。此外，在工商业中也有雇工，称佣作或佣保。

这些情况的出现，导致农业劳动力严重流失，影响了政府的农战政策。因此，《商君书·垦令》有"无得取庸，则大夫家长不建缮……而庸民无所于食，是必农"的说法，通过禁止雇工，达到驱民务农的效果。《吕氏春秋·士容论·上农》也说"农不上闻，不敢私籍于庸"，即没有高级爵位，不准私自雇用佣者。

除此之外，还有一些失地农民成为"散而之四方"的"流民"(《孟子·梁惠王下》)。有不少流民聚集于山林水泽,依靠打家劫舍为生,成为"盗贼"。

秦国还有一种依附身份的农民,称"庶子"。庶子不能单独立户,通常要依附于有爵位的居民。《商君书·境内》记载:斩敌甲首一枚,"赏爵一级,益田一顷,益宅九亩,除庶子一人";又说:"其有爵者乞无爵者以为庶子,级乞一人。其无役事也,其庶子役其大夫月六日;其役事也,随而养之军。"从中可知,庶子一般是民之无爵者,在无役事的时候,庶子每月要给大夫服役六天;有爵者有特殊劳役时,随时可以调其来服役。这实际上是一种人身依附关系较强的佃农。

豪强地主和军功地主的出现

战国时期,随着因土地买卖而出现的土地兼并局面的日渐扩大,出现了"富者田连阡陌,贫者无立锥之地"的社会现象,许多达官显贵和身份显赫之人,逐渐占有大量土地,成为颇有社会影响力的豪强地主。

战国时期的豪强地主,包括各国的封君,也包括贵戚及其他有权势的显贵。战国封君中,赵国的平原君和齐国的孟尝君都是其中的代表。他们享有征收封邑赋税的特权,还占有大量土地,并向失地农民放债。另有一些因仕途上升的官吏,或因垄断经营而致富的富商大贾,也往往成为豪强地主。这类地主通过接受赏赐、购置土地等形式，形成事实上的土地兼并。如，赵将赵括曾用赵王所赐金帛，"日视便利田宅可买者买之"（《史记·廉颇蔺相如列传》）。为与国家争夺劳动力资源，豪强地主往往利用权势，吸引农民归附，借以逃避国家的赋税徭役。《韩非子·诡使》说："士卒之逃事伏匿，附托有威之门以避徭赋而上不得者万数。"这里所谓的"有威之门"，就是指当时的豪强地主。

另一类是军功地主。战国时期，各国为奖励"耕战之士"，通常采取赏田的办法。如，吴起为魏河西守时曾宣布，士兵中"有能先登者，仕之国大夫，赐之上田宅"（《韩非子·内储说上》）。魏国考选"武卒"中试的，也可以"利其田宅"（《荀子·议兵》）。商鞅在秦变法，行二十等爵制，按军功大小赏以爵位，升爵一级，可得田一顷。这些因军功获赏者，就是当时的军功地主，有军功者可以合法占有田宅和奴隶。

战国时期的奴隶

奴隶是一种强制性的人身控制和依附关系。战国时期的奴隶，大致包括私家奴隶和国家奴隶两大类。

先来看私家奴隶。战国时期的私家奴隶，通常称为"臣妾"。他们大都是沦落到社会最底层的破产农民，因为种种遭遇而无以为生，通常会被当作商品买卖，沦为私家奴隶。

《管子·揆度》有"民无馆[1]者卖其子"的说法,《韩非子·六反》则记载,"天饥岁荒",民有"嫁妻卖子"者,已经是当时的普遍现象。在严重剥削和残酷兵灾下,魏、韩两国"百姓不聊生,族类离散,流亡为臣妾,满海内矣"(《战国策·秦策四》)。

此外,还有一些农民因借高利贷无力偿还,而被迫沦为"债务奴隶"。秦国甚至设有专门买卖奴婢的市场,奴婢与牛马同栏。战国时期,家内奴隶通常用于家内劳动、商业和手工业的生产。战国法律为维护奴隶制,也有相应的规定。如秦律规定,若奴隶侵犯主人利益,或反抗主人,要给予处罚。湖北云梦出土秦简中,记载有男奴"骄悍,不田作,不听甲令"(《封诊式》),主人可以请求将男奴卖给官府,变为官奴;如果女奴"悍",主人可以请求官府将她处以黥刑和劓刑。

国家奴隶即官奴,是战国奴隶制的重要组成部分。官奴最大的来源是各类罪犯。其中,有固定刑期的罪犯,称"隶臣妾"。《秦律》记载,隶臣妾要按其劳役类别、年龄及工作性质发给口粮,标准通常低于一般人民的口粮消费水平;若他们使用或管理的器物、牲畜有失,还要"以其日月减其衣食"的三分之一来偿还。此外,还有的称"鬼薪""白粲""城旦""舂"等,这些人要获得自由,必须经过取赎。各类罪犯的妻子儿女,通常也会被没收为奴。商鞅变法,宣布"事末利及怠而贫者,举以为收孥"

---

[1] 稠粥。

(《史记·商君列传》),便是其例。作为隶臣、隶妾的官奴婢,官府还可以把他们卖掉,或作为赏赐品赐予臣下。

战国士阶层的变化

西周春秋时期,士农工商,四民分业。此时期的士阶层,相当于社会上的低级贵族——其上有"卿大夫",下有"庶人"——享有一定政治权利,通常会依托宗族组织,平时耕作,战时自带装备参战,具有耕战结合的职业特点,是世袭社会的中坚力量。

从春秋后期开始,随着社会流动性的增加,士的阶层也逐渐发生了分化:一方面,随着世袭制的打破,许多贵族子弟逐渐丧失了贵族身份,作为低级贵族的士,与宗族关系也逐渐疏离,降为普通平民阶层;与此同时,随着"学在官府"体制的解体,私学兴起,平民接受教育、获得知识的渠道较前代更多,"士"的组成成分也随之发生了变化,成为对当

绚索纹兽耳罍(战国,河南辉县市琉璃阁出土,河南博物院藏)。其肩部有一对衔环龙耳,也是龙文化的象征。

时知识分子的统称。

战国时人对"士"的称呼，有所谓"谋士""勇士""巧士""使士""吏士""文士""辩士""隐士""侠士"等，不一而足。若按其所学及职业，又可分为"法术之士""文学之士""智术之士""游说之士""纵横之士""方术之士"等。

与此同时，随着集权国家政权建设与官僚体系的生成，行政管理的知识化、专业化程度越来越高，国家对有知识的文士阶层的需求也日渐提高。《墨子·亲士》言："入国而不存其士，则亡国矣。见贤而不急，则缓其君矣。非贤无急，非士无与虑国。缓贤忘士，而能以其国存者，未曾有也。"在列强兼并的严酷环境中，人才竞争已成为决定胜败的关键。

各国统治者为吸引人才，纷纷主动招贤纳士，"高予之爵，重予之禄，任之以事，断予之令"（《墨子·尚贤上》），以官、爵、禄、奖、养等优惠条件吸引人才，尊士、争士、养士渐成风尚，这就为士阶层的崛起和壮大提供了充分的舞台与空间。

"六国之时，贤才之臣，入楚楚重，出齐齐轻，为赵赵完，畔魏魏伤。"（《论衡·效力》）战国的士，作为一个掌握文

羽状纹地变形兽纹铜镜（战国，郑州博物馆藏）

化知识的特殊群体，在当时发挥了重要作用。战国时期，从王廷到社会底层，到处都可看到士的身影。他们或与君主坐而论道，或游走四方，讲学授徒；或投身豪门，充当门客……还有一些人隐身于市井之中。战国时期，很多著名的历史人物，如李悝、商鞅、范雎、张仪、苏秦等，若以身份论，都可以归为"士"的范畴。此外，不仅各国国君喜欢招徕贤士，许以高官厚爵，以求为己所用；各国的贵族、封君也纷纷以养士为荣，其下门客之数往往成百上千，所养之士或任智囊，或当侍卫，也是一支不可忽视的重要力量。

受各国尊士之风气的影响，战国士的流动性也很强，他们经常从一国到另一国，从一家到另一家，一方面寻求发挥自己聪明才智的机会，另一方面也在寻求获得功名利禄的机会。他们上可成为王侯卿相的座上客，下可与仆隶为伍，在社会各个角落都留下了足迹，充分体现了知识分子在战国社会流动及时局变动中的重要作用。

商人阶层的兴起与社会风气变化

西周时期的工商业均由政府掌控。从春秋中晚期开始，"工商食官"制度开始逐渐瓦解，出现了民间商人阶层。战国时期，随着商品经济的日渐发达，商人阶层日渐兴起，出现了一些有重要社会影响力的商人。

子贡像

早在春秋战国之交，就有成功的商人出现。其中的代表者之一是卫人端木赐，即孔子的弟子子贡。子贡善辞令，曾游说齐、吴等国，孔子说他"亿（臆）则屡中"，很有经商头脑。孔子死后，子贡往来于曹、鲁等国，"与时转货资"，"家累千金"，成为孔门弟子中最富的一位。他"连驷结骑"，带着礼品聘问各国，"国君无不分庭与之抗礼"。另一位著名的商人是楚人范蠡，他曾是越王勾践谋臣，助越灭吴，建立霸业。后来范蠡功成身退，离越入齐，又从齐到陶邑，从事经商，号称陶朱公。他采用计然的贸易理论，"候时转物，逐什一之利"，"十九年之中三致千金"，家产"巨万"（《史记·货殖列传》）。

魏文侯时，魏国商人白圭，自称"吾治生产，犹伊尹、吕尚之谋，孙、吴用兵，商鞅行法是也"。他以经营农产品贸易为主，采取"人弃我取，人取我与"的经营之道，坚持"乐观时变"的原则，发家致富（《史记·货殖列传》）。后世"天下言治生者祖白圭"，白圭被尊为商人的祖师爷。

《史记·货殖列传》记载了很多战国时期有名的私营工商业者，都是当时成功商人的典范——

猗顿，原为鲁之穷士，"耕则常饥，桑则常寒"，后至河西地区，"大畜牛羊于猗氏之南。十年之间，其滋息不可计，赀拟王公，驰名天下"，此后又投资经营池盐业，成为工商兼营的大商人。

邯郸商人郭纵"以铁冶成业，与王者埒富"。

范蠡雕像

"蜀卓氏之先，赵人也，用铁冶富"，后迁，"致之临邛，大喜，即铁山鼓铸，运筹策，倾滇、蜀之民"。

程郑，"山东迁虏也，亦冶铸，贾椎髻之民，富埒卓氏，俱居临邛"。

宛孔氏之先，梁人，以冶铁为业，后迁南阳，"大鼓铸，规陂池，连车骑，游诸侯，因通商贾之利……家致富数千金"。

秦巴郡寡妇清，因开发丹穴而发财。秦始皇为寡妇清建筑了"女怀清台"。

乌氏（今宁夏固原市）人名倮（luǒ），以精美丝织品献给游牧的戎王，戎王赏给他大量家畜，他因畜牧而成为巨富。秦国为了奖励这些大工商业者，"令倮比封君，以时与列臣朝请"。

这些成功商人都积累了巨额财富，与各国统治者保持着良好的关系，往往有很大的活动能量。《韩非子·解老》曾将"上有天子、诸侯之势尊"与"下有猗顿、陶朱、卜祝之富"并论，足见这些人的影响力之巨。司马迁《史记·货殖列传》中说，这些人虽无爵位却富比王侯，故称之为"素封"，即没有封君名分的封君。

猗顿雕像

到战国晚期，商人的投机行为更为活跃。"长袖善舞，多钱善贾"（《韩非子·五蠹》），已成为当时流行的"鄙谚"。其中最著名的商人投机的案例当数吕不韦。这位经营珠宝的阳翟富贾，不满足于经营珠玉赚得商业利润，采取政治投机的方式，以秦公子异人为有投机价值之"奇货"，最终居然成功影响了秦国政局，而他自己也一度成为秦之相国，并被秦王政称为"仲父"，成为秦国最有权势的人。

"天下熙熙，皆为利来；天下壤壤，皆为利往。"（《史记·货殖列传》）随着商品经济的发展与商人阶层的兴起，战国时期的社会风气也出现了一些新的变化。

首先是弃农经商者增加。由于商业经营的可观利润，随着战国工商业的发展，越来越多的人弃农经商以牟利。甚至连所谓"无恒产而有恒心"的文学之士，也不免因此心动。据《史记·货殖列传》记载，鲁人曹邴（bǐng）氏"以铁冶起，富至巨万"，于是"邹鲁以其故，多去文学而趋利"，人人为求利而舍本逐末，最终导致农业劳动力不足，对小农经济和各国的耕战政策造成了致命的伤害。

李悝曾断言："雕文刻镂，伤农事者也；锦绣纂组，害女工者也。""故上不禁技巧，则国贫民侈。"（《说苑·反质》）商鞅也认为："末事不禁，则技巧之人利，而游食者众之谓也。"（《商君书·外内》）

其次，随着商业的繁荣，原来古朴淳厚的社会风气也开始发生变化。随着商品经济的发展，战国城市中出现了大量的游食之民。据《史记·货殖列传》记载："赵女郑姬，设形容，揳鸣琴，揄长袂，蹑利屣，目挑心招，出不远千里，不择老少者，奔富厚也。游闲公子，饰冠剑，连车骑，亦为富贵容也。""中山地薄人众，犹有沙丘纣淫地余民，民俗懁急，仰机利而食。丈夫相聚游戏，悲歌慷慨，起则相随椎剽，休则掘冢作巧奸冶，多美物，为倡优。女子则鼓鸣瑟，跕屣，游媚贵富，入后宫，遍诸侯。"城市中的手工业者，也竞相为"末作奇巧"，生产"悦在玩好"的奢侈品。

其三，商人因掌握较多财富，可以结交权贵，谋取私利，乃至影响政局。时谚有"千金之子，不死于市"之说，意思是通过商业贿赂，可以逃脱法律的制裁。在金钱诱惑面前，"吏士舞文弄法，刻章伪书，不避刀锯之诛者，没于赂遗也"（《史记·货殖列传》)。这些行为不仅是在挑战法律权威,同时也严重影响了国家对社会的有效控制。

商品经济的繁荣,还导致社会上拜金思想日渐浓厚,乃至出现了"拔一毛而利天下,不为也"的杨朱学派。人人逐利的行为,导致社会风气败坏,社会秩序也受到了严重影响。《史记·货殖列传》所谓:"其在闾巷少年,攻剽椎埋,劫人作奸,掘冢铸币,任侠并兼,借交报仇,篡逐幽隐,不避法禁,走死地如鹜者,其实皆为财用耳。"以上所述情形,对我们理解战国时期商品经济冲击下的社会风气变化,无疑有着很大启发。

第十章 百家争鸣

战国诸子之学的兴起

春秋战国之际,是中国古代社会结构发生急剧变化的时代。

面对动荡不定的时局形势,战国时人针对所遭遇的种种社会和人生问题,从不同角度进行了反思,形成了各种思想流派,史称"诸子之学"。先秦诸子之学,出现于春秋晚期,而大盛于战国。各流派的代表人物,围绕着当时社会的核心议题展开辩论,他们彼此诘难,各种观点激烈交锋,史称"百家争鸣"。"诸子百家"之学"蜂出并作,各引一端,崇其所善,以此驰说,联合诸侯"(《汉书·艺文志》),形成了百家争鸣的热闹局面。

战国诸子之学的兴起,具有特殊的时代背景,是当时社会变迁过程中多种因素综合作用的结果。

首先,诸子之学兴起,与古代知识系统的生产与传播机制的变化有着密切关联。

西周春秋时期,知识的生产和传播通常都被官府垄断,由周天子所控制的"王官之学"是社会知识的最重要来源,史称"学在官府"。王官之学的主体,是以"六经"——《易》《诗》《书》《礼》《乐》《春秋》为主体的学术知识系统,均掌握在特定的贵族集团手中，普通人是无法接触到的。

从春秋晚期开始，随着周王"天下共主"权威的丧失，原有的"学在官府"的知识垄断局面逐渐被打破，开始出现"天子失官，学在四夷"的情形，这就使得原来只被王朝贵族所垄断的学术知识，开始向社会下层散布，逐渐下移至民间。到了春秋晚期，随着私学教育的出现，非贵族出身的普通人，也可以有机会接受教育，知识传播面更加广泛，直接促进了以"劳心"为主的"士"阶层的兴起，促进了学术思想及知识文化的广泛传播。这就为精神文化的进一步发育提供了社会基础。同时，随着学术文化传播规模日盛，不同文化系统和知识体系之间的冲突、交织与渗透也逐渐加强，从而大大刺激了思想文化的重组与更新。

其次，春秋战国之际的社会动荡局面，催生了社会思想的变化，刺激了各派学说的兴起。

春秋战国之际，旧有社会秩序的解体、新的社会因素的诞生，带来了社会格局的一系列巨大变动，必然会引发社会思潮的潜在变化和持续发酵。此外，随着战国时期社会局势的变化，旧的社会治理模式已不再适用，新的治理模式尚未定型，面对社会变局所带来的一系列社会问题和时代难题，不同的思想流派依据不同的价值判断，纷纷提出不同的解决方案。各种流派的激烈交锋和互相辩诘，必然会带来学术思想体系的冲突、更新与交融，也为诸子之学的发展提供了内在动力。

最后，列强兼并形势下各国的人才争夺和激励政策，为诸子争鸣提供了宽松优厚的环境。

在兼并形势下，列国竞相颁布优惠的人才政策，招贤纳士，对各种不同思想学说采取宽松政策，以图实现富国强兵之目标。此时，统一的意识形态尚未形成，从而为不同流派思想的传播提供了可能的空间；而各国的才学之士为获得统治者赏识，或出魏入秦，或出秦入齐，或自齐入楚，频繁出入各国，谋求以学干禄的机会，这就为各学派的竞争提供了重要的发展空间，同时也为思想学术的交流与传播提供了很大的便利条件。于是，各个思想学派之间、同一学派的不同流派之间，既相互斗争又相互交流与学习，刺激并促成了争鸣局面的出现。

战国时期，诸子学说流布传播的基本情况，在《韩非子》《庄子》和《荀子》中均有所涉及，其叙述格局大多是以人物为主，兼及流派。

《韩非子·显学》记载："世之显学，儒、墨也。"儒即孔子所开创的儒家学派，墨即墨翟所开创的墨家学派，两者分别站在社会上层和社会下层两种不同阶层的立场，提出了解决社会问题的系列方案。此后，"儒分为八，墨离为三"，呈现出学派分化的特点。各家学说的思想交锋也日渐积累，逐渐衍生出一些新的流派和代表人物。

《庄子·天下》将战国诸子之学的出现视为"道术将为天下裂"的结果，并且总结了当时流行的几个主要思想流派的代表人物，即所谓"邹鲁之士、缙绅先生"（以儒家为主），墨翟、禽滑厘（墨家代表人物），宋钘、尹文（与墨家流派接近），彭蒙、田骈、慎到（法家流派），关尹、老聃（道家流派的代表人物），以及惠施、桓团、公孙龙（名家流派）。

《荀子·非十二子》中，则以各家学说的代表人物为主线，对它嚣、魏牟、陈仲、史䲡、墨翟、宋钘、慎到、田骈、惠施、邓析、子思、孟轲等十二人的学说，做了批判总结，在肯定他们"持之有故""言之成理"的同时，也指出了各家学说"足以欺惑愚众"的偏激之处。

总的来说，战国学术思想的流变，大致可分为早、中、晚三个时期：早期以儒、墨竞争为主；中期则以诸家分化及百家争鸣为特色；到战国中晚期，随着政治统一趋势的日渐明朗，则出现了各派思想融合的基本趋势。若以地域视角来看，则战国诸子流派演化最早的出现在东方，后逐渐向西扩展，呈现"东学西渐"的状态。

《荀子·非十二子》中对各家学说代表人物进行批判总结的记载。

孔子是鲁国人，他创立儒学，以鲁、卫为核心活动区域。后来儒家的子夏学派传入魏国，形成西河学派，杂糅三晋政治治理技术，形成了战国时期的刑名法术之学。子夏之西河学派，是孔门中由儒学礼治思想过渡到法家政术思想的关键思想流派，强调君主用权之"术"。李悝、吴起、商鞅等著名改革家、军事家，均出于子夏门下；而荀子、李斯、韩非则为其再传或三传弟子。由此可见其对战国时局走向的历史性影响。

墨家的创始人墨子原为宋人，墨学早期以宋、楚等地为活动范围，后扩散至秦、楚等国。特别值得一提的是，墨家之学在传播过程中形成了特殊的"巨子"系统，以相当周密的组织化形式向西扩展，最终传入秦国，对战国早期秦国政局产生过深远影响。

战国中期开始，逐渐形成了三大思想中心：其一，以三晋和秦国为主的刑名法术之学；其二，以楚地为主的道家之学；其三，以齐地为主的稷下之学。随着诸家学说的交互渗透，新的学术流派和形态还在不断生成。新近出土的郭店楚简反映出了战国中期楚地的学术面貌，就在同一个墓葬中，还发现了分别带有道家和儒家特色的古书文献，即是当时学术交流复杂局面的反映。楚地的道家学派在与其他学派的交流互动中，不仅对法、儒学说有所渗透，而且还在传播到齐地后，杂糅了当地的术数传统，形成了"黄老之学"。

战国后期，随着统一趋势的出现，诸子之学也出现了学术整合的趋势。其中最有代表性的整合模式，一是以齐国的稷下学宫为基地形成了稷下学派，二是秦相吕不韦召集门客编撰成了《吕氏春秋》。

齐国的稷下学派，实质是各派学说争鸣辩论的产物。刘向《别录》载："齐有稷门，城门也，谈说之士期会于稷下也。"田齐政权以优厚待遇吸引各国谈说之士，会聚于稷下学宫，史称"稷下学士"。稷下学士作为官府的智囊，通常遵循"不治而议论"的原则，对战国时政、国事和治乱之策展开议论，提出自己的见解和建议，以供参考。稷下之学不以一家一派学说为主，而是由政府提供场所和待遇，让各派学说自由辩论，彼此争鸣。稷下学宫的开设，吸引了当时几乎所有的著名学派，其中既有黄老学派，也有儒、法、阴阳等家。诸家争鸣的议题也非常广泛，既有不同学术观点的诘难，又有不同政治主张的阐发，还有对宇宙奥秘的思考。这样的做法，不但有利于各派学说的丰富和发展，也促进了思想文化的进一步融合。

秦相吕不韦著《吕氏春秋》，则采取了另外一种思想整合策略。他召集属下门客，按照"十二纪"（象征十二月）、"八览"（代表八方）、"六论"（代表六位）的结构，吸收和采纳诸家学说，著成《吕氏春秋》，以之为秦的统一提供思想上的支持。《吕氏春秋》在历史上往往被人称为"杂家"，就是因为难以用一家学派的观点对其内容进行归类，故名之。但实际上，《吕氏春秋》"杂而不杂"，宗旨明确，就是期望糅合诸家观点，整合成一种新的学说。当然这只是一种尝试。

战国时期的儒家学说

西汉初,司马迁之父司马谈著《论六家要旨》,从天下"治道"的角度,将诸子之学分为道、儒、墨、名、法、阴阳六家。西汉末,刘向、刘歆父子著《七略》,又从目录学的角度,将诸子之学分为儒、墨、道、法、阴阳、名、纵横、杂、农、小说家等;东汉班固著《汉书·艺文志》,因其说而定为"十家九流",遂成为后世讨论先秦诸子之学的主流范式。若从战国学术思想流变的实情来看,《论六家要旨》的划分可能更切合先秦诸子之学的基本面貌。

儒家之学,创自孔子,以六艺为法,崇尚"礼乐"和"仁义",提倡"忠恕"和"中庸"之道,主张"德治"和"仁政",是春秋战国时期的"显学"之一。孔子去世后,孔门七十二弟子散布各地,形成了若干流派。早期流派中,以子夏一派为代表,曾获魏文侯支持,形成了著名的"西河之学"。西河之学崇尚实务,反对空谈,与三晋发达的治理技术相结合,成为战国法术之学的重要思想源头。

孔子像

战国中后期,"儒分为八",其中较著名且对后世影响最大者,当以孟子、荀子为代表。孟子提倡"内圣",荀子注重"外王",对中国古代思想史产生了重要影响。

先来看孟子之学。

孟子,名轲,战国中期邹国(今山东邹城市南)人,父早亡,他的母亲为了让他悉心向学,遂有孟母"择邻三迁"与"断机教子"之举。《史记》记载,孟子受学于孔子之孙子思的门人,是当时有名的儒家学者,他曾游历宋、滕、鲁、魏、齐等国,均不见用,晚年回到邹地,著书收徒为业。孟子以孔子继承人为己志,主张"仁政",强调"心性之学",后人遂把他和子思的学术思想合称"思孟学派"。

孟子的思想保存在《孟子》一书中。今本《孟子》共七篇,分别是《梁惠王》《公孙丑》《滕文公》《离娄》《万章》《告子》《尽心》,每篇分上、下,共十四章。

孟子提倡"王道",反对"霸道",其基本政治理念是"仁政"学说。他总结历史经验,强调:"三代之得天下也以仁,其失天下也以不仁。国之所以废兴存亡者亦然。"(《离娄上》)孟子严厉批评了战国统治者不行"仁政"的暴虐做法,强调行

孟子像

"仁政"者,"地方百里而可以王"(《梁惠王上》),要各国统治者效法尧、舜、禹、汤、文王、武王等"先王",以"不忍人之心",行"不忍人之政",爱惜民力,力行德政,以收天下民之心。

孟子"仁政"学说的核心,是使"民有恒产"。他提出:"明君制民之产,必使仰足以事父母,俯足以畜妻子,乐岁终身饱,凶年免于死亡;然后驱而之善,故民之从之也轻。"(《梁惠王上》)因此,他建议统治者爱惜民力,轻徭薄赋,勿夺农时,救济鳏寡孤独。他的观点对于缓解统治阶层对民众的压迫具有一定的积极作用。

孟子"仁政"说的认识论基础,是他所倡导的"人性善"理论。孟子继承子思学派重视"心性"的传统,认为人的善性是内生的,是"天道"的体现。孟子认为:"人性之善也,犹水之就下也。人无有不善,水无有不下。"善是人性内在的品质,人之所以为恶,是因为外在因素(势)的影响使然。他认为,人皆有"不忍人之心",

《孟子》书影

即"恻隐之心""羞恶之心""辞让之心""是非之心",分别与"仁""义""礼""智"相对应。因此,"仁义礼智,非由外铄我也,我固有之也,弗思耳矣。"(《告子上》)只要"尽心""存性",通过自觉反省,"求其放心"激发人的内心"善端",将其发扬光大,民众受其影响,自会"风从响应",从而实现"仁政"目标。

孟子强调反身而诚。他认为:"万物皆备于我矣。反身而诚,乐莫大焉。强恕而行,求仁莫近焉。"(《尽心上》)通过尽心养性,反求诸己,以培养"浩然之气",就可以达到"富贵不能淫,贫贱不能移,威武不能屈"的境界。孟子的这种理论,对后世知识分子的精神世界产生了深远影响。

再来看荀子之学。

荀子,名况,又称荀卿,战国末期赵国人。受学于三晋的子夏学派,先后游历各国,三任齐国稷下学宫之长"祭酒",史称"荀卿最为老师"(《史记·孟子荀卿列传》)。公元前264年前后,荀子应秦昭襄王之邀西游入秦;后返赵国,于赵孝成王前与临武君议兵;晚年转赴楚,

荀子像

得春申君器重,任兰陵(今山东临沂市兰陵县)令。春申君遇刺而亡后,荀子废官,卒于兰陵。

荀子晚年,"嫉浊世之政,亡国乱君相属,不遂大道而营于巫祝,信機祥,鄙儒小拘,如庄周等又滑稽乱俗,于是推儒、墨道德之行事兴坏,序列著述万言而卒"(《史记·孟子荀卿列传》)。

《荀子》书影

荀子的学说保存在《荀子》一书中。今本《荀子》存三十二篇,其中《劝学》《修身》《不苟》《非十二子》《天论》《正名》《性恶》等二十余篇,为荀子亲著,其余则可能为其后学所述。

荀子与孟子一样,也以孔子之学为正统,但与孟子突出"心性"、强调"仁政"的观点不同,荀子认为,治国理政,须以"隆礼至法"为要。荀子认为,"隆礼至法则国有常",特别注重强调礼和法并重。他认为"礼者,人道之极"(《礼论》);"国之命在礼"(《强国》),行礼治,可使"贵贱有等,长幼有差,贫富轻重,皆有称者也"(《富国》)。同时,荀子又突出"法"的作用,认为"怒不过夺,喜不过予,是法胜私也"(《修身》),

因此，两者不可偏废，"由士以上，则必以礼乐节之；众庶百姓，则必以法数制之"（《富国》）。

与孟子突出道德反省的做法不同，荀子更加强调制度建设的重要性。他主张礼、法并重，重视法，却并不迷信法。他认为，治国要教而有诛，同时还认为"有治人，无治法……法不能独立，类不能自行；得其人则存，失其人则亡。法者，治之端也，君子者，法之原也"（《君道》），只有以君子行法，法才能真正发挥作用。这一点，正是荀子与后世法家"技术主义"的重大区别。

从"隆礼至法"的理念出发，针对当时世之俗儒"呼先王以欺愚者而求衣食"的情形，荀子提出"道不过三代，法不贰后王"（《王制》）的观点，明确主张"百王之道，后王是也"（《不苟》）。但荀子心中的"后王"，实质仍是西周文王、武王之"道"。这表明，荀子试图在儒家政治理念和现实政治之间找到合适的契合点，开辟通向有效治理的可行道路。

荀子强调礼、法等制度的作用，是基于他的"人性恶"理论。荀子认为，"生之所以然者，谓之性"，人性的外在表现，是情与欲，二者受后天因素的影响，生成"好利""疾（嫉）恶""耳目之欲""爱好声色"等诸恶端，成为"争夺""残贼""淫乱"等恶行"之所由生也"，如果任其泛滥而不加约束，终将出现不可收拾的局面。因此，他提出了"化性起伪"的观点，主张"化性而起伪，伪起而生礼义，礼义生而制法度"，强调依靠礼、法等制度约束人的行为，再通过师法教育、"注错习俗"、节制修身等方法，使人心改恶向善，达到天下大治。

荀子的性恶论，是为其"隆礼至法"理念张目的，实为针对战国秩序大乱的局面有感而发。在他看来，在人欲横流、异端并起、世风日下的社会中，无法单单依靠道德自觉来达到有序，亟须隆礼至法以矫之。

荀子的认识论，强调"天人之分"。他认为，"天行有常，不为尧存，不为桀亡。应之以治则吉，应之以乱则凶"（《天论》）。在他看来，天道是自然运行规律之体现，不以人的意志为转移。只有善于"明于天人之分"，善于区分天与人的不同职分，在把握自然规律的前提下，才能很好地利用自然规律，趋利避害，增强驾驭和改造自然的能力，即所谓"天有其时，地有其财，人有其治，夫是之谓能参"。这种态度，荀子称之为"制天命而用之"。

战国时期的道家学说

道家，又称"道德家"，以"道"论为基础，认为"道"是宇宙本源，天道无为，万物自然化生，主张道法自然，柔弱胜刚强，提倡清静无为，无为而治。道家学说的创始人是老子，后来道家分化为各种不同流派，其中在历史上有较大影响者，是战国末期的庄子之学和齐地的黄老学派。

道家学派的创始人老子是个神龙见首不见尾的人物。《史记·老子伯夷列传》中记录老子事迹仅四百余字，就提到了三位"老子"：

第一位老子，姓李，名耳，字老聃，"楚苦县厉乡曲仁里人也"，曾任"周守藏室之史"。此位老子，大约与孔子同时，但年龄较孔子为长，他"修道德，其学以自隐无名为务"，孔子适周，曾向他"问礼"。后来老子见周室日衰，遂西行至函谷关，守关令尹喜听说他要归隐，要求他把自己的思想写下来，于是"老子乃著书上下篇，言道德之意五千余言而去，莫知其所终"。

老子像

第二位老子，叫老莱子，楚人，也差不多"与孔子同时"，曾著书十五篇，"言道家之用"。

第三位老子，周太史儋（dān），生活在战国中期，曾见过秦献公，并预言秦的统一。有人说太史儋就是老子，也有人说不是，连司马迁也无法断定。

《老子》是先秦道家的经典作品，其篇幅五千多字，今传本《老子》分上、下篇，共八十一章，上篇《道经》，下篇《德经》，合称《道德经》。其中《道经》主要探讨宇宙规律及人生哲理，类似思辨哲学；《德经》侧重讨论社会与政治中的行为规则，类似于社会政治学。但1972年长沙马王堆汉墓出土的帛书《老子》，却是《德经》居前，《道经》居后，两经合一，应该称《德道经》。

老子学说的核心范畴是"道"，但"道"却不可用常言来描述："道可道，非常道，名可名，非常名。"在老子眼中，"道"就是无，是世界的最高法则，它先天地而生，可称为"天下之母"，也可称之为"玄"，"玄而又玄，众妙之门"，其中蕴含着世界本原，也包含天地万物的变化规律。

老子《道德经》书影（宋刻本）

老子认为，世界生成的过程，是"道生一，一生二，二生三，三生万物。万物负阴而抱阳，充气以为和"。"道"贯穿于事物之中，不可描述，无法言说，却又无处不在，无时不动，不可移易。"道"的运动，不以人的意志为转移，具有"相反相成"的特质，其根本法则是"反者，道之动，弱者，道之用。天下万物生于有，有生于无"。具体表现就是"有无相生，难易相成，长短相形，高下相倾，音声相和，前后相随"。

老子强调，为人行事，要"人法地，地法天，天法道，道法自然"，从"自然"之律，行无为之道，以"柔弱胜刚强"。

老子用"水"做比喻，提出"上善若水"的理念，阐释其"无为"之道。他强调："上善若水，水善利万物而不争，处众人之所恶，故几于道。居善地，心善渊，与善仁，言善信，正善治，事善能，动善时。夫唯不争，故无尤。"在老子看来，水虽然是天下最柔弱的事物，但同时正因为其柔弱，才能打败坚强者。"天下莫柔弱于水，而攻坚强者莫之能胜，以其无以易之。"因此，老子的"无为"之道，并非彻底的"无为"，而是要求人们顺应"柔之胜刚，弱之胜强"的自然规律，不要逞强好胜，这样才能使自己处于不败地位。

"尊道"之外，老子还有"贵德"之说，把德看成君主管理臣下的基本原则，强调"道生之，德畜之，物行之，势成之，是以万物莫不尊道而贵德"。依照"道"的规律行事，就是"贵德"。只有坚持"无为"之法，依照"道法自然"原则行事，才算得上是真正"有德"。

具体而言，就是"知其雄，守其雌""知其白，守其黑""知其荣，守其辱"。基于此，老子提出了"以正治邦，以奇用兵，以无事取天下"的治国原则，强调"清静为天下正"，要求统治者少扰民，少劳民，"我无为而民自化，我好静而民自正，我无事而民自富，我无欲而民自朴"。因此，老子特别欣赏"邻国相望，鸡犬之声相闻，民至老死，不相往来"的"小国寡民"状态。有人认为老子是在鼓吹回到原始社会，其实这是对老子的误解，他的"小国寡民"说，只不过是对理想治国状态的一种形象比喻罢了。

老子思想有极强的思辨色彩，是中国古代哲学朴素辩证法思想的杰出代表。"有无相生，难易相成，长短相形，高下相倾，音声相和，前后相随。"世间万物，都是彼此对立与相互依存的。因此，贵贱、刚柔、强弱、祸福、荣辱等，相反而相成，没有"此"就没有"彼"，没有"彼"也没有"此"。但事物总有向其对立面转化的趋势，这是"道"的普遍法则，也是"反者，道之动"的含义，基于此，老子提出"祸兮，福之所倚；福兮，祸之所伏，孰知其极，其无正，正复为奇，善复为妖"的观点，认为祸福、正奇、善恶等对立面之间，均可相互转化。因此，肯定的东西，要以否定的东西为基础、为根本、为开端，才能最终成就自己。此所谓"贵以贱为本，高以下为基"。这实在是一种微妙的智慧。

《吕氏春秋·审分览·不二》提出，"老聃贵柔"，确实是对老子思想的精准概括。作为战国道家学派的代表作，《老子》一书在战国百家争鸣中产生了重大影响。战国时期的老子之学大致有三个基本走向：一是与南方楚地的归隐养生学说相结合，对以庄子为代表的自由主义道家学说产生了直接影响；二是与"三晋"刑名法术之学结合，对田骈、慎到等人的"权势论"产生了影响，促进了战国法家"法、术、势"结合理论的形成；其三，老子的无为学说对齐国稷下学派的宋钘、尹文的"心术论"产生了影响，同时结合齐国原有的黄帝神仙术，催生了齐地"黄老之学"的出现。

战国道家学派的另一位代表人物是战国中期的庄子。庄子，名周，宋国蒙（今河南商丘市）人，其生活的年代"与梁惠王、齐宣王同时"。庄子与老子一样，也是一位著名的隐者。他曾做过漆园小吏，生前贫穷困顿，却鄙弃荣华富贵与权势名利。据说，楚威王听说庄周有贤才，便"使使厚币迎之，许以为相"。庄周却笑着对楚国使者说："千金是重利，卿相是尊贵的职位了。你难道没看见用作郊祭牺牲的牛吗？用美味的食物养了几年，就让它穿上华丽的衣服，进了太庙（成为祭品）。这个时候，即使想当一头自由自在的小猪，难道还可能吗？你赶快走开吧，别玷污我的名声。我宁愿在污渎之中游戏，以图逍遥自在，也不想被有国的人所羁绊。"（《史记·老子伯夷列传》）庄子对当世的统治者采取了完全"不合作"的态度，力图在乱世之中保持独立人格，追求逍遥无恃的精神自在。

《史记》记载，庄子"其学无所不窥，然其要本归于老子之言。故其著书十余万言，大抵率寓言也。作《渔父》《盗跖》《胠箧》，以诋訾孔子之徒，以明老子之术。《畏累虚》《亢桑子》之属，皆空语无事实。然善属书离辞，指事类情，用剽剥儒、墨，虽当世宿学不能自解免也。其言洸洋自恣以适己，故自王

庄子像

公大人不能器之"(《史记·老子伯夷列传》)。其思想学说保留在《庄子》一书中。《汉书·艺文志》载《庄子》其书共五十二篇，今传本《庄子》共三十三篇，分内篇、外篇和杂篇三大部分。

庄子继承老子的"贵柔""无为"学说并加以发挥，开创了后世老庄哲学的先河。在庄子看来，道无为无形，不见形迹，

《庄子》书影

却是"有情有信"的客观存在，可以超越时空限制，却又与社会、自然现象密切相连，是一切事物的本源，是人效法、学习的对象。要体察"道"就必须做到"无人""无我"，像"古之真人"那样，"忘怀于物"且"淡情寡欲"，"随物而变，应时而行"，最终才能达到"天人合一"的"道"的境界。庄子强调，德的完美，靠的不是人为的刻意而为，而是要保持人的自然之性。"全德之人"要听从道的安排，随万物变化而变化，顺应自然规律，"游心乎德之和"，"无以好恶内伤其身"。

庄子思想本质上是一种生命哲学。其要点有三：一是自然主义，二是相对主义，三是"顺从时变，随遇而安"。

人物龙凤帛画（战国，湖南长沙陈家大山楚墓出土，湖南省博物馆藏）。专家认为，画中妇女即墓主人，龙和凤作为前导正引导墓主灵魂升天。

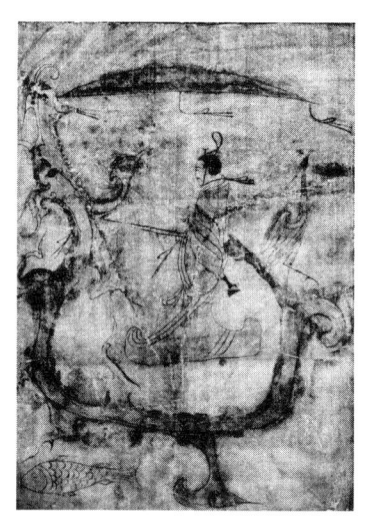

人物御龙帛画（战国，湖南长沙子弹库楚墓出土，湖南省博物馆藏）。画中男子着高冠长袍，立于首尾翘起的龙身上，御龙迎风而行。

庄子坚持"天人合一"的自然论，强调坚持"无己""无功"和"无名"原则，超越人我之境、物我之境，顺物自然，随其所用，追求超脱一切现实羁绊的自由自在、无拘无束的"逍遥游"状态。

庄子人生观的哲学基础是相对主义的"齐物论"。在他看来，是非标准生于"人心"，"物无非彼，物无非是"，"彼出于是，是亦因彼"，"是亦彼也，彼亦是也"，所有的区别都是外在的，最终内在统一为虚无的"道"。只有坚持"万物齐一"的无差别原则，才能破除固有的社会成见和世俗标准，才能达到"物我两忘""齐万物，一生死"的状态，最终实现精神上的独立自由。这种哲学思维的本质，实际是从道家相对主义原则衍化出来的绝对精神理念。

庄子强调，人要摆脱世俗的窠臼，远离混乱无道的社会现实，就要秉承道的要求，追求一种审美主义的人生态度。他主张，只有随遇而安，坚持"虚而待物"的"心斋"原则，才能收到"乘物以游心，托不得已以养中"的效果，进而达到"天地与我并生，而万物与我为一"的人生至高境界。这种"忘物我，同天人，超利害，无思虑"的自由理念，其思想核心无非是希望通过人的"自然化"方式，打破日常生活或现实环境的种种羁绊与局限，以无限之审美，破有限之拘束，达到精神境界的绝对自由。

战国时期的墨家学说

墨家与儒家一样，也是战国诸子中的"显学"。在"百家"中，以儒、墨两派最有实力，当时有"非儒即墨"之说。

墨家学派创始人墨子，名翟，战国初期宋国人，一说鲁国人。活动年代约在公元前468年至前376年间。其生平事迹已难于详考。《史记·孟子荀卿列传》只记有"盖墨翟，宋之大夫，善守御，为节用。或曰并孔子时，或曰在其后"等寥寥数语。

相传，墨子曾受教于儒者，后不能忍受儒家礼乐之教的繁文缛节，遂离儒创墨，后来曾做过宋国的大夫。墨子生活俭朴，

墨子像

"量腹而食,度身而衣",其弟子吃藜藿之羹,穿短褐之衣,跟儒者"食不厌精,脍不厌细"的标准大相径庭。《庄子·天下》记载,墨家以大禹为"圣",墨子"以裘褐为衣,以跂蹻为服,日夜不休,以自苦为极,曰:不能如此,非禹之道也,不足谓墨"。墨子是个巧匠,《墨子》书中有许多关于生产技术、科学知识的记载。他曾自称"上无君上之事,下无耕农之难",可见,他既不是贵族,也不是耕者,大约是接近"农与工肆之人"的社会底层人物。为了推行其政治主张,他还曾游历齐、卫,并多次游历楚,曾到过楚国的郢和鲁阳(今河南平顶山市鲁山县),还想去越国,却没有去成。墨子终日操劳,人有"墨子无暖席"之说,意思是墨子连将席子坐暖的工夫都没有。

墨子的思想保留在《墨子》一书中,大体可分为五类:

第一类记载墨子思想,共二十三篇,分别是《尚贤》《尚同》《节用》《节葬》《非乐》《非命》《尊天》《明鬼》《兼爱》《非攻》,原来各有上、中、下三篇,今缺七篇,内容大同小异,当是墨家弟子分别整理记录后汇编而成。

第二类记载墨子言行,共十二篇,其中《耕柱》《贵义》《公孟》《鲁问》《公输》五篇，体裁类似儒家的《论语》，当为墨家弟子记录墨子的言行汇总而成，是研究墨子思想的重要资料。《法仪》《七患》《辞过》《三辩》四篇，亦记墨子之言，但其成篇较前面五篇要晚；《亲士》《修身》《所染》三篇，有些与儒言相近的表述。《韩非子·显学》就指出："孔子墨子俱道尧舜，而取舍不同。"

《墨子》书影

第三类为墨子后学诋斥儒家的《非儒》篇，写成大约在《孟子》以前。

第四类是逻辑学、认识论和自然科学知识，包括《经上》《经下》《经说上》《经说下》《大取》《小取》六篇，又称《墨辩》。墨家重逻辑，此六篇是古代墨家逻辑之学的重要思想汇编。

第五类是从《备城门》到《杂守》，共十一篇，专门记述战争守御之法。墨子以善守御著称，《墨子》中记载了墨子曾自宋至楚，制止公输盘为楚造云梯攻宋的故事。此部分当为墨家师徒相传的守御技术，不仅是了解墨家战争防御技术的珍贵资料，而且因为其中涉及古代数学、光学、力学等方面的知识，在战国诸子流派中带有鲜明的技术主义倾向。

墨子的思想与儒家形成了鲜明对比。

据《墨子·鲁问》记载，墨子所提出的尚贤、尚同、节用、节葬、非乐、非命、尊天、明鬼、兼爱、非攻等十大主张，是针对当时国家不同弊病而提出的针对性建议。

墨子以"兼相爱，交相利"作为其学说的基础，提倡"兼爱"论，强调消除亲疏、贵贱的分别，不分"王公大人"与"万民"的等级身份，平等地爱一切人。他主张"非攻"，反对战争，反映了小生产者渴望安定生活的愿望。他强调"尚贤"，主张任人唯贤，反对世卿世禄制和任人唯亲，强调打破等级观念，"官无常贵，而民无终贱"。经济上主张强本节用，为制约统治者的行为，他又提出"天志""明鬼"之说，强调尊天、事鬼，让统治者有所忌惮。

墨子的思想代表了战国初期平民阶层，特别是小手工业者的利益。墨家成员多来自社会下层，相传皆能赴火蹈刃，以自苦励志。墨子祖述大禹，强调节俭和以身作则，被时人称为"贱人之所为"或"役夫之道"。

与其他学派不同，战国时期的墨家还创立了组织严密且带有宗教色彩的互助团体。其成员之间强调平等，生活刻苦，与贫贱无异。《庄子·天下》谓之："其生也勤，其死也薄，其道大觳"，"必自苦以腓无胈，胫无毛，相进而已矣"。其徒属从事谈辩者，称"墨辩"；从事武侠者，称"墨侠"；墨家成员之间，有经济上的互助义务。做官的墨者，需将俸禄的一部分交到团体中来。

墨子弟子耕柱子曾在楚国为官，因对过往的墨者"客之不厚"而遭非议。做官的墨者必须忠于墨家学说，若不能力行，要循"背禄而向义"的原则，主动辞职。墨子弟子高石子在卫任职，以义辞官，得到墨子的赞扬。而另一弟子胜绰在齐国做官，三次随项子牛侵犯鲁国，遭到墨子"禄胜于义"的责备，项子牛因此将其辞退。

墨家团体中的首领，称"巨子"，通常由上代领导人指定，代代相传。巨子必须有奉献精神，能够以身作则，严格遵循墨家规矩行事。《吕氏春秋·孟春纪·去私》记载，墨者巨子腹䵍（tūn）居秦，其子杀人。秦惠文王怜其年老独子，准备予以赦免。腹䵍却说："墨者之法曰：杀人者死，伤人者刑。此所以禁杀伤人也。夫禁杀伤人者，天下之大义也。王虽为之赐而令吏弗诛，腹䵍不可不行墨者之法。"秦惠文王听从了他的意见，还是处死了他的儿子。

因为巨子有奉献精神，故墨者成员"以巨子为圣人，皆愿为之尸，冀得为其后世"（《庄子·天下》），带有以死尽忠和舍命行道的精神。相传，墨子弟子，为其"服役者百八十人，皆可使赴火蹈刃，死不还踵"（《淮南子·泰族训》），足见其组织性之高，影响力之强。墨家巨子孟胜，在楚国跟随阳城君。阳城君因吴起事件出逃之后，孟胜率弟子一百八十三人集体身殉，以践墨子之义。

总体而言，战国儒、墨两家显学走了不同的路线，儒家强调"仁义"之说，走了上层路线，墨家则坚持"兼爱"之论，强调底层立场。墨家在当时社会影响力之强,与墨家注重组织,强调团体成员之间互助互帮和严密组织体系有着密切关系。

墨者对战国历史的影响,长期以来并不彰显。但有中外学者强调墨家对于秦献公改革的影响与支持,并且强调墨家的种种技术专长对于秦国军事能力提升的影响,试图揭示统一之前的秦国与墨家组织的密切关系。① 这是值得深入研究的。

战国时期的法家学说

法家是战国诸子之学的重要学派之一,因主张以法治国,强调"不别亲疏,不殊贵贱,一断于法",故称"法家"。法家之学,注重治理技术的建设,又称"刑名法术之学"。春秋时期的管仲、子产等人应是法家先驱。战国时期的李悝、商鞅、申不害、慎到力倡变法,成为战国法家思想的实践源泉。到战国末期,法家思想有了进一步发展,韩非子综合商鞅的"法"、慎到的"势"和申不害的"术"思想,实现了法家思想的系统整合。

韩非(约前280—前233),出身韩国贵族,曾同李斯一道师从荀子。韩非有口吃的毛病,不善讲话,却是写文章的高手,其

---

① 何炳棣:《国史上的"大事因缘"解谜——从重建秦墨史实入手》,《光明日报》2010年6月3日。

文风严峻峭刻，善于比喻，说理清楚。韩非生活在战国晚期，眼见韩国在列强竞争中日渐衰弱，曾上书韩王，主张变法图强。但韩王不用，于是韩非胸中郁闷，遂著书阐述己意。他所著《孤愤》《五蠹》等篇被秦王政看到，秦王政对此大为赞赏，引为知己，感叹道："嗟乎，寡人得见此人与之游，死不恨矣！"（《史记·申不害韩非列传》）于是，秦王政派兵攻韩国，韩非被派出使秦国。韩非到了秦国，引起了李斯的嫉妒。李斯联合大臣姚贾在秦王面前说韩非的坏话，导致韩非被关进了秦的监狱。李斯又派人送毒药给韩非，韩非被迫自杀于狱中。稍后，秦王政欲召见韩非却已不能见，悔之晚矣。

韩非子像

韩非的作品汇集为《韩非子》一书。今本《韩非子》共五十五篇，大体是韩非学派著作的汇编，除少数篇章外，大多数是韩非的著作，反映了韩非的思想。

韩非思想的理论基础，源于荀子的"性恶论"，同时吸收了老子思想的一些观念，兼容儒、墨、道诸家的观点，系统总结了前期法家的历史经验，形成了以法为中心的法、术、势相结合的思想体系，成为战国法家思想之集大成者。

韩非认为，社会历史是不断变化的，强调要因时而化，采用新法治国。他还认为，趋利避害是人之本性，人与人的关系都是利害关系，人心无不"畏诛罚而利庆赏"（《二柄》），因此，人君治国的要害，就在于利用好"刑"与"德"二术，操赏、罚二柄，使民畏威而归利。

《韩非子》书影

他吸取了荀子的"重法"原则，并着重总结了商鞅、申不害和慎到的思想，把"法""术"和"势"三者融会合一，为加强君主集权张目。所谓"法"就是法令，是官府制定、公布的成文法，是官吏据以统治人民的条规。所谓"术"就是权术，是君主驾驭、使用、考察臣下的手段。法和术的区别在于，前者要向国人公开，后者则藏于君主"胸中"。"故法莫如显，而术不欲见。是以明主言法，则境内卑贱莫不闻知也……用术，则亲爱近习莫之得闻也"（《难三》），二者都是治国所不可或缺的。故"君无术则弊于上，臣无法则乱于下，此不可一无，皆帝王之具也"（《定法》）。所谓"势"，就是君主对臣下生杀予夺的权威和权势。他强调，君主要善用"人为之势",通过手中的权力,综合采用明法、暗术两种治理技术,法以治民,术以知奸,最终统一于君主之势,这样才能使臣下臣服,达到君主集权的目的。韩非特别指出:"国无常强,无常弱。奉法者强则国强,奉法者弱则国弱。"(《有度》)由此可见,韩非把"奉法"作为治乱兴亡的关键。后世英君常引此语来阐述自己的法治观。

韩非吸收了老子"无为而治"的思想,提出了"事在四方,要在中央。圣人执要,四方来效"(《扬权》)的基本治理原则,将战国法家理论上升到了"君权至上"的高度。他主张严刑峻法,审合刑名,定法家于一尊。为此,他激烈地批判法家以外的其他学派,特别是当时影响最大的儒学和墨学,提出了"以法为教""以吏为师"的基本思路,主张严格限制言论与思想自由,禁止私家著作流传,禁止私人讲学,进而达到"境内之民,其言谈者必轨于法"的目标。这一学说达到了先秦法家理论的最高峰,后来被秦始皇吸收,成为秦的基本治国方略,为秦的最终统一奠定了理论基础,同时也为后世专制体制的延续提供了重要的思想资源。

战国时期的名家学说

名家思想,又称"刑(形)名之学",其源头可以追溯到春秋时期晋国成文法的公布,此后一些人专门从概念内涵分析的角度,对法理逐条展开辩论。战国时期,由于社会激烈变革,原有的概念已不能反映事物的内涵,新出现的概念还未获得社会公认,由此出现了严重的名实不符现象。与此同时,诸家之学的争辩日趋激烈,对一些社会概念内涵的理解也出现了严重分歧。名家思想的出现,也就成为一件顺理成章的事情。

战国的名家,以惠施、公孙龙等人为代表。

惠施(约前370—约前310),又称惠子,宋人,其生活时代约与庄子同时。《庄子·秋水》曾记载庄子与惠施两人于濠水之上,有"鱼之乐"与"人之乐"的辩论,传为历史趣谈。《庄子·徐无鬼》记载,惠施去世后,庄子经过其坟墓,感慨道:"自夫子(指惠施)之死也,吾无以为质(对手)矣,吾无与言之矣!"足见两人的交情之深。

与庄子的清高不仕不同,惠施在魏惠王时任魏相二十余年,是当时比较活跃的政治人物。他曾主持魏惠王和齐威王在徐州"相王",后因与张仪在魏国合纵连横策略上有不同意见,离魏去宋。后又复任魏相。魏襄王年间,惠施出使楚国,曾与楚国辩士黄缭讨论"天地所以不坠不陷,风雨雷霆之故"的问题。

惠施的思想,与"儒""墨""杨(杨朱)"等相比,自成一派,但今存的有关史料并不多,《汉书·艺文志》中,曾有《惠子》一篇,已散佚。其事迹与学说概要大多以只言片语的方式散见于《庄子》及《战国策》等先秦古书中。

《庄子·天下》记载,"惠施多方,其书五车",能"为万物说"。这是说他的知识渊博,涉及面广。其中保存了惠施"历物

十事",即分析万物之理的十个命题。这些命题是:

(1)至大无外,谓之大一;至小无内,谓之小一。

(2)无厚不可积也,其大千里。

(3)天与地卑,山与泽平[①]。

(4)日方中方睨,物方生方死。

(5)大同而与小同异,此之谓小同异;万物毕同毕异,此之谓大同异。

(6)南方无穷而有穷。

(7)今日适越而昔来。

(8)连环可解也。

(9)我知天下之中央,燕之北、越之南是也。

(10)泛爱万物,天地一体也。

这些命题的具体论证情形如何,现在已经不可详考,但其中讨论大多围绕事物名的同异关系而论。惠施认为,万物之"同"与"异"都是相对的,皆可"合"其"同""异"而一体视之,此之谓"合同异"。惠施的名实之论,有一定的辩证法因素,但也有比较突出的相对论色彩。

战国名家的另一位代表人物是赵人公孙龙。

公孙龙(约前320—前250),其生平事迹更无从详知。《史记·平原君虞卿列传》说,"平原君厚待公孙龙",则他可能做过

[①] 《荀子·不苟》作"山渊平,天地比"。

公孙龙像

赵国平原君的门客。据说，公孙龙曾率弟子从赵至燕，劝说燕昭王"偃兵"（《吕氏春秋·审应览·应言》）。他还曾游学于魏，与公子牟等论学。另据《史记·平原君虞卿列传》记载，赵孝成王九年（前257），秦兵攻赵，平原君使人向魏国求救。信陵君窃符救赵，邯郸得存，公孙龙曾力劝平原君拒绝赵王增加封地的赏赐。公孙龙善辩，曾与孔穿在平原君家讨论"白马非马"的问题。后来，齐使邹衍过赵，平原君又让邹衍与公孙龙辩论"白马非马"（《公孙龙子·迹府》）。

公孙龙的主要思想保存在《公孙龙子》一书中。《汉书·艺文志》载有《公孙龙子》十四篇，今仅存《迹府》《白马论》《指物论》《通变论》《坚白论》《名实论》六篇，其中《迹府》为后人汇辑公孙龙事迹，其余诸篇均与公孙龙所讨论"名实"问题有关。其中以"离坚白"论和"白马非马"论最为有名。

所谓"离坚白"论，是从对"坚白石"的分析展开的。公孙龙认为，人眼所见石为白色，却不能把握石头是否坚硬；用手摸可知石之坚，却不能说明其色为白，因此，"白"和"坚"的性质并非蕴含石中，乃是人的感觉所得。

所谓"白马非马"论，也是公孙龙的著名辩题。他认为，"白"是颜色，"马"是形状；"白马"既有"白"又有"马"，所指并非一般的"马"，所以"白马"就不是"马"了。"白"与"马"的概念是各自独立的，"白马"与"马"也是各自独立的概念。他的结论是："求马，黄、黑马皆可致；求白马，黄、黑马不可致。"这个辩题所论涉及一般性概念与具体性概念的差别，在逻辑学史上有一定价值。

名家讨论的重点本为名实关系问题，但到了后来，出现了为辩论而辩论的现象，反而将其引向了形式逻辑，偏离了名实关系所指，由此导致名家学说在战国后期逐渐衰落。

战国时期的阴阳家学说

阴阳家是战国诸子之学的重要学派之一，其基本特点是以阴阳五行之说解释社会与人事的关系。这一学派大致有两个基本来源，一是古代天文历数之学，二是战国儒家"思孟"学派的"五行"理论。其著名代表人物是战国时期的齐人邹衍。

邹衍，生卒年不详，大约稍后于孟子，与公孙龙、鲁仲连等同时。《史记·孟子荀卿列传》说邹衍"深观阴阳消息"。《史记·封禅书》说，"邹子之徒论著终始五德之运"。因他"尽言天事"，时人称之为"谈天衍"。齐宣王时，邹衍曾入齐国稷下学宫，他先"以儒术干世主，不用，即以变化始终之论，卒以显名"(《盐铁论·论儒》)。然而其变化之术,"亦归于仁义"。后燕昭王筑黄金台以待贤者,邹衍离齐入燕。《说苑·君道》记载:"燕王曰:'寡人愿学而无师。'郭隗(wěi)曰:'王诚欲兴道,隗请为天下之士开路。'于是燕王常置郭隗上坐南面。居三年,苏子闻之,从周归燕;邹衍闻之,从齐归燕;乐毅闻之,从赵归燕;屈景闻之,从楚归燕。四子毕至,果以弱燕并强齐。"邹衍后来遭谗离燕,曾经到过赵国,与公孙龙在赵平原君处辩论"白马非马"之论。

邹衍著述颇丰。《史记·孟子荀卿列传》)记载:"驺(邹)衍睹有国者益淫侈,不能尚德……乃深观阴阳消息而作怪迂之变,《终始》《大圣》之篇十余万言。……然要其归,必止乎仁义节俭,君臣上下六亲之施,始也滥耳。王公大人初见其术,惧然顾化,其后不能行之。……其言虽不轨,傥亦有牛鼎之意乎?"足见其学问之宏阔。《汉书·艺文志》著录《邹子》四十九篇,但其作品今皆已散佚。因其阴阳五行学说多有神秘色彩,故后世有关邹衍之传说也多有神异之论。

邹衍的学说体系至为庞大,包含天文、地理,兼及历史,其核心思想乃是"五德终始说"和"大九州说"。

邹衍将当时流行的"五行"之说,附会到社会变动和王朝兴替上,提出了"五德始终"的历史观。邹衍"深观阴阳消息",遵循"天人合一"和"天人感应"的天命论,以金、木、水、火、土五行相胜说为基础,五行配五德,用以阐明朝代历史的运转兴替规律。为配合五行运转和天道谶祥,邹衍还以五行与五色、五方等相配的原则，提出了有关政令、服色、符、法、冠、舆等一系列配套制度。此说成为后来战国秦汉之际关于王朝更迭理论的基本阐释模式，曾为秦始皇所用，用于证明秦统一的历史合法性。《史记·秦始皇本纪》载："始皇推终始五德之传，以为周得火德，秦代周德，从所不胜。方今水德之始，改年始，朝贺皆自十月朔。衣服旄旌节旗皆上黑。数以六为纪，符、法冠皆六寸，而舆六尺，六尺为步，乘六马。更名河曰德水，以为水德之始。"汉兴之后，此说又被推演为汉朝取代秦朝的历史合法性依据，对汉代谶纬之学的形成起到了奠基作用。

邹衍还提出了"大九州"之说。他认为，儒者所说"中国"，应该叫"赤县神州"，只是天下的八十一州中的一州。赤县神州内，有九州[①]。此外，还有八个与赤县神州相当的大州，每一大州的四周有裨海环绕，合称"大九州"。大九州四周，又有瀛海环绕，向外延至天地边际。邹衍"大九州说"的产生，反映了战国时人们对宇宙模式和世界地理格局的一种推测性认知，其说虽多出于想象，但对扩大人们的眼界也有一定启发作用。

就方法论而言，邹衍学说是"必先验小物，推而大之，至于无垠"（《史记·孟子荀卿列传》），实际上是一种现象类比的认识方法。其理论依据，则是先秦时期流行的"天人感应"思想，

---

① 即《禹贡》中所说的九州。

同时也兼有系统论方面的思考。这一学说运用"五行"学说的原理，从宏观历史叙事的角度，提出了一个从宇宙生成模式到王朝更迭，再到日常人事生活的系统性配套思路，成为中国古代王朝政治合法性解释的重要理论来源之一。

第十一章 战国风云人物

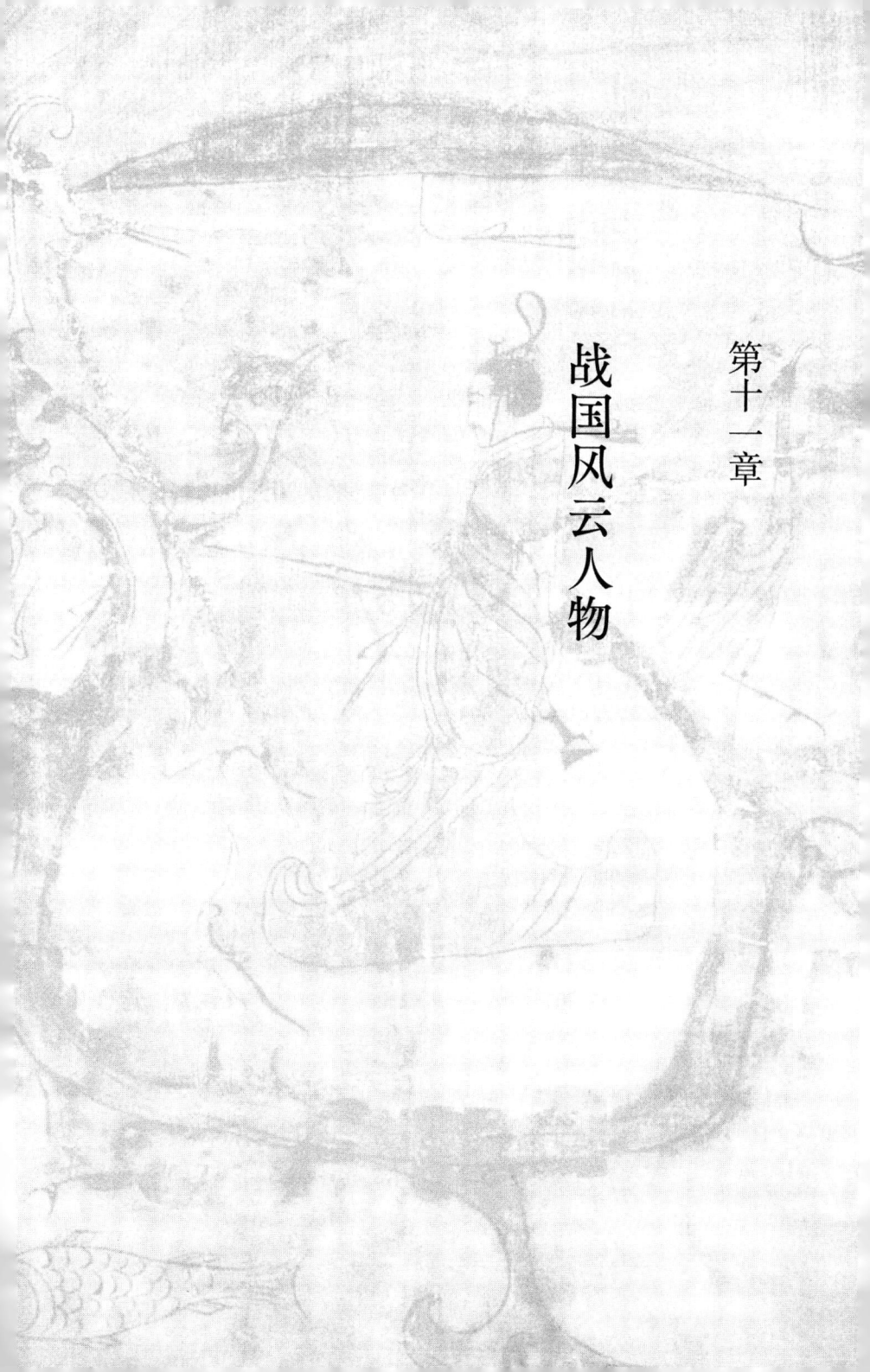

吴起：执着功名，兴魏变楚

吴起（？—前381），卫国左氏（今山东菏泽市曹县西北一带）人。

吴起好求取功名，先拜曾参之子曾申为师，学习儒术。吴起母亲病逝，按照当时礼法和儒家弟子的行为准则，他应该回家奔丧并为母守丧，但吴起却没有这样做。曾申一怒之下，就与他断绝了师生关系。吴起于是弃儒学兵，仕于鲁国季孙氏门下。

齐宣公派兵攻打鲁国，鲁君想任用吴起为将御敌，但吴起的妻子是齐国人，鲁君对他有所怀疑。吴起渴望成就功名，就杀掉妻子，以表示不偏向齐国之决心，于是被任命为将军，率军大败齐军。但取胜后的吴起却遭到鲁国群臣的非议，有人认为鲁国是个小国，一旦有了战胜国的名声，就会招致各国的攻打。于是鲁君免去了吴起的职位。

吴起听说魏文侯很贤明，转而离鲁奔魏。魏文侯任命吴起为将军，辅佐乐羊攻打中山国。不久，吴起任主将，攻下秦国的河西地区（今山西、陕西两省间黄河南段以西地区），秦国被迫退守至洛水，沿河修建防御工事，魏国全部占有河西地区。吴起也被任命为魏国河西守,担负起防御秦国的重任。

吴起在河西任内,政绩卓著,万民亲附,百官洽治,府库充实,使秦兵不敢东向,韩、赵宾从,拓地千里,为魏国建立了不小的功绩。

魏文侯死后,魏武侯继位,魏国国相一职空缺,大家都认为吴起能够顺利当选,但最终魏武侯任命田文为相。吴起面对现实,只有默默忍耐了。

田文死后,公叔痤出任国相,他对吴起的才能有点畏惧。他的仆人建议说:"吴起为人有骨气,却又看重名誉声望。您可以对武侯说,国土太小,容纳不了吴起这样的人才,建议武侯下嫁公主给吴起,试探他是否真心;再对武侯说如果吴起有长期留在魏国的打算,就一定会迎娶公主,如果没有长期留下来的打算,就一定会推辞。然后,您找机会请吴起到家中做客,故意惹怒公主,让她当面羞辱您,吴起看到公主这样羞辱您,就肯定不会娶公主了。"公叔痤采纳了仆人的建议,照计行事,吴起见到公主如此羞辱国相,婉言谢绝了魏武侯联姻的邀请。从此,吴起失去了魏武侯的信任,最后只好弃魏奔楚。

楚悼王一向仰慕吴起的才能,任命他为宛(今河南南阳市)守,负责防御魏、韩。不久又提升他为令尹,主持变法。吴起变法,重点打击楚国的权贵力量,加强楚君集权。正是由于这一点,他遭到了楚国贵族的激烈反对,也为自己埋下了杀身之祸。

公元前381年,楚悼王死了,楚国贵族趁机发兵攻打吴起。贵族们用箭射伤吴起,吴起拔箭逃到楚悼王停尸的地方,将箭插在楚悼王的尸体上，大喊："群臣叛乱，谋害我王。"贵族们在射杀吴起的同时，也射中了楚悼王的尸体。按楚国法律，伤害国王尸体者，诛灭三族。楚肃王继位后，命人把射杀吴起的人全部处死，受牵连被灭族的有七十多家。

吴起以善用兵而闻名于当世。战国时有"孙吴"之说，"孙"是指春秋末年著名军事家孙武，"吴"就是吴起。《汉书·艺文志》载《吴子兵法》四十八篇，现存仅六篇，即《图国》《料敌》《治兵》《论将》《应变》《励士》，是中国古代著名兵书。

吴起历仕鲁、魏、楚三国，通晓兵家、法家、儒家三家思想，在内政、军事上都有极高的成就。吴起在魏、楚两国军事、内政方面均取得了相当的成就。东汉人班固认为："吴有孙武，齐有孙膑，魏有吴起，秦有商鞅，皆擒敌立胜，垂著篇籍。"（《汉书·刑法志》）曹操评价吴起："吴起贪将，杀妻自信，散金求官，母死不归；然在魏，秦人不敢东向，在楚，则三晋不敢南谋。"（《举贤勿拘品行令》）吴起的人品虽然有缺陷，其治军理国之才却在历史上产生了深远影响。

商鞅：变秦易俗，峭法任力

商鞅（约前390—前338），是战国时期著名的政治家、思想家和变法的代表人物。卫国的姬姓公族之后，复姓公孙，又称卫鞅或公孙鞅。赴秦后因其在河西之战中立功，获封於、商十五个邑，号为商君，又称商鞅。

商鞅年轻时，喜欢刑名法术之学，受李悝、吴起的影响很大。后入魏国相国公叔痤家中，任中庶子。

公元前361年，秦孝公继位，他一心要恢复秦穆公的霸业，于是颁布"求贤令"，向国人、大臣征集富国强兵之策，并允诺赏以高官与封地。商鞅听说后，遂携带李悝所著《法经》奔秦。他通过秦孝公宠臣景监的介绍，见到了孝公。

商鞅与秦孝公畅谈数日，秦孝公对商鞅非常满意，于是决定重用商鞅，实行变法。消息一经传开，就在群臣中激起很大争议。《商君书·更法》记载，秦孝公曾跟商鞅以及旧臣甘龙、杜挚一块商议变法问题。商鞅对反对变法的说法一一批驳，要求孝公不拘守古法，不遵守旧礼。

通过这场论争，商鞅说服了孝公，使孝公坚定了变法的决心。公元前356年，秦孝公任命商鞅为左庶长，开始推行变法措施。变法之初，为了树立新法在民众中的权威，商鞅在国都南门外竖了一根三丈长的木头，向大家宣布，谁能把木头从南门搬到北门，就给予十金的奖赏。百姓都很好奇，却没有人去动木头。后来，商鞅又把奖赏增加到五十金。有一个不怕事的人就把木头搬到了北门。商鞅当场兑现奖励，给了五十金的赏钱。消息传开，大家都知道商鞅是说话算话的，此后商鞅才正式公布新法。

商鞅变法，得到了秦孝公支持，却严重地触犯了秦国旧贵族的利益，遭到他们的强烈反对。新法推行不久，数以千计的旧贵族就到国都来，反映新法不便。太子师傅公子虔、公孙贾等也唆使太子犯法。商鞅对秦孝公说:"国家的法令,人人都得遵守。新法推行受到了阻碍,主要是上面的人不遵守。现在太子犯了法,也得依法惩办。"因为太子是国君继承人,不便用刑,商鞅就把公子虔、公孙贾判了罪,并处以黥刑。

随着变法的深入,商鞅与旧贵族的矛盾也日益尖锐。新法推行已现明显效果,当初那些说新法不便的人,又都说新法的好话了。商鞅认为,这都是些"乱化之民",就把他们都流徙到边城去,从此就没有人再敢公开议论法令了。在第二次新法公布后,旧贵族又出来捣乱,商鞅杀掉了为首的祝懽(huān),对屡教不改的公子虔也施以劓(yì)刑。旧贵族企图暗害商鞅,商鞅只好在出门时多带卫士,严加戒备。

商鞅变法取得成效以后,秦国国力迅速强盛。公元前341年,魏国在马陵之战遭受齐国重创。商鞅建议秦孝公趁机对魏国展开攻势,以奠定帝王基业。秦孝公采纳商鞅的建议,决定趁魏国实力尚未恢复之机,大举攻魏。结果魏军大败,魏惠王被迫割河西部分土地以求和。

就在商鞅春风得意之时,有一个叫赵良的游士来见商鞅,劝他说:"您现在好比晨露,将面临很快消亡的危险。您为何不把封地交还给国家,到偏远地方浇园自耕呢?此外,您要劝秦君重贤才,赡老人,育孤儿,使父兄相互敬重;依功序爵,尊崇有德之士,这样才可以稍保平安。若您贪图封地富有,以独揽国政为幸,会招致更多的怨恨,一旦失去秦君保护,您丧命的日子也就不远了。"商鞅却并未理会赵良的警示。

不久，秦孝公去世，太子驷继位，这就是秦惠文王。旧贵族们趁机报复，对秦惠文王说："秦人只知有商君，而不知有国君，这是很危险的；何况商鞅曾是您的仇人，应该赶快收拾他。"秦惠文王受了煽动，派人去抓商鞅。商鞅闻讯，只好逃亡，匆忙中忘记携带出行凭证，途中要找旅店住宿，遭到店主拒绝，因为商君之法规定，留宿无证旅客，店主要受连坐之罪。商鞅企图逃往魏国，却被魏国拒绝，只好返回封邑，动员家臣来武力反抗，终于败而被杀。后来其尸体被施以车裂之刑，全家受诛。

商鞅虽然被杀，但是他的新法却在秦国继续执行，为秦国的富强发挥着持久作用。李斯评价商鞅："孝公用商鞅之法，移风易俗，民以殷盛，国以富强，百姓乐用，诸侯亲服，获楚魏之师，举地千里，至今治强。"（《史记·李斯列传》）由此可见，商鞅变法对秦最终统一六国实有至深的影响。他在变法过程中，以富国强兵为重，不避权贵，其殚精竭虑治国理政、尽公不为私的精神也为后人所称道。但商鞅废德而任力、峭法盛刑的做法，也引来了很多非议。同时他过于迷信法治，忽略道德教化，也为秦国军国主义道路的失败埋下了深深的伏笔。

孙膑：身残志坚，兵法修列

孙膑是战国时期著名的军事家。齐国人，其生卒年月、真实姓名不详，因受过膑刑，人称孙膑，大约生活在齐宣王、齐威王的时代，与商鞅、孟子同时。

据说孙膑是兵圣孙武的后代。据《史记》记载，孙膑出生于"阿、鄄之间"，大约在今山东省聊城市东阿县、菏泽市鄄城县一带。孙膑年轻时，曾与庞涓同学，二人一道学习兵法。后来庞涓到魏国，做了魏惠王的将军，自知能力不及孙膑，担心孙膑成为自己的强劲对手，就派人邀孙膑至魏，以便加以监视。后又借故对孙膑施以膑刑（去掉膝盖骨），并加以软禁，想使他埋没于世，不为人知。

孙膑像

后来，齐国使者出使魏国，孙膑以刑徒身份秘密拜见了齐国使者，用言辞打动了他。齐国使者觉得孙膑不同凡响，于是偷偷用车将他载回了齐国。孙膑成功逃离魏国后，寄居于齐国将军田忌的门下，成为门客。

田忌很赏识孙膑的才学，对他非常尊重。田忌经常与齐威王赛马，在孙膑的指导下，田忌用下等马和齐王的上等马比赛，用上等马与齐王的中等马比赛，用中等马与齐王的下等马比赛。比赛的结果，田忌赢二输一，得到齐王的千金赌注。孙膑由此名声大振，田忌遂将孙膑推荐给了齐威王。齐威王向孙膑请教兵法，任其为军师。

公元前354年,魏国攻赵,包围赵都邯郸。次年,赵求救于齐。孙膑命齐军以轻车直捣魏国首都大梁的城郊,迫使庞涓率军回援,齐军主力则在桂陵设伏,大败魏军。这就是历史上有名的"围魏救赵"之战。

公元前342年,魏又攻韩,韩告急于齐,齐仍派田忌、孙膑率军救韩。魏将庞涓闻讯,回师迎击齐军。孙膑建议田忌对魏军示弱,利用齐军怯战的名声诱敌深入;又采用减灶之术诱敌,命令进入魏国境内的齐军第一天埋设十万个军灶,第二天减为五万,第三天减为三万。魏将庞涓果然中计,他查看齐军三天留下的军灶后,以为齐军怯懦,进入魏境才三天,士兵就已逃亡了一大半,于是丢下步兵,率精锐骑兵日夜兼程追击齐军。孙膑推算庞涓的行军速度,在马陵一带利用有利地形设伏,令人将道旁大树的皮削掉,在白树干上写上"庞涓死于此树之下"几个大字;又令齐军挟弓持弩,埋伏于道路两旁,并约定天黑以后,看到火光举起,就一齐放箭。庞涓果然于当夜赶到,见白木上有字,就燃火阅读,于是齐军万箭齐发,魏军遭此突然袭击,立即大乱,各自奔逃。庞涓自知智穷兵败,遂自杀于树下,临死前,满怀嫉恨地说:"遂成竖子之名!"齐军乘胜尽破魏军,虏魏太子申以归。孙膑以此名显天下。

孙膑受膑刑后,以为"断足终不可用,退论书策,以舒其愤,思垂空文以自见",于是著述兵法。《汉书·艺文志》有《齐孙子》八十九篇,《图》四卷,"齐孙子"就是孙膑。《孙膑兵法》

和《孙子兵法》是我国历史上备受推崇的两部兵书，在我国军事史上有深远影响。后《孙膑兵法》失传，人们对孙武和孙膑是否各有兵书传世，是不是不同历史时期的两个人，长期以来一直有所疑问。1972年4月，山东临沂银雀山一座西汉前期墓葬中，同时出土了这两部兵法，上述悬案才终于水落石出。

孙膑一生命运坎坷，但他未自暴自弃，而是依靠自己的才智两次击败庞涓，最终得以报仇。孙膑为齐国的强盛做出了重大贡献，史称："齐威王、宣王用孙子、田忌之徒，而诸侯东面朝齐。"（《史记·孟子荀卿列传》）司马迁《报任安书》中称赞孙膑："古者富贵而名摩灭，不可胜记，唯倜傥非常之人称焉……孙子膑脚，《兵法》修列。"司马迁把孙膑当作发愤成才的榜样。

"战国四公子"：封君与门客

战国中后期，王侯贵族之间流行养士之风，他们竭力网罗人才，广招宾客，以扩大自己的势力。当时的贵族公子以养士闻名的有齐国的孟尝君、赵国的平原君、魏国的信陵君和楚国的春申君，人称"战国四公子"。

（一）孟尝君

孟尝君，名田文（？—前279），齐国宗室大臣田婴之子，因其封地在薛（今山东滕州市东南），人称"薛公"，号"孟尝君"。

孟尝君田文像

孟尝君以广招宾客、食客三千而闻名。

孟尝君在薛,招致各国游士及有罪亡人,不惜散财厚待宾客。他跟宾客谈话时,屏风后常有人记录。宾客离去后,孟尝君就派人前去问候并赠送所需物品。因此有很多人都来投奔,他家的食客多达三千。

秦昭襄王酝酿与齐结盟,听说孟尝君贤明,就派其同母弟泾阳君到齐国去做人质,请孟尝君到咸阳来。孟尝君决定到秦国去,很多人来劝阻他,他都不听。

公元前299年(齐湣王二年,秦昭襄王八年),孟尝君入秦,被秦昭襄王任命为相。有人对秦昭襄王挑拨说:"孟尝君相秦,必优先考虑齐国利益然后才考虑秦国利益,那样,秦国就危险了。"秦王便以楼缓为相,把孟尝君软禁起来并欲加害。孟尝君派人向秦昭襄王的宠姬请求解救。宠姬的条件是要得到一件白狐裘,孟尝君只有一件白狐裘,早已献给了秦王,于是很犯愁。他手下有位门客,在夜里装扮成狗,从秦宫衣库里盗出了白狐裘,献给了宠姬,宠姬就劝说秦昭襄王释放了孟尝君,孟尝君即刻奔逃出关。秦昭襄王不久就后悔了，派人急追。孟尝君一行赶到秦的东境函谷关时，正是半夜时分，关门紧闭。按照秦法，须鸡鸣时才能开门。孟尝君门客中有位善学鸡鸣者，学作鸡鸣，哄开了函谷关门，他们乘机逃出了秦国。古代成语"鸡鸣狗盗"，就是来源于这一故事。

孟尝君回到齐国后，担任齐相，执掌齐国国政。他因为怨恨秦国，就与韩、魏联合，一起攻秦，兵至函谷关，一时秦国大震。

有个叫冯谖的人，因为穷困不能自理，就做了孟尝君门下的食客。孟尝君问他的爱好和擅长，都说没有。孟尝君身边的人轻慢冯谖，孟尝君却给了他不错的待遇。

后来，孟尝君要派一名熟习会计的门客到他的封地薛去收债。冯谖自荐，表示愿意去。孟尝君就给他预备了车子，装载着借契准备动身。冯谖告辞时问："债收回以后，买什么东西回来？"孟尝君说："看我家缺什么，就买什么吧。"

冯谖到了薛地，把欠债的老百姓都召集起来，核对借契完毕，就假托孟尝君之名，把债款全都免了，并把借契烧掉了。冯谖回来，求见孟尝君说："我收完债，私下想，您家珍宝、狗、马、美女都很富足，只缺少'义'，就用债款替您买了'义'回来。"孟尝君问："怎么买'义'啊？"冯谖说："薛是您的封地，可您却不像对子女一样抚爱当地百姓，还对他们放债取利。我假托您的命令，把债款都免了，并烧掉了借契。老百姓都在欢呼。这就是我替您买回的'义'。"孟尝君心里很不高兴，但又不好说什么。

过了一年，齐湣王免掉了孟尝君的相位，孟尝君只好回到他的封邑薛。离薛地还有一百里，老百姓就扶老携幼来迎接他。孟尝君对冯谖说："今天我才看到先生替我买的'义'啊！"

冯谖说："狡兔有三窟。请为君复凿二窟。"于是，冯谖到魏国游说魏王："齐君把他的大臣孟尝君免了，诸侯先迎之者，国富而兵强。"于是魏王把相位空出来，遣使者携带"黄金千斤，车百乘"，往聘孟尝君。魏国使者多次往返，孟尝君坚辞不去。齐王听到这个消息，"君臣恐惧"，写信向孟尝君道歉，以隆重的礼节，迎孟尝君复相位。冯谖又对孟尝君说："愿请先王之祭器，立宗庙于薛。"宗庙建成后，冯谖告诉孟尝君："三窟已就，君姑高枕为乐矣。"

过了不久，楚人攻薛，因为薛地有齐国先君的宗庙，齐王急忙发兵去救，薛遂转危为安。

孟尝君失掉相位期间，三千食客皆散去，只有冯谖一直跟着他。孟尝君既感慨又怨恨。冯谖说："富贵多士，贫贱寡友，事之固然也。……不足以怨士而徒绝宾客之路。愿君遇客如故。"就这样，"冯谖客孟尝君"成为一段美谈。

公元前283年，秦攻魏，兵到大梁。孟尝君游说赵、燕发兵救魏，秦割地与魏讲和，魏王"因归燕赵之兵而封田文"。孟尝君在相魏期间，赵惠文王还曾封以武城（今山东德州市武城县西北，有争议）。

孟尝君在战国四公子中是养士最早的一个。司马迁曾经到薛，观察"其俗闾里率多暴桀子弟，与邹、鲁殊"。他了解到，这是由于"孟尝君招致天下任侠、奸人入薛中盖六万余家矣。……世之传孟尝君好客自喜，名不虚矣"。

（二）平原君

平原君赵胜，赵武灵王之子，赵惠文王的弟弟。其封邑在东武城。平原君曾三次相赵，生年不详，死于公元前251年。

平原君有门客数千。他家邻近民居，有个瘸腿的邻居蹒跚地去汲水。平原君的美妾在楼上看见后大笑。瘸腿邻居对平原君说："大家千里而来，是因为您能贵士而贱妾。现在您的爱妾嘲笑我，我想得到她的人头。"平原君表面应诺了却没有照做，结果门客去了大半。后来，平原君杀了美妾向邻居谢罪，门客们才陆续又回来。

赵国田都吏赵奢主管收租税，平原君家不肯纳税，赵奢就依法杀了他家九位管事之人。平原君大怒，要杀赵奢。赵奢说："君在赵为贵公子，却放纵自家而不奉公，这样就会使国家法律权威受损，法削则国弱，国弱则诸侯加兵。诸侯加兵，赵国就危险了，您又怎么能像现在这样富贵呢？如果以您的尊贵身份，奉公守法，那么

平原君赵胜像

全国上下都会安定，这样国家就会富强，赵国基业就会稳固，您作为贵戚还会被天下轻慢吗？"平原君认为赵奢说得有理，便把他推荐给赵王。赵王任用赵奢，"国赋大平，民富而府库实"。

公元前260年，秦、赵长平之战，因赵王中了秦的反间计，赵军大败，秦军继而围攻赵都邯郸。赵国倾全力死守，派人向楚、魏等国紧急求援。平原君欲赴楚求救，要在门客中挑选二十名文武双全的人一同前去。有位叫毛遂的门客，自荐同行，于是与众人一道赴楚。

赵奢像

平原君到楚国后，与楚王商谈合纵抗秦之事，从早上一直谈到中午，也没有结果。毛遂于是手按剑把，走上前去说："合纵抗秦对两国都有利，不合纵就都会受害，两句话就可以说完，你们从早上谈到中午，还没有结果，这是为什么啊？"楚王大声呵斥道："我跟你的主人在说话，你上来做什么！"毛遂手按剑把，逼近楚王说："大王敢这样呵斥我，无非是仗着楚军人多。可现在，我跟您距离不到十步，大王的性命握在我手里，楚军虽多，也帮不了您的忙。当着我的主人，您为什么这样无礼地呵斥我！况且我是为赵、楚两国考虑。"楚王见状，连声答应说："是啊，是啊！先生的话有道理，我愿意与赵签订合纵抗秦的盟约。"毛遂问："决定了吗？"楚王说："决定了。"毛遂于是命楚王身边的人拿来鸡、狗、马血，跪请楚王歃血定盟。于是，赵、楚两国最终订立了抗秦盟约。毛遂左手拿着盛血的盘，用右手招呼其余的随行人员说："你们就在堂下歃血吧！你们碌碌无能，就是人们说的靠别人成事的人。"

毛遂像

平原君回国后，感慨地说："先生陪我到楚国，使赵国重于九鼎、大吕，您的三寸之舌，强于百万之师，我再也不敢说自己会看人了。"从此待毛遂为上客。这就是"毛遂自荐"成语的出典。

秦军围邯郸，赵国多次向魏国求救，魏安釐王畏惧秦国报复，一直犹豫不决，观望形势。平原君的夫人是魏国信陵君的姐姐，平原君就写信给信陵君说："我以为你有救济别人困难的高义,现在邯郸危急,魏国救兵不至,你却无动于衷。纵然你轻易地抛弃我,难道不可怜自己的姐姐吗?"信陵君于是派人窃魏王兵符以救赵。

在邯郸被围的危急时刻,平原君"令夫人以下编于士卒之间,分功而作。家之所有尽散以飨士"(《史记·平原君虞卿列传》),于是"得敢死之士三千人",由李谈率领与秦军作战,配合魏、楚救兵,内外夹攻,打退了秦军,邯郸之围遂解。

邯郸解围后,赵王准备为平原君增加封地,却被平原君拒绝了。平原君死后,他的子孙世代袭爵,直至赵国灭亡。

《荀子·臣道篇》说平原君能够协同有见识的人,"率群臣百吏……以解国之大患,除国之大害",而能"尊君安国"。总的看来,平原君还是以国事为重的赵国贤相。

(三)信陵君

信陵君,名无忌,是魏昭王少子,魏安釐王的异母弟,封于信陵(今河南商丘市宁陵县),故号"信陵君"。其生年不详,死于公元前243年。

《史记·魏公子列传》记载,信陵君礼贤下士,不以富贵傲人,吸引了各国之士来投奔,有食客三千人。

魏国当时有个看门人叫侯生,是个大隐士,信陵君几次携厚礼看望,希望他能成为自己的座上宾。侯生拒绝他、轻慢他,他仍能恭敬对待。侯生见信陵君礼贤下士,终于成为信陵君的座上客。侯生对信陵君说:"我所拜访的朋友朱亥,是个隐名的贤人,居于屠户之间而不为世人所知。"信陵君几次去看朱亥,朱亥都不回拜。

长平之战后,秦军围攻赵都邯郸,情况十分危急。赵国多次向魏求救,魏王慑于秦威,按兵不动。

信陵君眼见求魏王无效,便准备率门客乘一百多辆车骑,去跟秦军拼命。出城时遇见侯生,侯生表现很冷淡,只对他说:"公子您多勉力吧,我年老不能跟从了。"信陵君走了数里后,越想越觉得不对劲,于是又返回来见侯生。侯生笑着说:"您的行动,好比以肉喂饿虎。"于是支开旁人对信陵君说:"我听说魏国兵符藏在王的卧室内,魏王最宠爱如姬,她可随便进出卧室,能窃到兵符。我还听说,如姬因为父亲被人所杀,三年没有找到仇人。如姬求您帮忙,您派人取了仇人之头献给如姬,如姬必定感激您。您若能请她偷出兵符,就能救赵了。"信陵君依计而行,果然得到了魏国的兵符。这就是著名的"信陵君窃符救赵"的故事。

信陵君魏无忌像

得到兵符后,信陵君准备带人到魏将晋鄙军中发令,侯生又对他说:"将在外,主令有所不受。晋鄙如果不听从就危险了。您可以带朱亥去，必要时把晋鄙打死。"信陵君来到晋鄙军中，晋鄙果然表现犹疑，不想交出兵权。朱亥见状，从袖中抽出重椎，打死了晋鄙。信陵君于是下令："父子俱在军中，父归。兄弟俱在军中，兄归。独子无兄弟，归养父母。"于是信陵君选出精兵八万，进击秦军，邯郸围解。赵王及平原君亲自到郊外迎接信陵君入城，平原君背着箭袋，为信陵君在前引路。赵王一再感谢说："自古以来的贤人，没人能赶得上您啊。"值得一提的是，信陵君来到晋鄙军中后，侯生因年老不曾跟随，面向北方自杀以报答其知遇之恩。

魏王恼怒信陵君偷盗兵符、矫杀晋鄙。邯郸围解后，信陵君遣军归魏，独与门客留在赵国，一直待了十年。赵王为酬谢他救赵之功，把鄗（今河北邢台市柏乡县北）赏给他作为"汤沐邑"。

信陵君听说赵国有两个处士，一个叫毛公，隐于博徒（赌徒），另一个叫薛公，隐于卖浆之家，于是亲自前往同两人交游。平原君听说他同博徒、卖浆者来往，认为他是个荒唐的人。信陵君说："我听说平原君贤德，才背魏而救赵。现在看来，平原君不是求士，只是以宾客多而自豪罢了。我自在大梁时，就听说这两个人贤德，还怕他们不愿意与我交往，平原君却反以为羞耻。"平原君的门客听到这件事后，便去平原君而归信陵君。

信陵君留赵十年，未回魏国。后来，秦国伐魏，魏数次被打败。魏王派使者请他回国。信陵君担心魏王记恨自己，坚决不肯答应。毛公、薛公听说后，对他说："公子受赵国尊重，名闻诸侯，都是因有魏国。现在魏国有急难而您不顾惜，假如秦破大梁而毁掉先王宗庙，公子还有什么脸面对天下人呢？"信陵君闻言色变，催促手下马上驾车回魏。魏王拉着他的手哭泣，封他为上将军。

公元前247年，秦攻魏，魏国告急，信陵君派人向各国求援。各国都派兵救魏。信陵君亲率燕、赵、韩、楚、魏五国之师，大破秦军。秦将蒙骜战败逃走。五国之师乘胜追至函谷关，秦兵不敢出。

秦王为了离间信陵君跟魏王的关系，派人到魏国行贿，谎称信陵君想做魏王。魏王听信谣言，派人夺了信陵君的兵权。信陵君于是推说有病，不去朝见魏王，日夜以酒色自娱。如此四年，信陵君终因饮酒过度，患病而死。同年，魏安釐王也死了。秦听说信陵君死，命蒙骜领兵攻魏，拔二十城，并设置了东郡。信陵君死去十八年后，秦兵俘虏魏王假，灭魏并设立郡县。

信陵君窃符夺军，败秦而存赵，本是违背魏王意旨的，但实际上却对魏国有利。赵存，魏就不会孤立，而是有所依凭。打败秦军，就消除了魏王尊秦为帝的隐患，使魏在东方各国间的威望有所提高。《史记·太史公自序》评价信陵君："能以富贵下贫贱，贤能诎于不肖，唯信陵君为能行之。"

（四）春申君

春申君，姓黄名歇，战国时代楚国人，生年不详，死于公元前238年。

春申君黄歇像

黄歇年轻时曾四处拜师游学，见识广博，以辩才出众，深得楚顷襄王熊横的赏识。熊横还是太子的时候，曾在秦国做人质。后在一次私斗中，杀死了秦国大夫，就私逃回国，导致秦、楚关系恶化。秦国伐楚，楚怀王入秦求和，被秦昭襄王强行扣留，最后客死在秦。熊横即位，是为顷襄王。秦昭襄王趁机派遣白起率军攻楚，楚被迫迁都陈（今河南周口市淮阳区）。

楚顷襄王为了向秦求和，派黄歇出使秦国。当时秦昭襄王计划联合韩国、魏国一起进攻楚国。黄歇来到秦国，上书劝秦昭襄王说，秦、楚是最大的两个国家，如果秦攻打楚，必然会两败俱伤，韩、赵、魏、齐等国家就会坐收渔翁之利，不如秦、楚结盟，联合起来对付其他国家。秦昭襄王被黄歇说服，于是与楚国结盟。黄歇和太子熊完被派往秦国为质，在秦滞留了十年。

公元前263年，楚顷襄王病重，但秦国却不同意熊完返楚。黄歇就去找秦相范雎，对他说，楚顷襄王病情危急，若秦国能让熊完返国即位，他必然会感激秦国，努力维护秦、楚关系；如果秦不放熊完，楚国就会另立太子对付秦国，秦、楚关系就会破裂，而在秦国手里的熊完也就再无利用价值。范雎将此意转达给秦昭襄王，秦昭襄王心动，就让人先去楚国探问楚顷襄王病情，准备回来后再作打算。

为了让熊完早日返国，黄歇与他互换衣服，让熊完扮成楚国使臣的车夫出关，而他却在住所留守，并以熊完生病为由谢绝访客。等熊完脱身后，黄歇才向秦昭襄王说出实情。秦昭襄王大怒，想让黄歇自尽。范雎劝道："熊完即位后，必定会重用黄歇，不如让黄歇回去，以表示秦国的亲善。"秦昭襄王于是将黄歇送回楚国。

黄歇返楚三个月后，楚顷襄王去世。太子熊完即位，是为楚考烈王。公元前262年，黄歇被任命为楚国令尹，封为春申君，赐给淮北十二县的封地。后来，由于淮北与齐相邻，经常发生战事，黄歇就请求楚王把封地从淮北换到了江东。

长平之战后，秦军包围赵国的都城邯郸，赵国形势危急。平原君赵胜前去楚国求援，楚考烈王最终决定派遣春申君领兵救赵。与此同时，魏国的信陵君也率军救赵。楚、魏、赵三国联合，一举击溃秦军，邯郸之围得解。

公元前256年，楚考烈王派遣春申君征鲁。次年，鲁国被楚所灭，春申君任命荀况为兰陵县令。由此，春申君的威望大增，楚国也重新兴盛。

春申君黄歇也喜欢招揽门客，其门客最多时达三千多人，数量在"战国四公子"中居首。他的门客喜欢逞强好斗，生活奢侈浮华。有一次，平原君派门客拜访春申君，春申君把他们安排在上等客馆。平原君的门客为显示赵国的富有，特意头插玳瑁簪子，亮出装饰珍珠宝玉的剑鞘，前去拜见春申君，而春申君的上等门客则穿着宝珠做的鞋子，让平原君门客自惭形秽。此后，五国合纵伐秦，公推楚考烈王担任纵长，由春申君当权主事。后来联军攻秦失败，楚国为避秦，迁都至寿春（今安徽淮南市寿县），春申君也失去了楚王的支持。

春申君的门客中有一个叫李园的，他把妹妹进献给春申君为妾。其妹怀有身孕后，李园又怂恿春申君将她献给无子的楚考烈王为妃，这样其妹所怀的孩子，便有机会继承楚国的王位。后来此女生下一对双生子，长子熊悍被立为太子，李园也晋身为国舅，得以与春申君同掌楚国朝政。楚考烈王病重之际，李园害怕太子身世败露，又想取代黄歇的地位，于是暗中豢养了刺客，准备刺杀春申君。

楚考烈王去世后，李园抢先入宫，在棘门埋伏刺客。春申君前去王宫奔丧，受到李园刺客的伏击，当即被斩头，头扔在棘门之外，家人也被李园满门抄斩。同年，熊悍继位，是为楚幽王，李园取代黄歇，被任命为楚国令尹。

张仪："一怒而诸侯惧，安居而天下熄"

张仪是战国纵横家中极有影响的一位，他凭借自己的才智和口才，在列国兼并中发挥了重要作用。孟子的弟子景春曾说他是

"一怒而诸侯惧,安居而天下熄"。

张仪是魏国人,生年不详,死于公元前309年。据说他曾经师从鬼谷子学纵横之术。学成后,张仪回到魏国,因为家境贫寒,求仕于魏惠王不得,便远去楚国,投奔到了楚相昭阳的门下。

鬼谷子像

昭阳率兵大败魏国,楚威王大喜,就把国宝"和氏璧"赏给了昭阳。有一日,昭阳与百余名门客一道出游,饮酒作乐之余,昭阳得意地拿出"和氏璧"让大家欣赏,结果传来传去,"和氏璧"竟不翼而飞。因为张仪家境贫困,所以大家怀疑是他拿走了"和氏璧"。张仪没拿,当然拒不承认,遂遭受严刑逼供,被打得遍体鳞伤。

半年后,张仪伤口愈合,他并没有回魏国,而是到了秦国。时值秦惠文王即位,广征天下贤者,各国之士纷纷往投。张仪到秦国后,被秦惠文王拜为客卿,直接参与谋划征讨诸侯的大事。不久,张仪担任了秦相。他写信警告楚相昭阳说:"从前我跟你一起喝酒,你诬赖我偷璧,鞭打我,你好好防守你的国家,小心我盗你的城。"

张仪入秦后,在秦与中原国家的关系上,推行"连横"策略，他建议秦笼络魏国，引诱魏投靠秦，说服魏国将上郡十五县和河西重镇少梁献给了秦国，使秦国全部占有了河西之地。张仪的连横策略初见效果。

魏在秦的紧逼下，准备联齐抗秦。张仪于是从中挑拨，极力拉拢齐、楚与秦联合，共同打击魏国。由秦归魏的公孙衍发动"五国相王"，使魏、韩、赵、燕、中山五国互相尊重，同时称王，结成联盟，借以增强魏国的防御力量。但楚国却发兵攻魏，在襄陵（今河南商丘市睢县）大败魏军，占领了八个魏邑。由于齐、楚的破坏，五国相王没有达到预期效果。

公元前323年，张仪约集齐、楚、魏三国执政大臣在齧桑相会，试图为魏国调停，以讨好和拉拢魏国。他建议魏王说："魏国所处的地势，原本就是战场。魏亲楚则齐国攻魏之东；魏亲齐则赵攻魏之北。魏不和韩国合作，韩国就会来攻打魏之西；不和楚国亲近，楚国就会攻打魏之南，实在是四分五裂之地。大王如果不事秦国，秦国就会出兵攻打黄河以南，切断魏国合纵联盟的通路，那么大王的国家就要陷入危险了。如果秦国说服韩国一道攻打魏国，魏国的灭亡也同样指日可待。为大王着想，我建议您不如归顺秦国。这样，楚、韩等国就不敢乱动，您就可以高枕无忧了。如果秦、魏联合攻楚，楚国受损而秦、魏获利，那就是一件大好事。"

魏王思量再三，最后同意了张仪的建议：放弃公孙衍的合纵政策，转而联合秦、韩以对付齐、楚。次年，魏太子和韩太子入秦朝见，向秦表示归顺。张仪也被魏王任命为相。张仪在魏国担任了四年相国，后又回到秦国，仍为秦相。公元前316年，张仪与司马错带兵入蜀，灭蜀为郡，接着又攻灭苴国和巴国。

此时，齐与楚结成了联盟，以对抗秦国。为离间齐、楚联盟，张仪再次辞掉秦相，赴楚拜见楚怀王。他首先派人买通楚怀王的宠臣靳尚，利用他取得了楚怀王的信任，然后着手离间齐、楚关系。他对怀王说："秦王所敬重的人以大王您为最，秦王所憎恶的人以齐王为最。齐国有很多对不住秦国的地方，现在秦国想讨伐齐国，所以秦王就不能侍奉大王了，我也没法做您的臣子。如果大王能与齐断绝关系，我会请求秦王把商、於六百里的地方献给楚国。这样，齐国就一定会被削弱，齐国被削弱了，大王就可以役使齐国。这既可向北削弱齐国、向西施德于秦，又能让楚国居有商、於之地，是一计而三利可得的好事情啊！"楚怀王十分高兴，楚国官员也都向楚王庆贺。谋士陈轸劝楚怀王勿听信张仪之言，以防被欺，但楚怀王早被张仪的花言巧语所迷惑，利欲熏心，根本听不进陈轸的意见，就把楚国相印交给张仪，接着派人赴齐宣布断交，并派人跟随张仪去接收土地。

张仪回秦后，称病三月不上朝。楚怀王得不到土地，以为秦嫌楚与齐断绝关系不够坚决，就派勇士前去辱骂齐王。齐王大怒，与楚彻底断交，并派人入秦与秦王商议共同伐楚。这时，张仪才出来会见楚国使者，告诉他，"从某至某，广袤六里"送给楚。楚使回报楚怀王，怀王暴跳如雷，大骂张仪出尔反尔，气冲冲地兴兵伐秦，与秦、齐大战于丹阳，结果楚军大败，八万楚军被消灭，汉中郡也被秦夺走。

战败消息传来，楚怀王简直气得发昏。在狂热的复仇情绪的支配下，他调动楚国全部军队进攻秦国。由于孤军深入，楚再次在蓝田失利，韩、魏两国也乘机向南进攻楚国，一直打到邓邑。楚腹背受敌，急忙撤军，只好割了两个城邑向秦国求和。

第二年，秦想得到楚国的黔中一带土地，于是提出用武关外的汉中之地作交换。怀王对张仪耿耿于怀，宁可不要汉中之地，也要杀张仪以泄私愤。张仪闻讯，欣然赴楚。张仪一到楚国，就被怀王囚禁起来，楚怀王准备杀之以祭先祖。张仪使用种种手段，通过楚国大夫靳尚向怀王夫人郑袖说情，郑袖请求把张仪放掉，与秦和亲。怀王受夫人蛊惑，又害怕得罪秦国，加上还是贪于土地，权衡再三，最后下令把张仪释放，并且还客客气气地招待了他。

张仪又趁机游说怀王与秦国亲善，长久作为兄弟邻邦，永世互不攻伐。一席话说得楚怀王连连点头称是，马上同意与秦和好，并送走了张仪。不久屈原出使归来，问及怀王为何不杀张仪，并告诫怀王不杀此人后患无穷，怀王又后悔了，派人去追，却为时已晚。

张仪离开楚国，又前往韩国，游说韩王与秦国联合，以削弱楚国。韩王也听信张仪的计策，表示与秦通好。张仪回到秦国，向秦惠文王禀报了情况。秦惠文王因其功劳卓著，遂封其为"武信君"，并赐给他五座城邑。其后不久，秦惠文王去世，其子荡继位，称武王。武王自幼讨厌张仪，群臣中忌妒张仪的又趁机向武王进谗言，张仪也害怕大祸迟早降临，于是辞掉相位，逃到魏。一年后,张仪去世。

苏秦:信如尾生,谍间齐燕

苏秦是战国纵横家的代表人物之一,也是历史上赫赫有名的"国际"大间谍。

尾生是春秋时鲁国人,据说与女子在桥下相约,久候女子不到,水涨,抱桥桩而死,是守信的象征。

长期以来,人们对苏秦生平的了解,一直以《史记·苏秦列传》和《战国策》有关记载为主。但这两种文献对苏秦事迹的介绍,如苏秦与张仪斗法、挂六国相印等,往往与公孙衍的故事重合,让人莫衷一是。

二十世纪七十年代,长沙马王堆汉墓出土了一种帛书文献,被定名为《战国纵横家书》,其中有若干章节记载了苏秦的故事及其言论,使人们对苏秦的生平有了更深入的了解。《史记》认为苏秦与张仪是同时代人,且互为对手。但根据《战国纵横家书》的记载,苏秦出

苏秦像

生实际上比张仪要晚,他所活动的年代约在张仪死后三十年,即齐湣王、燕昭王时期。与张仪连横策略相对峙的,并非《史记》中所说的苏秦,而是犀首(即公孙衍)的合纵方案。

苏秦,字季子,洛阳人。

据《战国纵横家书》记载,苏秦所处的时代,正值燕昭王即位之初。因为此前燕国为齐国所侵,遭遇丧乱,燕昭王为图强雪耻,大力招揽贤者。苏秦赴燕,得昭王赏识,被派往齐国交涉齐占燕的土地。苏秦到齐,对齐宣王说:"燕昭王是秦王的女婿,有强秦作后盾。齐占燕地,必然是燕和秦都对齐不满。若大王能把所占的燕国十城还给燕国,燕和秦都会感激大王的恩德。大王可以秦、燕为支持,号令天下,天下亦莫敢不从,则齐国霸业可成。"宣王被他说动,于是归还了所占燕国旧地。苏秦归燕后,受到燕昭王的器重。此乃苏秦为燕所立的第一件功劳。

当时,齐、赵、秦三国鼎立,齐国一心想占领宋土以扩充领土。燕昭王则想寻机攻齐报仇。苏秦于是献计给昭王,自荐赴齐,劝齐宣王攻宋,这样就可使齐西劳于宋,南疲于楚,燕国就能够趁机攻齐。燕昭王于是拜苏秦为上卿,命其出使齐国。苏秦临行向燕昭王保证,自己会"信如尾生",按密约行事,守信到死。

苏秦来到齐国,正赶上秦国派人到齐国,建议两国一道称帝。苏秦趁机劝说齐王:"齐、秦并立为帝,天下人是尊齐还是尊秦?"齐王说:"当然是尊秦了!"苏秦又问:"那么,齐放弃帝号,天下是爱齐呢,还是爱秦?"齐王说:"当然是爱齐!"苏秦又问:"两帝并立,共约伐赵与齐军独攻宋,哪一个更有利

罗地龙凤虎纹刺绣禅衣（局部，战国，湖北荆州市江陵县出土），充分反映了当时的刺绣工艺水平。

呢？"齐王回答："当然伐宋有利！"苏秦于是劝齐王放弃帝号，以顺应天下，然后引兵伐宋。

齐王听从了苏秦建议，取消帝号，联合赵国共同抗秦，秦、齐关系恶化。苏秦趁机劝齐王攻宋，他说："宋君荒淫无度，天下共愤，如果齐挥师西击宋，正是奉天讨罪的壮举，大王必然贤名震于诸侯，且可得到实际的利益，使齐雄踞东方，成为中原诸侯之长。"齐于是联合燕国一道攻宋，宋被迫割淮北之地以求和，但齐国的实力也因为攻宋而有所削弱。于是，苏秦与赵国的奉阳君李兑一道，约燕、齐、韩、赵、魏五国合纵攻秦，被赵国封为

"武安君"。

苏秦入齐许久，以时机未到为辞，几次劝阻燕昭王对齐的进攻。燕昭王不免对他产生了怀疑，打算派人替换苏秦。苏秦于是向燕昭王写信申辩。他在信中说："燕和齐两国的仇恨由来已久，我为燕、齐邦交奔走，本来就难获各方的信任。齐是燕国的心腹大患，我在齐国，大可使齐不谋攻燕，小可使齐、赵关系破裂，为大王的大事做准备。五国伐秦，燕虽然出兵出粮，但一来免去齐称帝、燕称臣的耻辱，二来没有齐、赵攻燕的祸患。这样，燕可以修饬国力。我虽无功，却自以为可以免罪。我身为燕臣，在齐国活动，本来就会有流言蜚语。我如在齐显贵，燕国大夫就不信任我；我若在齐作贱，世人就看不起我。我如受齐王重用，燕大夫就会对我抱有希望，希望达不到，就会徒增埋怨。齐国如有不利于燕的地方，就把责任都归到我头上，天下人不攻齐，就说我善于为齐谋划。我的处境如此危险，我不畏死报效于大王，大王却怀疑怪罪我，令我实感恐惧。如大王只是重用有才的贤人，我愿在齐与他认真合作；如大王不放心我，我就回燕侍奉大王，以宽解大王的忧虑。"

燕昭王于是同意苏秦留齐。苏秦为恶化齐、赵关系，使齐国广树仇敌，又劝齐再次攻宋。公元前286年，齐灭宋。但齐的国力也渐渐疲衰，齐、赵关系也出现了裂隙。

公元前284年，燕昭王与赵王密会，燕、赵、韩、魏、秦等组成联军，由燕将乐毅指挥，进攻齐国。苏秦作为内应，把齐国的设防情况悉数向乐毅汇报，同时又劝齐王集中力量对付西线之敌，在燕国方向不设防。齐王竟相信了他，照他的建议去布防。结果乐毅率五国联军从北方发动猛攻，所到之处势如破竹。苏秦的间谍身份也因此暴露，齐王将他车裂于市。苏秦死时年五十余。

作为一名战略间谍，苏秦胆识过人，非常有才干：既要谨防暴露自己，又要有所作为，有时还要当机立断、果敢决策。他积十六年心血，终于换来了燕国败齐，实现了他对燕昭王的诺言，但同时也付出了自己的一切。在纷繁复杂的战国时代，苏秦不愧是一位集军事外交、战略决策于一身的"国际大间谍"。

范雎：睚眦必报，快意恩仇

范雎（？—前255），又作"范且"①，字叔。战国时魏国公族的支庶子弟，后入秦，得秦昭襄王赏识，任秦相十多年，受封于应城（今河南平顶山市鲁山县之东），故又称"应侯"。

范雎为人善辩，想向魏王求官，但因家贫无资，遂投身中大夫须贾门下为宾客。范雎曾随须贾出使齐国，齐王欲留他任客卿，并赠黄金十斤、牛、酒等物，但被范雎拒绝。须贾回国后，向相国魏齐诬告范雎私受贿赂，出卖情报。魏齐将他拷打得肋折

---

① 通假字，古时"且"通"雎"。

齿落，体无完肤，又用草席裹弃于茅厕，让宾客往其身上撒尿。范雎只好装死，后被抛于郊外。之后，范雎托好友郑安平将自己藏匿起来，并让家人举丧，使魏齐深信自己已死。后范雎化名张禄，随秦国使者王稽潜入秦国。

范雎在秦，主要的贡献有三个方面：

一是向秦昭襄王提出了"远交近攻"的外交战略。范雎主张先交好齐、楚等距秦较远的国家，集中攻打地处中原且离秦较近的魏、韩两国；魏、韩臣服，则北可慑赵，南能伐楚，最后再攻齐。如此，由近及远，步步为营地向外扩张，"得寸则王之寸，得尺亦王之尺也"（《战国策·秦策三》）。昭襄王用范雎之谋，先派兵伐魏，攻占怀（今河南焦作市武陟县西南）与邢丘；又派兵攻韩，占领荥阳，将韩断为三截，致使韩处于危亡之中，被迫听命于秦。经过一番征战，秦国的国势日渐增强，各国无不震动。

二是提出"固干削枝"之策，加强秦国王权。他建议秦昭襄王削夺穰侯魏冉、华阳君、泾阳君等亲贵大权，将干预朝政的宣太后置于深宫，彻底消除了秦国政局不稳的内部隐患，强化了以秦昭襄王为首的中央集权。

第三件事，是在秦、赵长平之战中派人用间，彻底瓦解赵军。长平之战是秦、赵两国战略决战的关键战役。赵国老将廉颇坚守不出，秦国久攻不下。范雎遂用反间计，派人潜入赵都邯郸，重金收买一些大臣，散布廉颇年老怯战、秦国最怕赵奢之子赵括的流言，引诱赵王中计，起用毫无作战经验、只会纸上谈兵的赵括任主帅，最终导致惨败，四十余万赵军被坑杀，实力大为削弱。

范雎对秦的功绩，让秦昭襄王对他极为信任。

公元前265年，魏安釐王闻知秦昭襄王用范雎之谋，将派白起东伐韩、魏，急召群臣商议，魏相魏齐主张遣使求和。于是，魏王派中大夫须贾赴秦议和。范雎闻知须贾来秦议和，就换去相服，装作寒酸落魄的样子，来到馆驿谒见须贾。须贾见状大惊，忙上前问候故人，并留之同坐，以食赐之。又见范雎衣薄而破，命人取缯袍一件给范雎披上。范雎听说须贾要求见秦相张禄，谎称自己的主人与张丞相关系甚好，自己也常出入相府，可以为其引见。

于是须贾与范雎一起来到相府，范雎转身进去通报。须贾候之良久，便问守门者范雎为何久而不出？守门者告诉他，范雎即秦相张禄。须贾如闻霹雳，脱袍解带，跪于门外谢罪。范雎历数须贾三大罪状，然后说："你今至此，本该断头沥血，以酬前恨。但考虑到你还念旧情，以缯袍相赠，所以苟全了你的性命。"

此后，范雎入见秦王，准魏求和。范雎在相府大宴诸侯之使，宾客济济一堂，觥筹交错，独独将须贾安排在阶下，派两个黥徒坐在两边，备些炒熟的料豆，手捧喂之，如同喂马一般。众宾客甚以为怪，范雎便将旧事诉说一遍，然后对须贾厉声喝道："秦王虽然许和，但魏齐之仇不可不报，留你一条蚁命归告魏王，速将魏齐人头送来。否则，我将率兵屠戮大梁，那时悔之晚矣。"

须贾归魏，将此事告知魏王。魏相魏齐闻知十分恐惧，弃了相印，星夜逃往赵国，私藏于平原君赵胜家中。秦昭襄王闻知，欲为范雎报仇，设计诱骗平原君入秦，并扣为人质，声称若不送魏齐人头至秦，将不准平原君归赵。魏齐夜间逃出，见赵相虞卿。虞卿解相印与魏齐，魏齐逃至大梁，欲通过信陵君帮助去楚。信陵君畏秦，犹豫不肯见。魏齐走投无路，听说信陵君不愿见他，怒而自杀。赵王终于取魏齐人头予秦，秦昭襄王这才放平原君回归赵国。范雎报仇雪恨之后，向秦王推荐自己的恩人王稽和郑安平，秦昭襄王遂任命王稽为河东太守，任命郑安平为将军。

长平之战后，郑安平为将，攻打赵国，结果被赵军所围，郑安平率二万人降赵。范雎请罪，按秦国法令，"任人而所任不善者，各以其罪罪之"。秦昭襄王恐此事波及范雎，于是下令国中"有敢言郑安平事者，以其罪罪之"（《史记·范雎蔡泽列传》），同时大大赏赐范雎。

范雎庭辱须贾，赚杀魏齐，虽然快意恩仇，但也反映出他睚眦必报的个性。但范雎辅佐秦昭襄王所建立的功业，在秦国历史上也颇为关键。李斯在《谏逐客书》中，曾高度评价范雎对秦国的建树和贡献："昭王得范雎，废穰侯，逐华阳，强公室，杜私门，蚕食诸侯，使秦成帝业。"

穰侯魏冉：权倾六国，身折势夺

穰侯魏冉，亦作魏厓，秦昭襄王之舅，因食邑在穰（今河南邓州市），号曰穰侯。在战国末年秦国政治舞台上，魏冉是一位十分引人注目的风云人物。他从秦昭襄王元年以外戚身份辅政，直到秦昭襄王四十一年遭范雎之谗被逐，其间先后四次出任秦相，始终掌握着军政大权，成为秦国统治集团中的重要决策者，是秦昭襄王时期秦国"四贵"中最有才能的。

魏冉原为楚国人，是秦昭襄王之母秦宣太后同母异父的弟弟。魏冉臂力过人，豪爽猛断，早在秦惠文王、秦武王时，即已任职掌权。秦武王二十三岁时因举鼎而死，没有儿子，各兄弟争位。魏冉实力较大，拥立了秦昭襄王，并帮秦昭襄王清除了争位的对手。昭襄王即位后，便任命魏冉为将军，卫戍咸阳。其间，魏冉平定了季君公子壮及一些大臣们的叛乱，并把武王后驱逐到魏国，昭襄王兄弟中有图谋不轨的，全部被诛灭，声威一时震动秦国。昭襄王即位时十九岁，由宣太后和魏冉主持朝政大权。

魏冉与秦武王之叔樗里疾交情很好，在魏冉的帮助下，樗里疾挤走了权位在自己之上的甘茂，做了秦的相邦。公元前300年，樗里疾去世，赵国人楼缓任秦相。在楼缓的游说下，魏冉做了秦相。此后，魏冉凭着他与昭襄王的特殊关系，在秦国独揽大权，四任秦相，党羽众多，深受宣太后宠信。

公元前293年，魏冉起用白起为将军，派他代替向寿领兵攻打韩国和魏国，白起打了胜仗，斩敌二十四万人，俘虏了魏将公孙喜。次年，又夺取了楚国的宛、叶两座城邑。此后，魏冉托病免职，秦昭襄王任用客卿寿烛为相邦。次年，寿烛免职，秦昭襄王又起用魏冉任相邦，并赐封魏冉于穰地，后来又加封陶邑，称为穰侯。

穰侯受封的第四年，担任秦国将领进攻魏国。魏国被迫献出河东方圆四百里的土地。其后，秦国又占领了魏国的河内地区，夺取了大小城邑六十余座。公元前288年，由魏冉操持，秦昭襄王自称西帝，尊齐湣王为东帝。

过了一个多月，齐、秦两国国君取消了帝号，仍旧称王。魏冉再度任秦国相邦后，第六年上被免职了。免职后两年，魏冉第三次出任秦国相邦。魏冉长期掌握秦国的军权，秦国的高级将领多出自魏冉门下。在第三次出任秦相的第四年，他举荐白起为将，率军攻取楚国郢都。秦国在此设置了南郡，秦王赐封白起为武安君。

魏冉因举荐白起有功，加上自己的战功，多次东向攻城略地，击败三晋和强楚，战绩卓著，威震诸侯，"苞河山，围大梁，使诸侯敛手而事秦"（《史论·太史公自序》），得到很多赏赐。当时，穰侯私家的财富超过了国君之家。

公元前284年，秦、韩、赵、魏、燕五国合纵破齐，魏冉假秦国的武力专注攻齐，夺取陶邑，为己加封，扩大自己的势力。到了公元前271年，穰侯又与客卿灶商议，要越过韩、魏等国去攻打齐国，夺取刚、寿两城（今山东泰安市、菏泽市一带），借以扩大自己在陶邑的封地。魏冉的这种考虑与秦国的国家战略背道而驰,且发生了冲突。此时魏人范雎自称张禄,入秦见秦昭襄王,指出宣太后在朝廷内专制,穰侯在外事上专权,华阳君、泾阳君、高陵君等人过于奢侈的现状。秦昭襄王幡然醒悟,于是免掉穰侯的相职,责令其与泾阳君等一律迁出国都,到自己的封地去。穰侯临行时,随行的车子有一千多辆。穰侯居陶,不久郁闷而死。秦国收回陶邑,设为郡。

魏冉执政期间,秦国取得了突飞猛进的发展,以前所未有的军事攻势,连续对东方发动了大规模的兼并战争,蚕食了韩、赵、魏、楚、齐的大片领土,为以后统一六国奠定了坚实的基础。司马迁认为:"秦所以东益地,弱诸侯,尝称帝于天下,天下皆西乡稽首者,穰侯之功也。"(《史记·穰侯列传》)北宋司马光则认为,"穰侯援立昭王,除其灾害,荐白起为将,南取鄢、郢,东属地于齐,使天下诸侯稽首而事秦。秦益强大者,穰侯之功也!"(《资治通鉴·周纪》)

到其执政后期,魏冉"贵极富溢",他对个人利益的看重远远超过了秦的国家利益,因而与秦王发生了权力冲突,最终被免职,"身折势夺而以忧死",不得不说是历史风云人物的个人悲剧。

吕不韦:奇货可居

吕不韦(?—前235),战国时期卫人,原为阳翟(今河南禹州市）大商人。他往来各地，"贩贱卖贵"而"家累千金"。后来到赵都邯郸经商，结识了正在赵做人质的秦公子异人（后改名子楚）。

公子异人是秦昭襄王太子安国君的庶出子，其母是夏姬。他作为人质被派到赵国。秦国多次攻打赵国，赵国对子楚也很冷淡。他乘的车马和日常财用都很拮据，生活困窘，很不得志。吕不韦认识子楚后，认为做一笔大买卖的机会来了。他说："子楚就像一件奇货，可以囤积起来，以待高价售出。"

于是，他拜访子楚，对子楚说："我希望能光大您的门庭。"子楚笑道："你先把自己的门庭光大了，再来光大我的门庭吧！"吕不韦说："我的门庭，要待你的门庭光大后，才能光大。"吕不韦对子楚说："秦王老了，安国君被立为太子。我听说，安国君非常宠爱华阳夫人，但华阳夫人却无子。目前能够选立太子的，只有华阳夫人。但你的兄弟有二十多人，你又排行中间，不受宠爱，将来即使安国君继位为王，你也没法与别的王子争位。"子楚遂向吕不韦问计。

吕不韦说："你很贫窘，又客居在此，没有什么可献给亲长、结交宾客的。我虽不富有，但愿意出千金，为你游说，让安国君和华阳夫人立你为太子。"子楚于是叩头拜谢道："如果真是这样，我愿意将秦国土地与您共享。"

吕不韦给子楚五百金，用作日常生活及结交宾客之用；又拿出五百金买珍奇玩物，去秦国游说华阳夫人。吕不韦通过华阳夫人的姐姐，劝说华阳夫人道："以美色侍人，一旦色衰，宠爱也就没了。现在您侍奉太子，甚被宠爱，却没有子嗣，应该趁早从诸子中选一个有才而又孝顺的人，立他为后，这样才不会失势。子楚很贤能，他知道按次序立嗣的话自己是没有机会的，而他的生母又不受宠爱，会主动依附于夫人，夫人若真能在此时提拔他，那么您在秦国将会一生都受到尊宠。"

华阳夫人深以为然，就向安国君建议，立子楚为太子，得到了允许。他们送了很多礼物给子楚，并请吕不韦当他的老师，子楚的名声在诸侯中越来越大。

吕不韦有一位颇有姿色且善舞的宠妾赵姬，颇受他的宠爱。有一次子楚与吕不韦一道饮酒，看见赵姬后非常喜爱，就请求吕不韦把赵姬送给他。相传此时赵姬已有身孕，吕不韦虽不情愿，但还是把赵姬送给了子楚。后来赵姬生下一名男婴，取名曰政，子楚就立赵姬为夫人。这个男婴，就是后来的秦王嬴政。

公元前251年，秦昭襄王去世，太子安国君继位，是为秦孝文王。子楚因此成为太子，在赵国护送下回到秦国。公元前250年，秦孝文王去世，子楚继位，称秦庄襄王。吕不韦被任命为丞相，封为文信侯，食邑河南洛阳十万户。吕不韦的政治投机成功了。

秦庄襄王即位三年后去世，太子政继立为王，赵姬成为太后。由于秦王年纪尚小，朝政由太后和丞相吕不韦把持，秦王政尊奉吕不韦为"仲父"。吕不韦担任秦国相邦十三年，他抱着"欲以并天下"的心愿，攻取周、赵、卫的土地，立三川、太原、东郡，对秦王政兼并六国的事业做出了重大贡献。其间，

吕不韦青铜戈

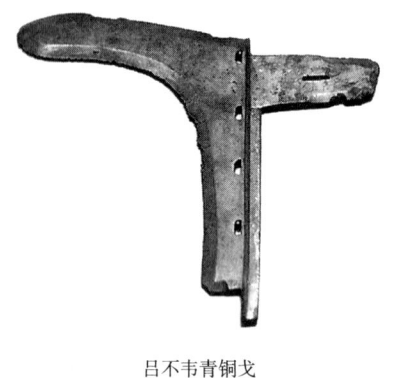

吕不韦又得到了蓝田（今陕西西安市蓝田县西）十二县为食邑，门下宾客三千，家僮万人，成为秦国最有权势的人。

吕不韦任秦相时，为了显示自己洞悉天地万物古往今来的事理，组织门客将各自的见闻记下，编纂为"八览""六论""十二纪"，共二十余万字，称《吕氏春秋》。他命人把书中内容写在布上，挂在咸阳城门之上，遍请各国游士宾客审读，有能增删一字者，奖励千金。

秦王嬴政年少时，吕不韦与赵太后有染。后随着秦王嬴政年龄增长，即将亲政，吕不韦唯恐事情败露，灾祸降临在自己头上，就物色了一个叫嫪毐的人，假扮宦官，进献给赵太后。赵太后为方便与嫪毐私通，找借口迁到雍地的宫殿中居住，并与他生了两个孩子。嫪毐因为太后宠幸的关系，在朝中也颇有势力，有仆人数千，门客千余。

公元前238年，有人告发嫪毐与赵太后淫乱私通之事。秦王命法官严查，最终诛杀嫪毐及其亲属，同时杀死了太后与嫪毐所生的两个儿子。此事牵扯到吕不韦，秦王遂于第二年免去了吕不韦的相邦职务，并把他遣出京城，让他到河南的封地居住。但吕不韦多年经营的关系尚在，各国宾客使者往来他的封地，络绎不

齐国陶文（战国，山东淄博市临淄区出土陶器拓印）。陶文内容多属物勒工名，如左一为"陈道立事左釜"。

绝，秦王写信给吕不韦说："秦国封你在河南，食邑十万户。你对秦国有何功劳？有何颜面号称'仲父'？你与家属都迁到蜀地去居住吧！"吕不韦自知大势已去，担心被诛杀，于是饮鸩自尽。这位曾经风光无限的政治投机客，最终凄惨地结束了自己的一生。

屈原：汨罗悲吟

屈原（约前340—前278），战国时期楚国人，出生于楚国丹阳（今湖北丹江口市），芈（mǐ）姓，屈氏，名平，字原。楚国的屈氏，与昭氏、景氏同是楚国"公族"，合称"三闾"。屈原曾任三闾大夫，即掌管昭、屈、景三氏事务的负责人。

屈原精通历史、文学与神话，洞悉各国形势和治世之道，《史记》说他是"博闻强志""娴于辞令"。二十多岁时，他就做了楚怀王的左徒。左徒之职，仅比令尹低一级。作为楚王

屈原像

的重要助手，屈原对内辅佐楚王处理国家大事，发布号令，对外则负责接待宾客，应付诸侯，赢得了楚王的极大信任。楚王命他草拟法令，又派他出使齐国，联齐抗秦，足见屈原在楚国内政外交中的影响力。

屈原为人率真，心无私念，喜欢仗义执言，得罪了不少权贵，遭到了他们的嫉恨，特别是楚怀王的宠妃郑袖、儿子子兰和上官大夫靳尚等，这批人只想维护自己的贵族特权，根本不顾国家的长远利益。他们整天围在楚怀王身边，左右怀王的言行。楚怀王听信了谗言，渐渐疏远了屈原。

公元前313年，秦国派张仪来到楚国，以瓦解齐、楚联盟。张仪贿赂子兰等人，以六百里土地为诱饵，诱骗楚怀王与齐国绝交。楚怀王利令智昏，居然听信张仪的花言巧语，轻率断绝了与齐的联盟。不料秦国最终食言，怀王一怒之下，派兵攻秦，却最终失去了汉中的大片土地。

这是楚国一次严重的战略失误。屈原对此一直持反对态度。楚怀王受骗后，稍有清醒，后悔不听屈原之策，"于是复用屈原"，让他出使齐国，修复与齐国的关系。秦国害怕齐、楚复交，主动提出退地求和。楚怀王恨透了张仪，提出不要土地，只要张仪人头。张仪又来到楚国，贿赂郑袖、靳尚之流，在楚怀王面前一番花言巧语。糊涂透顶的楚怀王居然又上当受骗，不仅放了张仪，还与秦结为婚姻之国。

双凤纹漆耳杯（战国，湖北荆州市江陵县出土，荆州博物馆藏）

屈原使齐回国，向怀王陈明利害，楚王想追回张仪，却已来不及。公元前304年，怀王与秦王会于黄棘（今河南南阳市新野县东北），秦、楚正式结盟。屈原竭力反对，却被楚王流放到了汉北地区（今陕西安康市一带及汉水上游地区）。这是屈原遭到的第一次流放。

楚对齐失信，遭到齐的讨伐。公元前303年，齐、韩、魏三国攻楚。楚送太子入秦为质，向秦求救，不料次年楚太子在秦私斗，杀人后逃归，秦以此为借口，联合齐、韩、魏攻楚，楚国遭受重创。昏庸的怀王这才想起齐、楚联盟的重要性，追悔莫及。

公元前299年，秦又攻楚，取楚八城。秦昭襄王"邀请"怀王在武关（今陕西商洛市丹凤县东）相会。此时，屈原已从汉北流放地返回，他和昭雎等人一道，力劝怀王不要赴会，说："秦，虎狼之国，不可信，不如毋行。"可怀王经不住子兰的怂恿，赴武关会面，却遭秦扣留，被劫往咸阳。秦以割取巫郡和黔中郡相威胁，遭楚拒绝。楚太子横被立为王，是为楚顷襄王。公子子兰担任令尹。公元前296年，怀王死于秦国，秦将其尸体送回楚国。楚国人都怜悯同情他的遭遇，屈原也非常痛心，感慨怀王不听自己的谏言，以致落得如此下场。

此时，秦国复攻楚，楚连连败退。公元前293年，秦国派白起攻韩、魏，于伊阙取得大捷，斩首二十四万。秦王乘胜致信给楚王，说准备率军伐楚，与楚决战。楚顷襄王无奈，只好再次与秦讲和。

屈原见国势如此，不禁忧心如焚。他责怪子兰等人不该劝怀王入秦，致使怀王客死秦国；同时，又责怪子兰不该怂恿楚顷襄王向秦屈膝投降。于是，屈原写诗抒情，表达了眷顾楚国、心系怀王之情，指出怀王之所以客死他国，是因为"其所谓忠者不忠，而所谓贤者不贤也"。

子兰指使靳尚等人在楚顷襄王面前进谗言，屈

《史记·屈原贾生列传》有关屈原投水前与当地渔夫对话的记载。

原再遭流放，被迫迁往南方荒僻的地区。屈原过鄂渚（今湖北武汉市武昌区），溯沅水，经枉陼（zhǔ，今湖南常德市武陵区）至辰阳（今湖南怀化市辰溪县），又折向东南，入溆（xù）浦（今湖南怀化市溆浦县）。稍后，又下沅江，入洞庭，渡湘水，最后到达长沙附近的汨罗。

公元前278年，秦国白起挥兵南下，攻破了郢都，楚顷襄王被迫与楚国大臣和民众一起逃难，一路上狼狈不堪，最终"保于陈城"。正如《哀郢》所说："皇天之不纯命兮，何百姓之震愆？民离散而相失兮，方仲春而东迁。"屈原闻讯，感觉国势终不可收拾，遂在极度绝望和悲愤之下，于农历五月初五日这天，怀抱大石投汨罗江而死，终年约六十二岁。

屈原流放期间，眼见楚国被秦所控，心忧国运，他对此痛心疾首却又无能为力，只好以诗歌抒情，痛惜国势日衰，哀叹民生多艰，表达自己忧国忧民的情怀。

屈原诗歌作品借鉴楚地民歌的风格，想象雄奇瑰丽。据《汉书·艺文志》记载，这些作品大约有二十五篇，都被汇集在《楚辞》之中。它们大都富于忠君爱国思想，斥责小人祸国，怨恨君主昏庸，具有振兴楚国的抱负，热切追求理想，甘愿以身殉国，表现出个人的高洁品格、执着理想、坚贞不屈，彰显了毫不妥协、不与世俗同流合污的精神。这些作品文字华丽、想象奇特、比喻新奇、内涵深刻，其中洋溢着对楚地楚风的眷恋和为民报国的热情，是中国诗歌文学的重要源头之一。

荆轲刺秦：悲壮的余音

战国末期，秦国采取远交近攻的策略，蚕食鲸吞东方六国。秦国灭赵后，兵锋直指燕国南界。长期奉行"孤立主义"政策、远离列国兼并中心的燕国，终于感受到了切实的亡国威胁，但此时，燕国已无力组织有效的反击。无可奈何之际，燕太子丹想到刺杀之计，用胆大的刺客假借献图求和之名，入秦刺杀秦王政，以逼迫秦与燕和谈。著名的"荆轲刺秦"事件就是在这种历史背景下发生的。这为战国历史的结局增添了一抹浓重的悲凉色彩。

荆轲，也称庆卿、荆卿、庆轲，战国末期卫国人，是春秋时期齐国大夫庆封的后代。荆轲年轻时喜好读书、击剑，为人慷慨侠义，后游历燕国，受到燕国智勇深沉的"节侠"田光的赏识。

燕太子丹原在秦国做人质，后逃归燕国。他看到秦国将要吞

荆轲刺秦王（山东济宁市嘉祥县武氏祠石刻）

并六国，且秦军已逼近易水，唯恐燕国亡国的灾祸来临，心中十分忧虑，日思夜想，也没有好的主意。有人推荐他去找贤士田光问计。

太子丹跪迎田光，恭敬地请他入座，然后屏退左右，离席请教田光道："今燕、秦势不两立，希望先生想办法来帮帮燕国。"田光说："好马年轻力壮的时候，可一日千里。等到它衰老力竭时，却连劣马也跑不过了。您只知道我壮年的情形，如今我已年老力衰啦。若为国事考虑，我的好朋友荆轲可以担当此任。"太子丹于是请求田光引荐荆轲，并请田光务必保守秘密。

田光见到荆轲，对他说："我和您交情深，燕国无人不知。太子请我想办法对付秦国，可他只知我壮年时的情况，却不知道我已年老体衰了。我已把您举荐给太子，希望您能到太子的住处走一趟。"荆轲答应了田光。田光为保守秘密，遂自刎而死，以此来激励荆轲。

荆轲见到太子丹，转达了田光的遗言。太子闻讯，泪流满面。待荆轲坐定后，太子离席叩头，请荆轲设法解救燕国危难。他告诉荆轲，自己准备派勇士出使秦国，用重利引诱秦王，然后效法春秋时期鲁国的曹沫挟持齐桓公的例子，逼迫秦王答应燕国的条件。他希望荆轲能够承担这一重任。

荆轲经不住太子丹的苦求，于是答应下来。太子丹遂尊荆轲为上卿，让他住上等馆舍，每天前去问候；供给他丰盛的宴席，备办奇珍异宝，赠其车马和美女，让他诸事称心如意。

过了很久，荆轲还没有动身的意思。这时，秦将王翦攻破赵国,俘虏赵王,占领了赵地,又挥师北进,一直打到燕国南部边境。太子丹对荆轲说:"秦军很快就要渡过易水了,我虽想长久地侍奉您,可现在没有可能了。"

荆轲说:"即使您不说,我也准备行动了。可现在去,如果没有信物,就无法接近秦王。我听说,秦王用千两黄金和万户封邑悬赏缉拿叛将樊於期。如果能得到樊将军首级和燕国督亢的地图献给秦王,秦王一定乐于接见我,这样我才能有报效太子的机会。"

樊於期与秦王有切齿之恨,他听说此事后,情愿一死以助荆轲,于是自杀。荆轲用匣子收殓他的头颅,从太子丹那里拿到了天下最锋利的匕首,并让工匠用毒药淬染,然后准备动身。

燕国有个叫秦舞阳的勇士,十三岁时就杀人,别人不敢正眼看他。太子丹派秦舞阳做荆轲的助手。荆轲想等好友盖聂同行,但盖聂住得远,没有及时赶到。太子丹嫌他行动缓慢,怀疑他要反悔,于是请他尽快出发。

荆轲出发时,太子丹和闻知此事的人,身穿白衣、头戴白帽来为荆轲送行。众人来到易水岸边,告别上路。这时,高渐离击筑,荆轲闻声歌唱,歌声凄厉悲怆,闻者无不落泪。当荆轲唱到"风萧萧兮易水寒,壮士一去兮不复还"时,乐音顿时转作慷慨激昂的羽调,人们听得虎目圆瞪,怒发冲冠。荆轲登车飞驰而去,始终没有回头再看一眼。

荆轲一行来到秦国,准备面见秦王,献上樊於期的人头和燕国的地图。秦王闻讯十分高兴,于是穿上朝服,设置九宾之礼,在咸阳宫殿中接见燕国使者。荆轲手捧封藏樊於期头颅的匣子，秦舞阳捧着装地图的匣子，依次走上前去。走到宫殿前的台阶下时，秦舞阳脸色陡变，浑身发抖。秦国大臣们感到奇怪，荆轲回头朝秦舞阳笑笑，前去向秦王谢罪说："他是北方荒野之地的粗人，没有见过世面，今日得见天子，所以害怕，希望大王稍加宽容，让他能在大王面前完成使命。"

荆轲于是取过地图奉献上去，他慢慢地打开卷轴，等地图完全展开时，露出了藏在里面的匕首。说时迟，那时快，荆轲左手拉住秦王衣袖，右手抓过匕首刺向秦王，可惜没能刺中。秦王大惊，急忙挣断衣袖，抽身而起，伸手拔剑，可情急之下，剑身太长，卡在剑鞘里无法拔出。荆轲追赶秦王，秦王绕柱而逃。

群臣见状，惊慌失措。因为按秦国法律，大臣上殿见君时，不得携带任何兵器，宫禁侍卫虽带武器，却都站在殿外，没有秦王命令不能上殿。危急之际，御医夏无且把随身携带的药囊投向荆轲。荆轲一惊，秦王趁机拔剑砍向荆轲，一剑砍断了他的左腿。荆轲重伤跌倒，把匕首奋力掷向秦王，可惜没有击中，扎在柱子上。秦王回身再砍荆轲，荆轲八处受伤，自知事情败露，倚柱大笑，傲然坐着大骂道："事情之所以不成，不过是因为我想活捉你，得到归还侵占土地的凭证，回去报答太子。"两旁的人赶来把荆轲杀了，秦王头晕目眩，好久才回过神来。

秦王对燕心怀愤恨，增派军队攻打燕国。十月，攻陷燕都蓟城。燕王喜、太子丹等被迫退守辽东。秦将李信继续追击，燕王无奈，杀了太子丹，打算献给秦王求和。但秦军仍继续进攻，五年之后，灭燕，燕王喜被俘。秦国最终吞灭六国，一统天下。

后来，荆轲的好友高渐离利用击筑的机会，见到了已经成为皇帝的秦始皇，想用随身携带的筑来击杀秦始皇为荆轲报仇，结果未击中，也被杀死。

荆轲刺秦，实际上是在秦灭六国进程中，身处弱势的一方无力面对秦的强大军力进攻而采取的非对称反击。在天下大势已定的情况下，虽已无力改变全局进程，但这历史性的一幕，作为弱者抗击强者的象征，仍为战国历史的终结留下了一缕深沉悲壮的余音。

第十二章

考古发现所见战国历史

消失的古国：中山国

1974年冬，河北石家庄市平山县三汲乡的农民在大规模平整农田时，到一座古墓的大土丘上取土，在刨开的封土下，发现了大批战国时期的宫殿建筑用的大瓦。消息很快上报，引起了文物部门的重视。

早在新中国成立前，此地曾发现过一块刻有文字的石碑，碑上刻文是"监罟（gǔ）有（囿）臣公乘得守丘，其曰（旧）将曼敢谒后叔（俶）贤者"。大意是说，任监罟之职的有罪之臣公乘得看守陵墓，他的旧部将曼敬告于后来人。监罟，有学者认为是《周礼》中提到的担任陵墓看守的职位。种种迹象表明，附近可能有重大的古代文物遗址。

有鉴于此，河北文物部门开始在此地展开正式的考古发掘，最终在此地发现了南北长四千米、东西宽二千米、墙体夯土宽达五十多米的宏伟城墙，同时还发现了大面积的古墓群，出土了宏伟的"山"字形大墓、豪华的车马坑和华美的青铜器……出土器物种类繁多，器形华美，令世人震惊不已。根据出土器物铭文可以知道，此地是战国时期中山国的都城和王陵之所在。

一个消失了两千两百多年的战国时期的古国，就这样与今人不期而遇了。

关于中山国的历史，在《左传》《竹书纪年》《史记》等古文献中有一些零星记载。西汉末年刘向编著的《战国策》中，还有《中山策》一章，将中山国与战国七雄并列，将其视为战国时期有影响的重要国家。但史籍中有关中山国的情况，零乱且缺乏准确描述。战国以后，中山国就从人们的视野中消失了，所以长期以来，中山国的历史一直都比较模糊。其中的详情很少为后人所知。

此次中山国遗址的发掘，出土了大量精美文物，其中包括九十多件有铭青铜器。比较有名的器物有兆域图、中山王方壶、中山王鼎等，方壶的铭文共四百四十八字，鼎的铭文共四百六十九字，详细记载了中山国的世系、事迹等，正好可以弥补史籍的缺佚，纠正某些误解，为我们深入了解中山国的历史提供了重要证据。

中山王方壶

中山国是春秋战国

时期由鲜虞①建立的一个地方性政权。该族最早时活动在陕北绥德县一带，后转移到太行山区。鲜虞之得名源自鲜虞水，即今五台山西南的滹沱河的支流清水河。

春秋时期，鲜虞联合肥、鼓、仇由等部族，开始向外扩张，攻邢，侵卫。齐桓公以"尊王攘夷"为号召，联合宋、曹等国，存邢救卫，遏制了其南下势头。春秋中后期，晋国国力增强，先后灭掉了鼓、肥、仇由等鲜虞属国，鲜虞也对晋展开反击。公元前507年，鲜虞出兵晋国，在平中大败晋军，俘虏晋将观虎。公元前506年，鲜虞在中人（今河北保定市唐县西北）建国。因城中有山，故曰"中山"。中山之名始见于史书。

公元前453年，晋阳之战后，韩、赵、魏三家分晋，"三卿治晋"。公元前403年，赵、韩、魏被封为诸侯，晋国正式灭亡。中山国趁晋国内乱之机，开始扩张领土。公元前414年，中山武公率其部族离开太行山区，向东部平原迁徙，在赵、魏之间拓展国土，定都于顾（今河北定州市）。中山武公仿效华夏诸国礼制，对中山国进行治理，国势有所发展。但武公去世后，年幼的中山桓公即位，桓公不恤国政，魏文侯乘机派遣乐羊、吴起率军进攻中山。经过三年苦战，魏国于公元前406年灭掉了中山国，封魏太子击为中山君。太子击就是后来的魏武侯。中山国的残余则退入太行山中。此为中山第一次亡国。

---

① 古代白狄的一支。

中山国被魏所灭后，逃入山区的中山桓公发愤图强，积蓄力量二十余年，终于在公元前380年前后重新复国，定都灵寿（今河北石家庄市平山县三汲乡），中山国再次走向兴盛，领土也进一步扩张，其南境与赵接壤，东南以古漳水（今滏洛河，在今河北邢台市宁晋县东南）为界。中山还数次同赵国争夺鄗邑。

复兴后的中山国位于赵国东北部，把赵国南北两部分领土分割开来，因此成为赵国的心腹之患。赵国在公元前377年、公元前376年曾两次进攻中山国，均遭到中山国的抵抗，没有成功。此后，中山国开始修筑长城。《史记·赵世家》记载："（赵成侯）六年（前369），中山筑长城。"考古工作者在河北顺平县、唐县等地，发现了土石混筑的中山长城，有3米多高，0.5至2.5米宽，沿河北唐县、曲阳县、行唐县、灵寿县、平山县，并沿石家庄西南的太行山南下，止于邢台市西北。

公元前327年前后，中山王䜌继承王位。此后十余年间，中山国富兵强，虽仅为"千乘之国"，但其影响力却逐渐增强，成为与战国七雄并列的国家。公元前323年，公孙衍倡议，联合魏、韩、赵、燕、中山"五国相王"，其中就包括中山国。

公元前314年，燕国发生内乱，齐国趁机攻进燕国。中山国见有机可乘，也背弃与燕国的同盟，派相邦司马赒率军北掠燕地，夺取了燕国几十个城市，占领了数百里的燕地，还掠取了许多财物，并将取得的燕国"吉金"（铜器）重铸，在铁足大鼎和夔龙纹方壶上面刻长篇铭文，颂扬中山王䜌和司马赒的丰功伟绩。此时的中山国，"错处六国之间，纵横捭阖，交相控引，争衡天下"，达到了鼎盛阶段。以中山王䰠墓出土的《兆域图》所示，此时的中山国疆域，南北为六百余里，东西距离四百五十余里，恰与《战国策·秦策三》所记载的"昔者中山之地，方五百里"之说相吻合。

伐燕胜利后不久，中山王䰠去世，中山国的内政外交开始走下坡路。而与此同时，赵国经过赵武灵王改革胡服骑射，国力在不断增强。公元前305年，赵武灵王亲自挂帅，使用刚刚训练好的骑兵部队，配合车兵和步兵，分三路进击中山，"合军曲阳，攻取丹丘、华阳、鸱之塞"。这次战役使中山国失去了三分之一以上的国土，丹丘、华阳、鸱、鄗、石邑、封龙和东垣诸邑尽入赵国手中。

公元前300年，赵国又出动二十万大军进攻中山。战争持续了五年多，至公元前296年，赵军终于攻破灵寿，灭了中山国，将中山王尚迁到肤施（今陕西延安市一带）。中山国自春秋末期立国，经过二百余年时间，彻底宣告灭亡。

中山国处于太行山区，"地薄人众"，受地理环境和鲜虞族传统习俗影响，《史记·货殖列传》记载，中山"民俗懁急，仰机利而食"。又说"温、轵西贾上党，北贾赵、中山"，河南温、轵两地的商人做买卖，西到上党，北到赵国、中山，这都说明中山的交通和商贸比较发达。

此外，中山的手工业也非常发达，铜、铁器冶铸的工艺水平都很高。其工匠制造的铜、玉、陶、金、银、骨、石等产品，在数量、造型、工艺水平上都有很高的水平，《史记·货殖列传》

谓之"作奸巧冶，多美物"。中山国遗址发掘出土的文物，工艺华美，令人炫目，正好印证了司马迁的叙述。其中，既有构思拙朴、结体宏大的"山"字形礼器，也有奇想巧变、设幻诡异的"错金银四龙四凤铜方案""错金银虎噬鹿铜屏风座""错金银双翼神兽""犀牛器座"等。此外，出土的"中山王䂮三器"——大铜鼎、方壶、圆壶，上面刻满了长篇铭文，让今人看到了严整规矩、修长秀丽、刀法洗练的战国文字，其中铁足大铜鼎上刻铭四百六十九字，是国内已发现的战国青铜器中字数最多的一篇铭文。中山王墓中出土的错金铜版"兆域图"，是迄今发现的世界上最早的建筑平面设计图，也是世界上最早使用比例尺的建筑图。更令世人惊叹的，还有精美绝伦的丝麻织品。在两座中山王墓中，均出土了工艺精美、品种丰富的纺织、刺绣品。

中山立国后，鲜虞族在思想、文化、艺术上逐渐吸收汉文化，其音乐舞蹈艺术既有游牧民族剽悍雄健的风格，又吸收了华夏艺术柔和婉丽的风格，阳刚与阴柔同存并济，形成了中山艺术的独有特色。

中山国的居民以能歌舞、善音乐而著称。史载，中山"丈夫相聚游戏，悲歌慷慨……为倡优。女子则鼓鸣瑟，跕屣，游媚贵富，入后宫，遍诸侯"（《史记·货殖列传》）。从中山王墓出土的银首人俑铜灯和十五连盏铜灯上，还可清楚地见到中山国耍蛇逗猴的倡优形象，使人领略到战国时期中山国音乐歌舞的袅袅余韵。

中山国的语言文字已与华夏无异。在政治思想方面，中山国则"专行仁义，贵儒学"，接受了儒家文化。中山国君尊贤重士，在重大政治活动中发挥士的作用上，取得了一定的成就。考古出土的中山国铜器铭文，全部为汉字篆书，其内容则大谈天命、忠、孝、仁、义、礼、信等，具有浓厚的儒家思想色彩。

中山国延续二百多年，其诞生于患难之中，亡而复兴，以"千乘之国"的身份跻于战国列强之间，其经济和文化之辉煌，令人刮目相看。后虽然湮没无传，但其在战国历史中发挥的重要影响是不容低估的。

远古的乐声——曾侯乙墓编钟

1977年底，湖北随州擂鼓墩的驻军某部在扩建营房时，发现了一处大型古墓群。经过考古发掘，其中出土了一座南北16.5米、东西21米的多边形竖穴大墓。墓主是一位四十五岁左右的男性贵族。整个墓葬分作东、中、北、西四室，其中东室放置墓主棺椁，外椁饰有青铜框架，有类似窗户的图案，内棺画有彩绘门窗及守墓神兽武士；中室放置随葬礼乐器；北室放置兵器及车马器；西室有殉葬人陪棺十三具，为十三到二十六岁左右的女性，应该是墓主生前的妃妾或近侍宫女。墓中共出土随葬品一万五千多件，其中，青铜器和金、玉、漆、木、竹等器七千多件，各种铭文万余字。

通过分析出土铭文，人们了解到，此墓的墓主是战国初期名叫乙的曾国国君——曾侯乙，其下葬约在公元前433年。

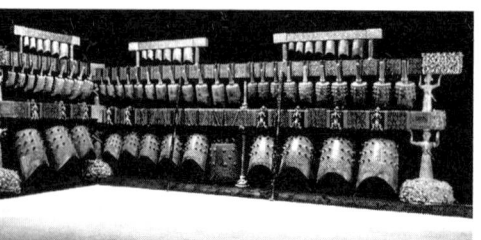

曾侯乙编钟

以"曾"为名的国家，不见于传世文献，但在考古资料中时有发现。曾侯乙墓的发现表明，在战国初期，汉水以东随州地区曾有一个以"曾"为名的诸侯国。与随州地区考古发现的其他材料相印证，可以断定曾国是汉水流域的姬姓诸侯国。但文献记载中，此地却是西周所建姬姓封国随的故地。曾国与随国，到底是一个国家，还是两个国家？学术界对此有较大争议。李学勤先生曾撰《曾国之谜》一文，力证"曾即是随"，曾、随实际上是一国两名。

曾侯乙墓发掘出土了大量器物，包括乐器、漆木器、金器、墨竹书简、青铜礼器、棺椁等无不见证了当时文明所达到的高度。尤其是该墓出土的一架青铜编钟，更是极为难得的文化精品，曾被誉为"世界第八大奇迹"。

曾侯乙墓出土的青铜编钟，被命名为"曾侯乙编钟"。编钟是先秦时代的一种组合乐器，通常是按钟的大小、音律、音高，把多枚青铜钟编列成组，可以演奏出悠扬悦耳的乐曲。在先秦时期，编钟和编磬是贵族祭祀、宴乐、典礼等场合使用的重要乐器，在古代礼乐仪式中具有主导作用。编钟通常为青铜钟，编磬则主要是石制，两者搭配，古称"金石之音"。

曾侯乙编钟是目前考古发现所见最大的编钟组合。全套编钟共六十五枚，分八组，悬挂在铜、木做成的三层钟架上。其中，上层三组十九件为钮钟；中层三组三十三件为甬钟，分短枚、无枚、长枚等三种样式；下层为两组大型长枚甬钟，共十二件；另有镈（bó）钟一件。最大的一件编钟通高152.3厘米，重203.6公斤；最小的一件通高20.2厘米，重2.4公斤。

编钟的钟架，由长短不同的两堵立面垂直相交，呈曲尺形，全长10.79米，高2.73米，七根彩绘木梁两端以蟠龙纹铜套加固，其上饰有二百四十多个青铜构件，下有六个佩剑的青铜武士和八根圆柱承载。编钟的装配和布局，无论是从力学角度，还是从美学角度，或者从实际操作的角度来看，都显得十分合理。

编钟的钟及钟架的铜构件，均是铜、锡、铅合金，由多种复杂工艺制作而成。全套编钟的装饰，有人、兽、龙、花和多种几何形纹，采用圆雕、浮雕、阴刻、彩绘等多种技法，以赤、黑、黄色与青铜本色相映衬，显得庄重肃穆，精美壮观。

钟体总重两千五百六十七公斤，如果加上钟架（含挂钩）铜质部分，合计约四千四百二十一公斤。其重量、体积在古代编钟中是罕见的。经学者研究，这套编钟需要由五人组成的乐队来演奏，其中三人双手执木槌掌奏中、上层钟，两人各持撞钟木棒，掌奏下层钟。

编钟及钟架、架钩上有铭文三千七百五十五字，内容为编号、记事、标音及乐律理论。铭文多数都是错金。其中,甬钟的记事铭文为"曾侯乙作持",显示此套编钟的制作和享用者都是曾侯乙。上层十九枚钟的铭文只标音名,中、下层四十五枚钟上不仅标着音名,还有较长的乐律铭文,详细记载着编钟的律名、阶名和变化音名等。镈钟的铭文则记载了楚王熊章为曾侯乙铸宗彝一事。

编钟的标音铭文,标示了钟的悬挂位置或敲击部位及其所发音的名称。乐律理论记述了曾国与楚、晋、齐、申、周等国的律名对应关系。镈钟铭所见律名二十八个、阶名六十六个,绝大多数都是前所未知的新材料。这套编钟的铭文是一部重要的中国古代乐律理论专著。

整套编钟音色优美、音域宽广,音列充实,基调与现代的C大调相同。每件钟均有呈三度音程的两个乐音,可以分别击发而互不干扰,亦可同时击发构成悦耳的和声。全套编钟有五个八度,只比现代钢琴少一个八度,其中既有深沉浑厚的低音,也有圆润淳朴的中音和清脆明快的高音,其音域自C2至D7,中心音域内具十二半音,可以旋宫转调,演奏七声

乐舞纹鸳鸯漆盒(战国,湖北随州市曾侯乙墓出土)。下层绘有两个磬,一乐师手持长棒背向击钟,另一侧有一乐师击建鼓,舞人随鼓声起舞。

音阶的多种乐曲。考古工作者与文艺工作者合作，探索用此钟演奏出各种中外名曲，其优美的音色，无不令人称奇。

编钟之外，曾侯乙墓还出土了三十二枚编磬，为石灰石或大理石磨成，分为两层四组挂于青铜错金磬架上，形若倨句，大小各异。其中，一枚编磬上有"曾侯乙作持用终"的铭文。此外，编磬上还刻有（少量为墨笔书写）编号和乐律铭文，计七百零八字，大意与曾侯乙编钟铭辞相通。经复原研究，可知其音域跨三个八度，十二半音齐备。编磬音色清脆，演奏时，需双手执磬槌，跪地而击。

曾侯乙墓的第二项重大考古发现，是在墓中出土的一件漆箱盖上发现了古代二十八宿的天文星宿图案。这件漆箱呈长方形，通长82.8厘米，宽47厘米，高44.8厘米，内涂红漆，外以黑漆为底色，加施红彩。漆箱盖面的正中，有一个朱书篆文"鬥（斗）"字，环绕"鬥"字，按顺时针方向排列着二十八宿的名称，被"鬥"字笔画的延伸线划为四个区域。漆箱盖所记"二十八宿"名称，与《史记·天官书》所载基本相同。盖顶两端分别绘有青龙、白虎的图案，恰好对应这二十八宿的东方七宿和西方七宿，应该与古代天文图的"左青龙，右白虎，前朱雀，后玄武"概念有关。另外，在亢宿之下有"甲寅三日"四个字。

衣箱两端面，一面绘有蟾蜍图和星点纹，另一面绘有大蘑菇云纹和星点纹；两个侧面，一面绘有两兽对峙、卷云纹、星点纹，另一面则没有花纹。这件衣箱盖图案，是我国迄今所发现的

曾侯乙尊盘

二十八宿天文星图与北斗及四象相配的最早的天文学实物资料，说明我国至少在战国早期就已有完整的二十八宿天文概念，是二十八宿理论源出我国先秦时期的重要物证。

曾侯乙墓出土文物中，还包括大量青铜礼器，主要有：镬鼎两件、升鼎九件、饲鼎九件、簋八件、簠（fǔ）四件、大尊缶一对、联座壶一对、冰鉴一对、尊盘一套二件及盥缶四件，等等。其中的尊盘是用先进的失蜡法铸造，表现出战国时期青铜冶铸业所达到的高水平。

曾侯乙墓出土竹简二百零四枚，简上有墨书文字，字数不等，多者六十二字（简212），最少的四字（简118），总计六千六百九十六字。从其中所记内容来看，曾国与楚国有着密切关系，曾侯乙去世时，楚王和楚国的太子、令尹、鲁阳公、阳城君、平夜君等，皆有车马的馈赠。竹简所记葬仪中御者的官衔，大多与楚国相同或相近，显示楚国官制对曾国的较大影响，同时也表明，曾侯乙同楚国的王公贵族之间有着密切的交往。

官员"喜"与他的事业

1975年底，考古学家在湖北云梦睡虎地发现了一座秦墓（编号为M11）。墓葬主人名字叫"喜"，生于秦昭襄王四十五年（前262），卒于始皇帝三十年（前217），终年四十六岁。墓中出土了一千一百余枚战国晚期到秦朝初期的竹简，一时引起学界的震动。喜墓葬出土的竹简共一千一百五十五枚，残片八十枚，后经学者们分类整理，分为十种文献，分别是：《秦律十八种》《效律》《秦律杂抄》《法律答问》《封诊式》《编年记》《语书》《为吏之道》、甲种与乙种《日书》。其中《语书》《效律》《封诊式》《日书》为原书标题，其他均为后人整理拟定。这些出土文献大致包括三种类型：

第一类是《编年记》《语书》《为吏之道》三种。其中《编年记》记载了自秦昭襄王四十五年到秦始皇三十年秦国的国家大事，也包括喜的生平及家中大事的记录，是一部国家史与个人成长史的简要记录。从中可知，喜所生活的时代，正是战国社会大变动的晚期。喜十七岁时（秦王政元年），曾登记名籍为国服徭役；秦王政三年、四年和十三年，他曾三次从军，参加过多次战斗；此后历任秦安陆御史、安陆令史、鄢令史、治狱鄢等低级官职，均与"治狱"等法律活动有关。他亲身经历了始皇亲政到统一六国的整个过程。

《语书》是当时南阳太守腾发表的行政布告，《为吏之道》讲的是秦代基层官吏的基本行为准则。考虑到喜所担任的基层官职，可以从中看到秦国政府对基层官吏的教育与要求。

第二类文献包括《秦律十八种》《效律》《秦律杂抄》《法律答问》《封诊式》，是喜生前从事法律事务而抄录的有关法律文书，大多是涉及行政管理及"治狱"的律令条文，记录了刑事、经济、民事、官吏管理的秦律条文。这些条文可能不是秦律的全部，而是喜在从事狱讼工作时所要熟知的基本律文。从中可知，战国晚期秦国的基层治理的法治化程度已非常之高。这是了解战国晚期到秦朝早期的秦国法治建设的重要文献资料。

第三类文献是《日书》甲、乙两种。战国时代的日书是一种数术文献，类似后世的"黄历"，通常以天文历法为经，以生活事件为纬，是古人从事婚嫁、生子、丧葬、农作、出行等各项活动时选择时日与吉凶宜忌的生活指导书，也是了解当时社会基层民众日常生活情形的重要文献资料。

睡虎地秦简的出土，为我们了解战国社会历史变迁的种种情况提供了极为难得的材料：

首先，从《编年记》所载内容看，简文分上、下两栏书写，上栏逐年记载秦昭襄王元年（前306）至秦始皇三十年（前217）秦灭六国之前的国家大事，下栏则记录了喜生平经历的一些大事。秦简整理小组认为，《编年记》"从字体来看，从昭襄王元年到秦王政（始皇）十一年的大事，大约是一次写成的；这一段内关于喜及其家事的记载，和秦王政（始皇）十二年以后的简文，字迹较粗，可能是后来续补的结果"。这种将国家大事与个人经历放在一起记录的方法，有助于我们深刻理解战国国家力量对基层社会的控制与渗透。

一方面,《编年记》所载国家层面的重要史事,有可能是当时基层官员学习的一种"史"书,其中很多内容与《史记》记事大体一致,但也有个别记事时间上与《史记》有一些出入。此外还有一些记事,如秦昭襄王六年至八年,秦攻新城之役,比《史记》记载要详细。另有一些内容是《史记》所没有的,如秦昭襄王五十二年"王稽、张禄死",王稽是秦河东守,也是张禄(即范雎)入秦时的引荐人,这对于我们了解相关历史极有帮助。

另一方面,《编年记》所记喜的生平,应属于私家文书的一种,带有家族大事记的性质,有点类似后世的家谱。李零先生认为,睡虎地秦简《编年记》应属于古代年谱类作品,是广义谱牒的一种。这对于我们了解墓主的生平极有帮助。更重要的是,墓主将个人经历与国家历史相对照的写法,表明战国国家力量对日常社会的渗透是极为深入的。

其次,睡虎地秦简《语书》与《为吏之道》的内容,对于我们理解战国集权国家与民间社会互动关系及社会治理模式也有极大的帮助。

《语书》是南郡太守腾于秦王政二十年(前227)四月向全郡发布的一份文告,其大意是:一、强调以法律来加强社会治理,告诫全郡官吏军民:"凡法、律、令者,以教道(导)民,去其淫避(僻),除其恶俗,而使之之于为善殹(也)。"一切与律令抵触的"恶俗""淫避",都是"不便于民,害于邦"的,统统应加以去除。二、强化吏治,强调通过吏风建设以整顿民风,其中规定:

凡良吏都应通晓律令，廉洁、忠诚、老实且能效力君上，要求大小官吏牢记职责，恪尽职守。与《语书》同出的《为吏之道》，由五十一枚竹简组成，主要内容是强调为官的基本道德与行为准则。其中提出了"凡为吏之道，必精絜（洁）正直，慎谨坚固，审悉毋（无）私，微密纖（纤）察，安静毋苛，审当赏罚"的基本原则，并且强调"吏有五善"与"吏有五失"的问题，很可能是当时流行的吏治教育的"教科书"。

睡虎地秦简出土文献中，最有价值且引人瞩目的是批量出土的秦国法律文书。

秦国自商鞅变法，突出"以法为教，以吏为师"，但传世文献中对于秦律的记载并不是很多。睡虎地秦律的出土，为我们理解秦国法律建设提供了极为难得的第一手资料。其中包括了秦国的二十多件单行法规条款的原文，六百多项法律法条，包括律、令、式、法律答问等多种法律文件形式，是理解战国时期秦国法治建设的文献宝库。

睡虎地秦律中，《秦律十八种》共有二百零二简，包括《田律》《厩苑律》《仓律》《金布律》《关市》《工律》《工人程》《均工》《徭律》《司空》《置吏律》《效》《军爵律》《传食律》《行书》《内史杂》《尉杂》《属邦》十八种，律名或其简称，均写于律文尾端，内容涉及农业、仓库、货币、贸易、徭役、置吏、军爵、手工业等方面。从出土情况看，每种律文大约都是摘录，而非全文。

《秦律杂抄》共四十二简，包括《除吏律》《游士律》《除弟子律》《中劳律》《藏律》《公车司马猎律》《牛羊课》《傅律》《敦表律》《捕盗律》《戍律》十一种律文，其中大多数律文都与军事活动相关，显示出战国时期秦国法制的军国主义色彩。

《法律答问》共二百一十简，以问答形式对秦律的条文、术语及律文的意图进行解释，相当于今天的法律解释。从内容来看，涉及秦律的主体，多与刑律有关，同时也有一些关于法律诉讼程序的解释与说明。

《封诊式》共九十八简，与喜的工作职责有关，是关于案件审判原则及对案件调查、勘验、审讯、查封等方面的规定和案例，其内容包括《治狱》《讯狱》《封守》《有鞫》《覆》《盗自告》《盗马》《争牛》《群盗》《夺首》《告臣》《黥妾》《迁子》《告子》《疠》《贼死》《经死》《穴盗》《出子》《毒言》《奸》《亡自出》等。

从这些内容可知，战国晚期以来，秦国的法律确实已形成了比较成熟完备的体系，内容翔实，涉及面广。这些出土竹简对于我们理解秦代法律制度及法治建设的基本情况具有非常高的价值。

两千三百年前的家信

1975年12月，湖北孝感市云梦县睡虎地的一座战国晚期秦墓内出土了两件木牍，它们被放置在盛放墓主随葬器物的头箱中部，旁边有石砚、墨等文具。经学者分析，初步认定该墓的主人名字叫衷，出土的两件木牍，应该是墓主的随葬品。两件木牍的正反两面都用墨笔写满，其中所记内容显示，这是两封寄自远方的家信。

写信的人，是衷的两个兄弟，一个叫惊，一个叫黑夫。当时，这两人都在淮阳一带从军，这两片木牍，就是两人从遥远的淮阳驻地写给远在南郡安陆（今湖北孝感市云梦县）的家书。这是战国时期家书类文献的首次发现，是目前我国已知年代最早的家信实物。

第一封家书，是惊写的，其内容是：

> 惊敢大心问衷，母得毋恙也？家室外内同……以衷，母力毋恙也？与从军，与黑夫居，皆毋恙也。……钱衣，愿母幸遣钱五六百，续布谨善者毋下二丈五尺。……用垣柏钱矣，室弗遣，即死矣。急急急。惊多问新负（妇）妴（yuàn）得毋恙也？新负勉力视瞻两老……
>
> ……惊远家故，衷教诏妴，令毋敢远就若取新，衷令……闻新地城多空不实者，且令故民有为不如令者实……为惊视祀，若大发毁，以惊居反城中故。惊敢大心问姑秭，姑秭子产得毋恙……？新地入盗，衷唯毋方行新地，急急急。

其大概意思是：惊问候哥哥衷和母亲，向他们汇报自己从军的情况，向家里报平安。接着，跟家里要钱、要布，要求家里赶紧寄来，以用于添置衣服。然后，惊问候自己的新婚妻子夐，要她在家勉力侍奉哥哥和母亲，同时还要哥哥告诉妻子，不要到远处去打柴。又听说新被秦军占领的地方人烟稀少，而且有些原住民不遵守法律。还提醒自己的哥哥，新地治安不好，不要到那边去。最后是向姑姊等亲属问好。

第二封家书，是黑夫与惊两人合写的，其内容是：

> 二月辛巳，黑夫、惊敢再拜问中：母毋恙也？黑夫、惊毋恙也。前日黑夫与惊别，今复会矣。黑夫寄益就书曰，遗黑夫钱，母操夏衣来。今书节（即）到，母视安陆丝布贱，可以为禅裙襦者，母必为之，令与钱偕来。其丝布贵，徒［以］钱来，黑夫自以布此。黑夫等直佐淮阳，攻反城久，伤未可智（知）也，愿遗黑夫用勿少。书到皆为报，报必言相家爵来；未来，告黑夫其未来状。闻王得苟得……
>
> 毋恙也？辞相家爵不也？书衣之南军毋……不也？为黑夫、惊多问姑姊康乐，孝须（嫂）故术长姑外内……为黑夫、惊多问东室季须（嫂）苟得毋恙也？为黑夫、惊多问婴沱季事可（何）如？定不定？为黑夫、惊多问夕阳吕婴、匳里闻误丈人得毋恙……矣。惊多问新负（妇）夐得毋恙也？新负勉力视瞻丈人，母与……勉力也。

这封信的内容，是接着前信所讲的，其大意是：问候哥哥和母亲，向家里报告平安，然后就是叮嘱母亲上封信所说的寄钱、寄布的事情，请母亲看一下，如果老家安陆的布贱，就买些布做裙襦，同时再寄点钱来；如果布贵，就寄些钱来自己买布来做。同时，信中还告诉家里，黑夫马上就要随大军攻打淮阳城了，进攻会持续很久，不知道会不会受伤，请母亲多给黑夫寄些钱来。信收到后，要回信，回信时要告诉黑夫，官府颁发的授爵通知到没到家？同时，问候"夕阳"里的吕婴、"匾"里阎诤老人等。惊还特地问候了自己的新婚妻子，要求她勤谨侍奉老人。

这两封普通秦军士兵的家信，都是用当时口语写成的，讲的都是家长里短，虽然有点絮叨，但语言平实，感情真切，让人读后不禁为之心热。

信中提到的淮阳，是战国晚期楚国的都城。惊与黑夫所参与的战役，可能与秦、楚之间最后的决战有关。《史记·秦始皇本纪》记载："（秦王政）二十三年（前224）……取陈以南至平舆，虏荆王。"两封家书中所涉及的历史，大约与此段记载相关。

从信中所提供的信息，我们可以了解到战国时期普通士兵及其家庭生活的情景，了解到战国时期的普通人与大时代的内在关系。

首先，我们可以了解到战国时期普通小农家庭的人口结构和亲属关系网络。家中有年长的哥哥，还有年迈的母亲、新婚的妻子。他们除了务农，还要负责供应从军的家人。这样的家庭往往要跟市场发生联系，到市场上去购买自己的日常生活所需。他们有自己的亲属关系,这些亲属都是平时比较亲近的人。

其次,我们可以了解到秦军普通士兵日常生活的一些片段:他们要跟随大军打仗,战斗激烈,随时有生命危险,因此,向家里报平安就是最要紧的事情了。他们自己穿的衣服破了,要请家里供应;打仗勇敢的士兵,官府会赐给爵位,授爵通知会寄到家里。

此外,我们还可以从信中了解到地方社会的情况,特别是第一封信中,提到新占领地区多盗,显然社会治安并不太好;同时还可了解到,战争之后,新占领地区地旷人稀,官府会将别地的居民迁来,与原住居民混居。

更重要的是,透过字里行间,我们还可以看出士兵对其家人和亲属的感情,对兄长及母亲的关注,对亲戚朋友的关心,以及对新婚妻子的牵肠挂肚……这两封内容平实的家书,在衷死后,被当作重要的随葬物,由此可以推知,黑夫和惊的家人也同样惦记着在战场上冲锋陷阵的他们。其中,既有父母对从军子女平安的无限惦念,也有新婚妻子对丈夫的牵肠挂肚……我们不知道黑夫与惊的最终结局如何,但透过这两封普通家书的文字,依然可以真切地感受到两千两百多年前,在战国历史变迁的宏大叙事背后,在帝王将相们的历史功绩之中,一个个有血有肉、有喜怒哀乐的普通民众的投影。

史载,自商鞅变法以后的百余年间,秦国参与大战六十五次,全胜五十八次,战场上斩首敌军一百五十万,拔城一百四十七座,建郡三十六个,横行天下,无能阻者。实际上,正是无数类似黑夫和惊这样的农家子弟，组成了所向披靡的秦国军团。他们爬冰卧雪，争城野战，死不旋踵，从令如流，经常捐甲免胄，身穿布衣，光着脑袋，在战场上与敌搏杀，创造了秦国军队的辉煌战绩，同时也书写了历史的沉重篇章。

"烽火连三月，家书抵万金。"人同此心，心同此理。即使是在遥远的两千两百多年前的战国时代，家书中传递出的亲情也同样令后人深切动容。

楚竹书背后的精神世界

战国时期，各国的文化已相当发达。当时还没有发明造纸术，流行的古书及文书档案差不多都是写在竹木简牍和丝帛上的，此之谓"书于竹帛"。今天所见的各类先秦古籍，大都是那个时候流传下来的。但由于种种原因，很多古书都陆续遭毁失传。所以司马迁在著《史记》时，已感到战国史料的贫乏。因此，考古发现的战国史料，对于我们了解当时的社会历史文化具有非常大的价值。

历史上比较著名的战国竹书的发现，是在西晋晋武帝太康元年（280），汲郡人不准盗取战国魏顷襄王陵墓[①]，发现了数十车用

[①] 《太平广记》卷二百零六："汲冢书，盖魏安釐王时卫郡汲县耕人于古冢中得之。"按《正字通》："不姓之不，转注古音，音彪。"疑"不准"之姓"不"音biāo。

"蝌蚪文"①书写的竹书。经过西晋学者整理，最后写定了十余种七十五篇先秦古书，史称"汲冢竹书"。其中最著名的是一种名作《纪年》的古书，记载了自三代帝王到魏顷襄王的历史，后人称之为《竹书纪年》，具有极高的历史文献价值，是后世研究先秦历史的重要文献。

二十世纪以来，随着考古学和古文字学的发展，人们在战国乃至秦汉墓葬中，发现了一大批写在竹简和木牍上的古代典籍或文书档案。这些出土文献，对于我们了解战国历史文化具有极为重要的价值。

总的来说，目前出土的战国简牍文书，以秦地和楚地为多。其中，秦地出土多法律文书，体现了秦代以法为治的特点；而楚地出土的竹书，无论种类还是总量，在已发现的战国文献中，均占有突出地位。

据不完全统计，目前已发现的楚竹书有二十余种，其中既有考古发掘现场发现的，也有从海外文物市场收购的被盗文物。楚竹书的出土地主要集中在湖北、湖南及河南南部一带。从内容上看，楚竹书涉及遣策（古人丧葬活动中记录随葬物品的清单）、卜筮祭祷辞、行政或法律文书、古书典籍等几种类型。这一方面反映出战国时期楚国文化的发达，另一方面也与楚地独特的自然地理环境有关，楚地有利于地下埋藏的简牍文献的长期保存。

---

① 战国时期的六国文字。

从这些出土楚竹书中，我们可以窥见战国时期社会风尚流变、思想流派的传播及典籍的成书情况。

目前出土的战国楚竹书中，较有名的大约有如下几种：

（一）包山楚简

包山楚简，1987年1月出土于湖北荆门王场村包山岗地二号楚墓中，共有竹简四百四十八枚，其中有字简二百七十八枚，竹牍一枚，总字数一万二千六百二十六。墓主叫邵佗，官居左尹，葬于公元前316年，楚历六月二十五日。

包山竹简纪年明确，内容丰富，可分为司法文书、卜筮祭祷、遣策三大类。

包山楚墓出土的司法文书简，有《集箸》《集箸言》《受期》《疋狱》四种。其中，《集箸》是有关验查名籍的案件记录，共十三枚简，所记为"鲁阳公以楚师后城郑之岁""齐客陈豫贺王之岁""东周之客许緽归

包山楚简

作（胙）于栽郢之岁"三年内的案件。《集箸言》有五枚简,是关于名籍纠纷的告诉及呈送主管官员的记录。《受期》是各种诉讼案件的受理时间、审理时间及初步结果的摘要记录,共六十一枚简,大多以一枚简记一件事,所记内容主要为接受告诉的官员姓名及职位,人犯姓名及身份,审问结果及审讯人姓名。《疋狱》即记狱,是关于法律起诉的简要记录,共二十三枚简,涉及杀人、逃亡、反官、土地纠纷等案件。《受期》与《疋狱》在内容上互为关联。这些竹简都不是单纯的法律文书,而是处理实际政务的案卷,包含许多完整的司法案例。

此外,还有一些未见标题的文书简,大致分为三组:第一组共十七枚简,是有关官员奉楚王之命以黄金和砂金籴种的记录,其后附有诸官员为各地贷黄金或砂金的明细账;第二组共四十二枚简,是呈送给左尹的有关案件案情与审理情况的报告;第三组共三十五枚简,是各级司法官员经手审理或复查的诉讼案件的归档登记。

这些竹简一般有楚国纪年,为我们研究战国时期的楚国历史提供了一批有用的历法资料和历史记载,同时又涉及楚国社会、经济状况,弥补了传世典籍对楚国政治、法律制度记载不足的缺陷。

包山楚简还有一批卜筮祭祷简,共五十四枚,是墓主去世前三年间(前318—前316)贞问吉凶祸福、请求鬼神与先人赐福保佑的占卜记录,内容以卜问前途和病情为主。此类竹简在望山、天星观等楚墓中也有出土,但以包山简保存最为完整,其中详细记录了占卜程式,保留了大量占卜术语和神祇名称,对于后世了解战国时期的楚国社会习俗有极重要的学术价值。

(二)郭店楚简

郭店楚简,1993年10月出土于湖北荆门市沙洋县纪山镇郭店一号楚墓内,共八百零四枚,其中有字简七百二十六枚,约一万三千余字,全部为先秦时期的古代典籍。经学者们分析,郭店楚墓出土典籍共十八篇,涉及战国儒、道两家思想流派。

整理者认为,按照学派划分,郭店楚简的儒家典籍有《缁衣》《鲁穆公问子思》《穷达以时》《五行》《唐虞之道》《忠信之道》《成之闻之》《尊德义》《性自命出》《六德》;此外有《语丛》(四篇),杂抄百家之说;道家典籍有《老子》(甲、乙、丙)三篇和《太一生水》等。

北京大学的李零教授,提出了郭店楚简文献分类的

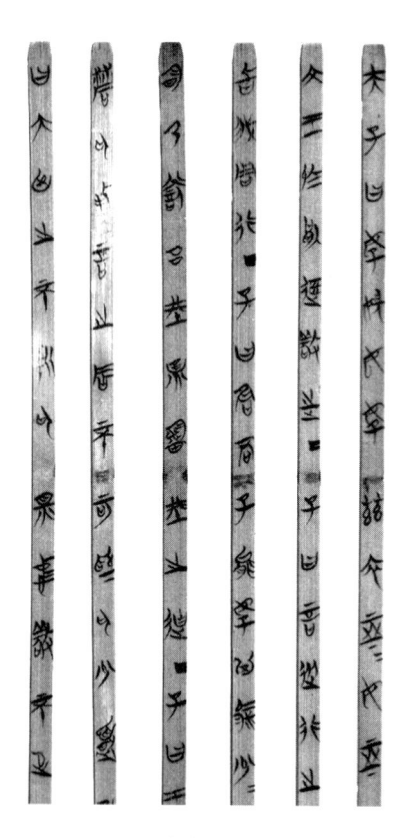

郭店楚简

另一种思路，他主张遵循"字体和形制"区分的原则①，将郭店楚墓竹简分为五个基本类别：第一种字体为《老子》甲组、《老子》乙组、《老子》丙组、《太一生水》和《语丛四》（《说之道》）；第二种字体有《五行》《缁衣》《鲁穆公问子思》和《穷达以时》；第三种字体有《唐虞之道》和《忠信之道》；第四种字体有《性自命出》（《性》）、《成之闻之》（《教》）、《六德》（《六位》）和《尊德义》；第五种字体包括《语丛三》（《父无恶》）、《语丛一》（《物由望生》）和《语丛二》（《名数》）。

通过对发掘资料的整理和分析，学者们认为，郭店楚墓墓主的入葬年代当为战国中期偏晚，墓主应为楚国贵族人士。李学勤先生推断，郭店一号墓的年代约在公元前四世纪末，不晚于公元前300年；墓中所出古书的书写年代则要更早一些，各篇年代均应在《孟子》成书之前。②

郭店楚简的出土，为我们提供了大量前所未见的先秦古逸书。其中，《太一生水》是一篇早已亡佚的先秦道家文献，是迄今所见道家关于宇宙生成论最完整的文字资料。还有一批古逸书，可能与儒家思孟学派有关，是先秦儒学从孔子向孟子过渡的中间环节。简文中还引用了一些先秦古籍的篇名，其中有被传为伪书的《今文尚书》的若干篇目，还有《逸周书》的若干篇名，

---

① 李零：《郭店楚简校读记（增订本）》，中国人民大学出版社2007年版。
② 李学勤：《先秦儒家著作的重大发现》，《中国哲学》第二十辑，辽宁教育出版社2000年第二版。

对于我们理解某些先秦文献的成书时代也有很重要的参考价值。

郭店楚简所见《老子》版本有甲、乙、丙三种，这是二十世纪九十年代以来所见年代最早的《老子》传抄本，其中大部分文句与今本《老子》相近或相同，但不分"德经"和"道经"，章次也与今本不同，反映了战国中期《老子》一书的基本面貌，对于我们了解《老子》一书在战国时期的成书及流布过程具有重要的价值。

郭店楚墓中先秦儒家和道家古逸书混出的现象，改变了人们对于先秦诸子学派基本面貌的刻板印象，对于我们深刻理解战国中期诸子学派之间的学术交流与互动也具有极大的启发性。

郭店楚简的出土，在世界范围内引起轰动，竹简内容的思想性、学术性引起了国内外学者的关注和重视。对此，德国汉学家瓦格纳教授评价说："世界上只有1947年埃及出土的大批基督教的逸书可与郭店楚简的出土相提并论。"海外著名中国学者杜维明先生则认为，"郭店楚墓竹简出土以后，整个中国哲学史、中国学术史都需要重写"，"甚至对整个中国传统文化，都需要重新定位"。[1]

（三）上博楚竹书

1994年，香港文物市场上出现了一批战国楚简，上海博物馆

---

[1] 杜维明：《郭店楚简与先秦儒道思想的重新定位》，《中国哲学》第二十辑，辽宁教育出版社2000年第二版。

闻讯，斥资购回一千二百多枚残简、完简；同年，又收到有关人士捐赠的战国楚简四百九十七枚。两批竹简特征相同，且可以相互缀合。经过文物部门的科学测试与比较分析，这批竹简应当是战国晚期楚国贵族墓中的随葬品。

竹简内容共八十余种，包括原存书题二十余篇，全部是秦始皇"焚书坑儒"之前的原始的、第一手的战国古籍，以儒家类为主，兼及道家、兵家、阴阳家等，多为传世本所无。有些虽有传世本，如《周易》等，文本也多有不同。可惜的是，由于竹简是劫余截归之物，出土时间和地点已无从确认。

上博楚竹书

上海博物馆楚简是继郭店楚简之后，战国楚简的又一次重大发现，其所涉书篇之多、字数之巨、跨越领域之广、古书版本之早，都已传为美谈。这批楚竹书，内容涉及历史、哲学、宗教、文学、音乐、文字、军事等多个领域，对理解战国哲学史、思想史、文学史、教育史、音乐史等都有重要价值。

首先，上博楚简发现了一批重要的战国古逸书。其中，《孔子诗论》一篇,是目前所见关于《诗经》本义释解的最早作品,为我们研究《诗》的编次、本义以及儒家解诗的基本情况,提供了最直接、最真实的第一手史料。此外,还有《恒先》《彭祖》等古代道家逸书,以及以"曹沫之陈"为篇题的战国逸兵书。这些都具有极其重要的学术研究价值。

其次,上博楚简还发现了一批同时代不同传本的竹简。如上博楚简的《缁衣》和郭店楚墓竹简的《缁衣》,上博楚简的《性情论》和郭店楚墓竹简的《性自命出》,既有联系,又有区别。

第三,上博楚简中还发现了到目前为止已知年代最早的《周易》写本,对人们研究战国古《易》的真正面貌具有重要参考价值;其中还发现了战国时期楚国官方整理的古字书[①],还有在楚地流行的战国古曲目[②],以及一批战国时期的逸诗和逸赋等。

第四,上博楚简中的逸书《容成氏》记载了中国远古时期的帝王二十余人,并述三代前后禅让、争位之风;还有《子羔》一篇,载孔子所述尧、舜和三王排列成五位远古帝王系统,为传世东周儒家著述中所未见。

郭店简和上博简的发现,带动了古文字学与古文献学研究的发展,随着相关文献整理与研究的日益展开,人们进一步加深了对于战国思想史、学术流传史的理解,有可能站在全新的视角,去透视和分析战国时期思想文化变迁的种种情形及其内在规律,

---

① 整理者定名为《字析》,类似今天的字典。
② 被定名为《采风曲目》,这一发现被称为"中国音乐史上的重大发现"。

因而具有重大的文献与学术价值。

(四) 发现"清华简"

清华简的发现,是近年来战国历史文化研究的一件大事。

2008年7月,清华大学入藏了一批由校友捐赠的竹简典册。与这批竹简同出的,还包括盛放简牍古籍的漆绘木笥①的残部,其纹饰带有战国时期的楚国艺术的风格。

经过专家权威鉴定,从这批竹简的形制和文字的书写情况来看,这应该是一批出土于楚地的战国简册。通过对这批竹简的无字残片的样品进行AMS^{14}C年代测定,经过树轮校正,可以判定其年代大约在公元前305年前后,属于战国中期偏晚。这与古文字学观察所确定的年代大致是一致的。

经过清华简整理团队的精心清理、保护、初步释读和研究,清华简"初露真容"。目前大致可以确定,这批竹简总数在两千五百枚左右。竹简所载的内容,并不是一般的战国墓地出土的遣策或法令文书,而是一批早已失传了的先秦时期的古逸书,所涉及的门类,以经、史类古书为多,同时还有诸子、方技术数等门类的古书,内涵十分丰富。其中绝大部分书简都保存得比较完整,有不少书简文献都自带编号,或者在简的背面有划痕记号。这让我们对战国时期的古书面貌有了一定的了解。据估计,清华

---

① 装竹简的箱子。

简所涉及的古书的总篇目在七十篇左右。这些古书，都是一些跟中国传统文化的核心内容有关的珍贵文献。到2020年底，清华简已经整理出版了十册专辑，内容相当庞大，但还有不少文献有待于后续整理出版。借助清华简的发现和整理，这些失传已久的古代逸书得以重见天日，让我们有机会目睹战国时期的古代文化典籍的基本面貌。

清华简所出古书中，包含有大量的《诗》《书》《礼》《乐》等方面的经典文献，内容十分丰富。

首先，清华简中整理出了一批用战国古文写成的"书（尚书）类"文献。这些"书类"文献，有的前所未见，如《保训》《四告》等。有的虽然与现存《尚书》的某些篇目或内容相合，但其自带的篇题与传世文献有别，其文字叙述也与传世的篇目有所不同，如《金縢》篇。还有若干保留在古人引"书"文献中的古代"书类"文献，在清华简中发现了其早期的版本。如《孟子》曾引《厚父》篇的文句，这次清华简就出现了与《厚父》篇相关的文献等。

清华简的发现，对弄清楚长期以来争论不已的今传本《古文尚书》的真伪问题也很有帮助。清华简中的《傅说之命》三篇，也就是古人所说的《说命》三篇，但其内容与现今传世的《古文尚书》的《说命》三篇，完全不同。此外，清华简中的《尹至》和《尹诰》两篇，记载了夏商之交伊尹和商汤的历史故事，涉及商汤灭夏的有关历史，内容极为重要。其中《尹诰》，又名《咸有一德》，是《古文尚书》中的一篇，据说曾在汉代孔壁出书中发现过，后来却失传了。今天流传于世的《咸有一德》，是魏晋时梅赜献书的伪《古文尚书》的一篇。清华简《尹诰》篇的问世，经过与传世的《古文尚书》进行比对，可以确信，今日所见《古文尚书》确是后人的伪托之作。长期以来困扰学界的今传本《古文尚书》的真伪问题，至此可以有一个比较可靠的结论了。

清华简发现的早期"书"类文献中，还有一些篇目可以同传世的《逸周书》进行相互对照。比如，清华简《皇门》记载了周公训诫群臣献言荐贤、助己治国的故事，清华简《祭公》记载了周穆王的大臣祭公谋父的临终嘱托，清华简《命训》则记载了周人对于"命"的认识和理解。这三篇简文，文字古奥，很多文辞可以与金文相对照。若将其与传世本《逸周书》的相关篇目对读的话，也具有非常重要的历史文献学价值。

清华简新发现的战国时期的早期史类文献也是非常有价值的。其中，最有代表性的是《系年》《楚居》《越公其事》《郑文公问太伯》等篇目。清华简《系年》（整理者命名），共有一百三十八枚竹简，全篇分二十三章，记录了从西周初年一直到战国前期的历史，其中第一至四章综述西周史事，从武王伐纣、周公东征讲到周王室衰落，晋、郑、楚、秦、卫等诸侯国兴起，特别是西周的覆亡、周平王东迁的历程等，许多内容足以补充和纠正传世史籍的记载。从第五章开始，叙述春秋战国史事，内容更为详尽。《系年》所记载的史事，多能与《左传》《国语》《史记》等有关文献参照、印证。此外，清华简还发现了《郑武夫人规孺子》《郑文公问太伯》《管仲》《子产》《子仪》《子犯子馀》

《晋文公入于晋》《楚居》等，均为传世文献未见的古代逸籍，记载了春秋战国时期的郑国、齐国、晋国、秦国、楚国等的若干史事。其中《越公其事》一篇，全篇七十五简，分十一章，详细叙述了春秋末期吴越相争背景下，越王勾践兵败，十年生聚，十年教训，实施好农、好信、征人、好兵、饬民等"五政"而重新崛起、最终灭吴的故事。这些史料，可以很好地补充或纠正传世文献记载的不足或缺误之处，对于解决历史学、经学领域的一些长期聚讼不已的疑难问题有很大的史料价值，从而极大推进了秦人起源、楚国诸王居所、两周之际郑国历史、战国初年楚越史事等先秦史若干重大问题的研究。

清华简中还发现了久已亡佚的西周诗篇。其中，《周公之琴舞》由十首诗组成，以周公还政、成王嗣位为其内容，是与《诗经·大武》结构相仿的乐诗，《芮良夫毖》是儆戒性质的"毖"诗，则由两篇合成，共一百八十多句，是刺讥时政的政治诗，也是目前所见的篇幅最长的先秦古诗。

清华简中还发现了三篇战国时期的"易"类文献，分别是《筮法》和《别卦》。其中，《筮法》保存得比较好，入藏时仍保持着原来的成卷状态，上有编号相连，推测反面有一层丝织品，可以稳固竹简，实际上是一个用竹简构成的帛书。《筮法》是战国时期古《易》学的一种，系统地记述了占筮的理论和方法，为研究先秦数字卦问题提供了新的实证资料。其上还附有一个中间画有人身形象的卦位图，卦位与今传本《周易·说卦》第五章的"后天八卦"基本一致，但其中的坎、离两卦的位置与今传本

"后天八卦"的位置相反。《别卦》是一个六十四别卦的表,简中附有图解,详细记载了各种"数字卦"的含义和吉凶,对于有关研究极有价值,特别是对于解决中国古代的"数字卦"问题可能有重要的帮助。它也可以证明二十世纪七十年代长沙马王堆帛书出土的《周易》的卦序,可以上溯到战国中期,对于研究先秦《周易》的卦序问题具有重要价值。

清华简中还发现了《算表》一篇,是由十进制数字构成的表格,通过竹简交叉构成二十一行、二十列,分为乘数和被乘数个位、十位区,其核心内容为九九乘法表的扩大,在实际操作中具备乘、除以至乘方、开方等功能,这是迄今为止所见年代最早的古代算具和古代数学文献实物,堪称中国数学史上的惊人发现。

清华简还发现了《四时》《司岁》《行称》等古代天文数术类文献,对于研究战国时期的天文历法和月令物候具有重要价值。此外,其中还有《病方》之类的中医方技类文献,对研究战国中医学的发展也有重要价值。除此之外,清华简中还有为数不少的乐谱、马经等内容,尚待整理与研究。假以时日,这些古书一定会为我们深入了解战国时期的社会思想文化提供更多新知。

清华简的发现,堪称中国文化史上的一个"奇迹"。众所周知,中国传统文化在历史上曾有过多次程度不同的"断裂"。其中,影响最大的一次,就是秦始皇统一六国后采取的"焚书坑儒"和秦末战乱造成的文献散失。汉朝建立以后,曾在相当长的一段时间内不断搜罗亡佚的古书,以试图重新建立文化系统。

汉代以来的古代文献的大规模发现,除了民间陆续收集的零星古书外，历史上比较有影响的成规模的发现，共有两次：一次是汉代鲁恭王为扩建宫室而坏孔子宅，发现了孔府墙壁中的藏书；还有一次是西晋时期汲郡人不准盗掘战国时期的魏王古墓而发现的汲冢竹书。这两次发现，王国维称之为"自汉以来中国学问上之最大发现"。清华简中整理出的战国时期的先秦古籍，都是未经秦火和后来的战乱而保留下来的珍贵古书，知名学者李学勤先生称之为继孔壁藏书和汲冢竹书之后的"第三次重大发现"。这批古书不仅内容丰富，而且品类多种多样，且大多都是传世未见的珍贵文献，能够集中体现先秦古籍的原始面貌，堪称一个"集成式"的小型"图书馆"，意义非同凡响。

新发现带来新学问，清华简的发现对于我们重新认识古史、古代思想与文化的基本面貌具有重大的学术意义，且清华简有极高的学术价值，这必将带来相关领域研究的新突破和新进展，推动当代古史研究的进一步深化。

结束语

经过持久的较量，战国七雄之间的兼并战争终于有了结果。公元前221年，秦王政灭掉六国，一统天下，建立秦帝国，列国纷争割据局面最终结束，中国历史迎来了新的政治统一。

秦国地居西陲却能够赢得兼并战争的最终胜利，后人对此有多种解释。其中，有一种代表性的看法认为，秦国是凭借其所拥有的明显的地理优势，最终赢得了天下。这种观点强调，秦国据有土地肥沃的关中地区，西边没有强敌，东面有黄河天险和函谷关可据守，进可攻，退可守，地理优势远比处于"四战之地"的魏、韩等国要强得多。也有人主张从制度建设的角度讨论秦国最终取胜的原因，认为商鞅在秦推行变法，最彻底，最坚决，这就为秦的统一奠定了牢固的制度基础。还有人强调战略选择的重要性，认为秦进攻山东六国之前，先巩固了西北边疆，又占据了汉中地区和巴蜀地区，获得了雄厚的纵深后方和广阔的回旋余地，为统一天下奠定了基础。应该说，这些分析都是很有道理的。

如果从国家能力建设的视角看，秦的最终统一并不是偶然的，而是战国时期列国势力动态消长变化的结果，自有一个生成—竞争—积累—转化的演化过程。

战国初期，以三晋地区的韩、赵、魏三国势头最猛。这三个国家，先是魏国，其次是韩国和赵国，挟春秋霸主晋国之余威，先后推行变法措施，国力渐强，引发了其他国家的争相效仿，最终催生了以战国七雄为主体的区域性集权国家。到战国中期以后，七雄的国力、军力各有消长，魏、韩、赵三国的整体实力渐次削弱，在真正具有潜力统一天下的候选国家中，大概以秦、齐、楚三国为主。

这三个国家，所处的地缘政治格局有很大的相似之处。它们都处于列国竞争的外围，各有其广阔的战略纵深，同时也具备较强的经济实力和综合国力。但齐、楚两国最终无法战胜强秦而失败，除了两国统治者在战略决策方面因目光短浅而招致严重的失误之外，还与他们各自所选择的国家治理模式有一定关联。

具体来说，战国七雄在兼并战争的竞争压力下，到战国末期，最后演化出了三种有代表性的国家治理模式，正好对应着秦、齐、楚三个区域性大国。

这三种代表性的国家治理模式，各有特点：

第一种治理模式是秦国模式，以法治为主，以耕战为本；政治制度上，特别强调法术刑名之学的"一断于法"的作用；社会经济政策方面，把奖励耕战作为第一要务。秦国的模式，实际上承袭自三晋国家的法家传统，后经商鞅变法而得以确立。秦国在三晋国家所开创的治理制度的基础上，有所创新和发展，最终形成了"强国家、隆法治、重耕战"的集权治理模式，国家的社会动员能力和经济汲取能力不断强化，使秦国在列国竞争中获得了强大的制度优势。

第二种治理模式是齐国模式。齐国临近山东半岛地区，富有山海渔盐之利，历史上就有浓厚的重商传统，市场经济尤其发达。齐国工商业的发达情况，从齐都临淄出土的战国齐陶文中可窥一斑。由于工商业经济发达，思想自由度也高，齐国设立"稷下学宫"，用优厚条件吸引各国学者，成为一时之选。《管子·轻重》中，曾多次提到以"轻重"为核心的商战概念，与齐国运用市场经济实施跨国竞争的策略有关。但齐国模式也有其自身弱点：一是国家集权能力偏弱；二是过分倚重市场经济导致民富国穷；三是齐国的执政大臣，如孟尝君等人，多有个人私心，导致齐国的政治凝聚力差。战国后期，燕国大将乐毅率军攻齐，半年之内连下齐国七十余城，最后只剩下了莒和即墨两城未被占领，齐国几乎灭国。这正反映出了齐国的工商立国模式的重大缺陷。

第三种治理模式是楚国模式。长期以来，楚国的国家治理大都是以楚王和景、屈、昭等贵族家族"共治"为主。楚国贵族势力对国家治理有极大的影响，导致楚国政治出现凝聚力差、缺乏长远战略规划等致命弱点。战国中期，楚国的综合国力可与秦国相媲美，但楚国国君（楚怀王）却缺乏深刻的战略思维，偏听偏信，楚国大臣们又大多只关心自己的家族利益，很少考虑国家整体利益，导致楚国在国家战略选择上瞻前顾后，目标游移，举棋不定，一会儿联齐，一会儿联秦，政治投机的"机会主义"严重，自然无法在长期竞争中最后胜出。

战国七雄之间的兼并战争最终以秦国赢得天下为结局，这标志着以秦国为主的"强国家"治理模式的最终胜出。战国末期，著名的思想家荀子曾到秦国考察，他看到秦国社会治理的情景，感叹秦之所以胜，"非幸也，数也"。在荀子看来，秦能统一天下，不是偶然的事件，而自有其深刻的历史必然性。

公元前221年，秦始皇灭六国，建立了秦王朝，开启了古代中国的"大地域"帝国统治模式。秦帝国的疆域面积广阔，在古代缺乏现代交通手段和通信技术条件的背景下，如何实现有效治理，是很有难度的问题。秦的统治技术在很大程度上来自战国时期的历史累积。战国时期的一系列政治、经济、社会、文化的变革，为秦汉帝国政治的建立，提供了必要的制度基础、治理技术和治理理念。没有战国的世局变迁，就不会有秦汉"大一统"格局的最终出现。

但秦的统一并不是一蹴而就的。在政治统一的目标实现之后，还需要进一步推动社会融合与思想整合。但秦始皇对秦制"强国家"的治理模式过分自信，导致其形成了严重的制度依赖心理，在全国大力推行"以法为教，以吏为师"，迷信国家政治强力，不仅无法有效地形成深度的社会融合，也无法有效地实现思想意识的观念整合，最终招致"二世而亡"的命运。但统一的历史趋势，却是不可阻挡的。最终，刘邦集团在秦末局势中脱颖而出，建立了汉朝，初步完成了社会整合，消解了政治与社会之间的紧张关系，成为秦始皇大一统政治的"遗嘱执行人"。之后，经过西汉多年经营，直到汉武帝刘彻中期，中国才最终完成了思想文化上的"大一统"，秦汉王朝所开辟的"大地域"帝国治理的秩序格局最终得以定型。战国历史剧变的活剧，至此才算是彻底完结。

作为本书的结语，最后用三句话简要地概括一下战国时代：

第一句话：战国时期是一个天下大乱的世道。这个世道不怎么好，虽然有些现代学者基于思想史的视角，很喜欢这个世道的思想自由气氛，但对于普通人来说，这个世道实在是太过混乱，有着无数的战祸与灾难，实在不是一个理想的太平时代。

第二句话：战国时期是一个历史剧变的世道。战国历史总体上处于巨大的社会转型过程中，传统的秩序渐趋解体，新的秩序尚在探索。在这样的历史剧变面前，单靠老皇历是不行的，需要做出彻底的改革。战国变法的历史合理性，就蕴含在其中。

第三句话：战国时期是一个极有变革活力的世道。战国时期，各国推行变法，是在历史情势和现实压力下实现的制度创新尝试，不仅激发了新的治理格局，也激发了巨大的社会活力和探索精神，对后世历史产生了深远影响。历史的苦难恰是文明新生的代价，这正是历史辩证法的奥秘所在。

总之，战国时期是一个剧烈变化的历史转型期，也是一个充满活力的变革创新期，是五千年中国文明史长河中的一个重要转折点。中国古代社会的"深度变迁"与"结构再造"，均与战国历史变迁有密切关系。正因为"变革"的因素贯穿了战国历史的全过程，最终才能够以二百五十年衔接起前后的两个两千年，融合前世，熔铸新世，成为古代中国整体历史进程中承前启后的重要节点。其中蕴含的巨大的思想魅力和深刻的历史密码，值得后人认真揣摩、仔细回味、深刻思考。

主要参考书目

司马迁:《史记》,中华书局校点本。

刘向:《战国策》,上海古籍出版社2008年版。

班固:《汉书》,中华书局校点本。

国学整理社辑:《诸子集成》,中华书局2006年版。

杨宽:《战国史》,上海人民出版社2003年版。

白寿彝主编:《中国通史(第三卷)》,上海人民出版社1980年版。

晁福林:《春秋战国的社会变迁》,商务印书馆2011年版。

李学勤:《东周与秦代文明》,上海人民出版社2007年版。

谢齐、彭邦炯:《中国历史大讲堂 战国史话》,中国国际广播出版社2007年版。

林剑鸣:《秦史稿》,上海人民出版社1981年版。

张正明:《秦与楚》,华中师范大学出版社2007年版。

[美]赵鼎新,夏江旗译:《东周战争与儒法国家的诞生》,华东师范大学出版社2011年版。

杨宽:《战国史料编年辑证》,上海人民出版社2001年版。

钱穆:《先秦诸子系年》,商务印书馆2005年版。

缪文远:《战国史系年辑证》,巴蜀书社1997年版。

[日]藤田胜久:《〈史记〉战国史料研究》,上海古籍出版社2008年版。

白钢:《中国政治制度通史·先秦卷》,人民出版社1996年版。

罗琨、张永山:《中国军事通史·第三卷·战国军事史》,军事科学出版社1998年版。

附录一：战国大事记

（公元前475年—公元前221年）

本年表以杨宽所著《战国史料编年辑证》为底本，参考《史记·六国年表》《资治通鉴》所记事，同时参考方诗铭、王修龄《古本竹书纪年辑证》、缪文远《战国史系年辑证》、钱穆《先秦诸子系年》、藤田胜久《〈史记〉战国史料研究》等著作。

前475年，司马迁《六国年表》叙战国事，自本年始。

前453年，韩、赵、魏联合灭智伯。

前447年，楚灭蔡。

前445年，楚灭杞。

前431年，楚灭莒。

前425年，赵襄子卒，献侯赵浣立。魏文侯称侯改元。

前419年，魏筑城少梁，魏攻秦。

前416年，晋幽公为"盗"所杀。

前415年，秦灵公卒，其季父悼子立，是为秦简公。

前414年，李悝任魏相。楚灭滕。中山武公初立国，定都顾（今河北定州市）。

前408年，魏攻秦，取秦河西地，以吴起为河西守。使太子魏击、吴起伐中山。

前406年，魏文侯命李悝变法。魏灭中山。

前405年，齐田悼子卒，田和立。

前403年，周天子命韩、魏、赵为诸侯。

前402年，盗杀楚声王，楚悼王立。

前400年，秦简公卒，子惠公立。赵烈侯卒，弟武公代立；韩景侯卒，子列侯取立。韩、赵、魏伐楚，至乘丘。

前396年，魏文侯卒，子魏击立，是为魏武侯。

前391年，田齐太公迁齐康公于海上，食一城，以奉其先祀。秦伐韩宜阳，取六邑。韩、赵、魏伐楚，败楚师于大梁、榆关。楚厚赂秦，与之平。

前390年，秦与魏战武城。齐伐魏，取襄陵。吴起奔楚。

前387年，秦伐蜀，取南郑。秦惠公卒，子出公立。赵武公卒，赵复立赵烈侯太子赵章，是为敬侯。韩烈侯卒，子文侯立。

前386年，齐太公田和始列为诸侯。

前385年，秦庶长改迎灵公之子，立为献公。

前384年，齐伐魏廪丘，赵救魏，齐师大败。

前382年，吴起在楚变法。

前381年，楚悼王卒，子肃王臧立。楚宗室大臣作乱，杀吴起。

约前380年，中山桓公复国，并徙都灵寿。

前377年，蜀伐楚，取兹方。韩文侯卒，子哀侯立。

前376年，周安王崩，子喜立，是为周烈王。赵伐中山。

前375年，赵敬侯卒，子成侯立。韩灭郑。

前374年，秦在栎阳设县。

前372年，卫伐齐，取薛陵。赵伐卫，取都鄙七十三。魏败赵于北蔺。

前371年，魏伐楚，取鲁阳。楚伐齐，齐侯使淳于髡请救于赵。

前370年，楚肃王卒，无子，立其弟熊良夫，是为楚宣王。魏武侯卒，次年子罃立，是为魏惠王。

前369年，烈王崩，弟扁立，是为周显王。赵伐魏，败魏于涿泽，围魏惠王。

前367年，西周威公卒，子惠公代立，乃封其少子于巩以奉王，号东周惠公。周分为东周、西周。政在西周。[1]

前364年，秦与魏战于石门，斩首六万，天子贺，献公称伯。

前363年，韩懿侯卒，子昭侯立。

前362年，秦与魏战少梁，虏魏公叔痤及太子。秦献公卒，子孝公立。

前361年，秦孝公下令求贤。魏徙都大梁。赵与韩攻秦，以中牟易魏。

前359年，卫鞅入秦，说孝公变法，孝公善之。

前356年，邹忌以鼓琴见齐威王。秦以卫鞅为左庶长，定变

---

[1] 此处的东周、西周指当时周王室分裂成的两部分，非历史纪年的西周东周。

法之令。

前354年，秦与魏战于元里，斩首七千，取魏少梁。赵伐卫，取漆、富丘，城之。魏围赵邯郸。

前353年，魏拔赵邯郸。齐救赵，大败魏于桂陵。

前352年，公孙鞅为秦大良造，伐魏安邑，降之。

前350年，秦初聚小乡邑为三十一县，置令。为田开阡陌。是岁，赵成侯卒。

前344年，魏与十二诸侯会逢泽，朝天子。

前342年，秦孝公会诸侯于逢泽，使太子驷率戎狄九十二国朝周天子。

前341年，齐、魏战于马陵，齐虏魏太子申，杀魏将庞涓。

前340年，秦卫鞅率军击魏，虏魏公子卬；秦封鞅为列侯，号商君。楚宣王卒，子威王熊商立。

前338年，秦与魏战岸门；秦孝公薨，秦惠文王即位。商君死于渑池。

前334年，魏王与齐王会于徐州，互尊为王，是为"徐州相王"。

前333年，秦败魏于雕阴。楚攻齐徐州，齐败。韩昭侯卒，子宣惠王立。

前332年，魏以阴晋地求与秦和，秦更其名为宁秦。齐与魏伐赵。

前331年，秦惠文王使犀首攻魏，擒魏将龙贾，取魏之雕阴，围焦、曲沃，魏上郡、河西兵尽失，献秦河西地。

前329年，秦攻取魏河东汾阴、皮氏及焦等地。楚威王卒，子怀王熊槐立。魏伐楚，取陉山。

前328年，张仪相秦。魏献上郡十五县于秦。秦攻占了赵的蔺、离石、祁拔等地。赵、燕与中山战，败。

前327年，义渠君降秦。秦归焦、曲沃于魏。

前326年，赵肃侯卒，子赵雍（武灵王）立。秦、楚、燕、齐、魏各出锐师万人会葬。

前325年，秦惠公自称为王。

前324年，秦相张仪将兵取陕。公孙衍入魏。

前323年，公孙衍发起燕、赵、魏、韩、中山"五国相王"。楚败魏于襄陵，得八邑秦派张仪与齐、楚大臣会于啮桑。

前322年，张仪免秦相，相魏。齐威王封田婴于薛。

前321年，周显王崩，子定立，是为周慎靓王。燕易王卒，子燕哙立。

前320年，齐迎妇于秦，威王卒，子辟彊立，是为宣王。秦假道韩、魏以攻齐。

前318年，楚、燕、赵、魏、韩等五国合纵攻秦，不胜而还。

前317年，秦与韩、赵战，斩首八万。张仪复相秦。

前316年，秦灭蜀，取赵中都、西阳。燕王哙让国于相国子之。

前315年，周慎靓王崩，子延立，是为周赧王。

前314年，秦将樗里疾攻魏，败韩于岸门。燕国内乱，齐趁机伐燕，欲灭之；赵送公子职返燕。

前313年，张仪相楚，楚与齐绝交。秦拔赵蔺，虏将军赵庄。

前312年，秦与楚战于丹阳，大败楚军，斩首八万，虏楚将屈匄（gài）等七十余人，取楚汉中。韩、魏南袭楚，至于邓。燕人共立公子职，是为燕昭王。韩宣惠王薨，子襄王仓立。

前311年，秦惠文王卒，子武王立。韩、魏、齐、楚、越皆宾从。

前310年，秦诛蜀相庄，张仪、魏章皆出之魏。是岁，张仪死。

前309年，秦初置丞相，樗里疾、甘茂为丞相。

前308年，秦为黔中郡。

前307年，秦拔韩宜阳城，斩首六万。涉河，城武遂。八月，秦武王举鼎而死，秦昭襄王立。赵武灵王"初胡服"。

前306年，赵武灵王略中山地。

前305年，赵攻中山，中山献四邑请和，赵罢兵。

前304年，秦昭襄王与楚怀王会于黄棘，秦归楚上庸。

前303年，齐与韩、魏共攻楚，楚太子入质于秦，秦救楚。秦拔魏蒲坂、晋阳、封陵。

前302年，楚太子私杀秦大夫而亡归。

前301年，韩、魏、齐败楚于重丘。秦伐楚，攻新城。齐宣王卒，子湣王地立。

前300年，秦击楚，杀楚将景缺，斩首三万，取襄城。魏冉为秦相。赵武灵王复攻中山，攘地北至燕、代，西至云中、九原。

前299年，楚怀王被骗入秦，遭秦扣留。齐孟尝君田文入秦为相。

前298年，秦攻取楚十六城。孟尝君被免秦相，归齐。齐与魏、韩等共谋击秦，至函谷关。

前296年，秦与韩、魏和。楚怀王卒于秦，秦、楚决裂。赵灭中山，迁其王于肤施。魏襄王卒，子昭王立。韩襄王卒，太子咎立。

前295年，穰侯魏冉为秦相。

前294年，齐内乱，田甲劫王，齐相田文逃走。

前293年，秦白起击韩、魏于伊阙，斩首二十四万。

前292年，魏冉免相。

前291年，魏冉复相秦，加封陶，秦封公子市于宛，封公子悝于邓。

前290年，魏献河东四百里于秦，韩献秦武遂（今山西南部）地方二百里。

前289年，秦客卿错击魏，至轵，取城大小六十一。

前288年，秦昭襄王自为帝，齐、燕、三晋之兵击秦，秦返温、轵、高平于魏，返王公、符逾于赵，复为王。齐湣王称东帝二月，复为王。

前285年，燕将乐毅率赵、秦、韩、魏、燕之兵攻齐，取灵丘。

前284年，燕军陷齐都临淄。齐湣王走莒，楚将淖齿杀之。

前283年，秦取魏安城，至大梁，燕、赵救之。楚与秦会穰。蔺相如完璧归赵。

前282年，秦拔赵蔺、祁二城。

前281年，秦拔赵石城。

前280年，秦攻楚，楚予秦汉北及上庸地。秦攻赵，取光狼城，斩首三万。

前279年，秦攻楚，取鄢、邓、西陵，赦罪人迁之。燕昭王卒，子惠王立。燕将乐毅亡走赵。田单复齐。赵与秦会于渑池。

前278年，秦将白起击楚，取郢，为南郡，楚王亡走陈。

前277年，秦拔楚巫、黔中，设为郡。魏昭王卒，子安釐王立。

前276年，楚襄王收东地兵十余万，复西取秦所拔江旁十五邑以为郡，拒秦。魏安釐王封弟公子无忌为信陵君。

前275年，秦攻魏至大梁，魏入三县以和。

前273年，白起攻魏，拔华阳，斩首十五万。与赵将贾偃战，沉其卒二万人于河中。韩釐王卒，子桓惠王立。

前272年，韩、魏、楚及秦伐燕。秦宣太后诱杀义渠王于甘泉宫，始置陇西、北地、上郡。

前271年，秦穰侯魏冉欲伐齐，以广其陶邑。范雎入咸阳。

前270年，秦昭襄王任范雎为客卿，定远交近攻之策。

前269年，秦攻韩阏与，赵奢率军击秦，大败之。

前266年，秦以范雎为丞相，封应侯。赵惠文王卒，太子丹立，是为孝成王。

前265年，秦宣太后薨，安国君为太子。秦东伐韩，拔少曲、高平；伐赵，拔三城。齐襄王死，子建立，年少，国事皆决于君王后。

前264年，秦将白起攻韩陉城。

前263年，秦攻韩，取南阳。楚顷襄王卒，太子熊完代立，是为考烈王。考烈王以左徒为令尹，封以吴，号春申君。

前262年，楚春申君黄歇为相。秦攻韩野王，断上党与韩国交通，上党郡守以郡降赵。

前261年，秦攻韩缑氏、蔺，拔之。赵使廉颇拒秦于长平。

前260年，赵使赵括代廉颇为将，秦白起大破赵括军于长平，杀赵卒四十余万。

前259年，秦攻赵邯郸。

前257年，魏信陵君窃符救赵。是年，秦质子异人自赵逃归。

前256年，西周文公号召天下诸侯合纵伐秦，秦攻之，西周君入秦献其地，周赧王卒。秦取西周，取九鼎宝器以归。秦将摎攻韩，取阳城、负黍，斩首四万；攻赵，取二十余县，首虏九万。

前255年，燕孝王卒，子喜立。

前254年，天下来宾秦。魏后，秦使摎伐魏，取吴城。韩王朝秦，魏委国听令。

前251年，秦昭襄王卒，子孝文王立。

前250年，赵将廉颇率师围燕。

前249年，吕不韦相秦。秦取东周。楚灭鲁。秦拔韩城皋、荥阳，建立三川郡。

前248年，秦将蒙骜击赵榆次、新城、狼孟，得三十七城。

楚春申君徙封于吴。

前247年，秦将王龁击上党，初置太原郡。魏公子无忌率五国兵却秦于河外。秦庄襄王卒，子政立，是为秦王政。是岁，赵与燕易土。

前246年，秦作郑国渠。

前245年，赵孝成王卒，子偃立，是为赵悼襄王。

前244年，秦将蒙骜击韩，取十三城。燕使太子丹入质于秦。

前243年，赵将李牧攻燕，拔武遂、方城。魏安釐王卒，太子增立，是为魏景湣王。魏信陵君卒。

前242年，秦将蒙骜取魏酸枣二十城，置东郡。

前241年，赵将庞煖领赵、楚、魏、燕、韩之锐师，五国共击秦。不拔。复移攻齐，取饶安。楚迁都寿春，命曰郢。

前239年，秦嫪毐封长信侯。韩桓惠王卒，子安立。

前238年，秦嫪毐为乱，迁其舍人于蜀。楚考烈王卒，子幽王悍立。楚人李园杀春申君。

前237年，秦相吕不韦免相。李斯上《谏逐客书》。尉缭为秦国尉。

前236年，秦将王翦击赵邺、阏与，取九城。赵攻燕，取貍、阳城。

前235年，秦发四郡兵助魏击楚。吕不韦卒。

前234年，秦将桓齮击赵平阳，斩首十万。立云中郡。

前233年，秦将桓齮定平阳、武城、宜安。韩非使秦，被杀。韩王请为臣。

前232年，燕太子丹亡归燕。

前231年，魏献地于秦。秦置丽邑。

前230年，秦内史腾击韩王安，尽取其地，置颍川郡。

前229年，秦攻赵，王翦将上地，下井陉；端和将河内，围邯郸城。

前228年，秦将王翦拔赵，虏王迁于邯郸。尽定赵地为郡。魏景湣王卒，子假立。

前227年，燕太子丹使荆轲刺秦王。

前226年，秦将王贲击楚，大破之，取楚十城。秦拔燕蓟，得太子丹。燕王徙辽东。

前225年，秦将王贲击魏，得其王假，尽取其地。秦兵次于齐历下。是年，秦置砀郡、渔阳郡、右北平郡。

前224年，楚破秦李信军，秦将王翦、蒙武击楚，楚将项燕被迫自杀。

前223年，王翦、蒙武破楚，虏其王负刍。立九江郡、长沙郡。

前222年，秦攻燕辽东，得燕王喜，灭燕置辽东郡。又攻代，虏赵代王嘉，灭赵以为巨鹿郡。降越君，置会稽郡。废闽越王无诸及越东海王摇，置闽中郡。

前221年，秦将王贲击齐，虏齐王建，灭齐以为郡。秦王政初并天下，自称始皇帝。

附录二：战国时代列国世系简表

周王室世系（战国时期）		
谥号	姓名	在位时间
周敬王	姬匄	前519—前477
周元王	姬仁	前476—前469
周贞定王	姬介	前468—前441
周哀王	姬去疾	前441
周思王	姬叔	前441
周考王	姬嵬	前440—前426
周威烈王	姬午	前425—前402
周安王	姬骄	前401—前376
周烈王	姬喜	前375—前369
周显王	姬扁	前368—前321
周慎靓王	姬定	前320—前315
周赧王	姬延	前314—前256

秦世系		
谥号	姓名	在位时间
秦悼公	嬴盘	前490—前477

续表

秦世系

谥号	姓名	在位时间
秦厉共公	嬴剌	前476—前443
秦躁公	嬴欣	前442—前429
秦怀公	嬴封	前428—前425
秦灵公（怀公孙）	嬴肃	前424—前415
秦简公（怀公子）	嬴悼子	前414—前400
秦惠公	嬴仁	前399—前387
秦出公	嬴昌	前386—前385
秦献公	嬴师隰	前384—前362
秦孝公	嬴渠梁	前361—前338
秦惠文王	嬴驷	前337—前311
秦武王	嬴荡	前310—前307
秦昭襄王	嬴则（稷）	前306—前251
秦孝文王	嬴柱	前250
秦庄襄王	嬴子楚（异人）	前249—前247
秦王政	嬴政（正）	前246—前210

田齐世系

谥号	姓名	在位时间
齐太公	田和	前386—前385
齐废公	田剡	前384—前375
齐桓公（田剡弟）	田午	前374—前357
齐威王（桓公子）	田因齐	前356—前320

续表

田齐世系		
谥号	姓名	在位时间
齐宣王	田辟彊	前319—前301
齐湣王	田地	前300—前284
齐襄王	田法章	前283—前265
齐王建	田建	前264—前221

赵世系		
谥号	姓名	在位时间
赵烈侯	赵籍	前408—前400
赵武侯	赵侯	前399—前387
赵敬侯	赵章	前386—前375
赵成侯	赵种	前374—前350
赵肃侯	赵语	前349—前326
赵武灵王	赵雍	前325—前299
赵惠文王	赵何	前298—前266
赵孝成王	赵丹	前265—前245
赵悼襄王	赵偃	前244—前236
赵幽缪王	赵迁	前235—前228
赵代王	赵嘉	前227—前222

魏世系		
谥号	姓名	在位时间
魏文侯	魏斯	前445—前396

续表

魏世系		
谥号	姓名	在位时间
魏武侯	魏击	前395—前370
魏惠王	魏䓨	前369—前319
魏襄王	魏嗣	前318—前296
魏昭王	魏遫	前295—前277
魏安釐王	魏圉	前276—前243
魏景湣王	魏增	前242—前228
魏王假	魏假	前227—前225

韩世系		
谥号	姓名	在位时间
韩景侯	韩虔	前408—前400
韩烈侯	韩取	前399—前387
韩文侯	韩猷	前386—前377
韩哀侯	韩屯蒙	前376—前375
韩懿侯	韩若山	前374—前363
韩昭侯	韩武	前362—前333
韩威侯（韩宣惠王）	韩康	前332—前312
韩襄王	韩仓	前311—前296
韩釐王	韩咎	前295—前273
韩桓惠王	韩然	前272—前239
韩王安	韩安	前238—前230

楚世系		
谥号	姓名	在位时间
楚惠王	芈熊章	前488—前432
楚简王	芈熊中	前431—前408
楚声王	芈熊当	前407—前402
楚悼王	芈熊疑	前401—前381
楚肃王	芈熊臧	前380—前370
楚宣王	芈熊良夫	前369—前340
楚威王	芈熊商	前339—前329
楚怀王	芈熊槐	前328—前299
楚顷襄王	芈熊横	前298—前263
楚考烈王	芈熊完[1]	前262—前238
楚幽王	芈熊悍	前237—前228
楚哀王	芈熊犹	前228
楚王负刍	芈熊负刍	前227—前223

燕世系		
谥号	姓名	在位时间
燕孝公	（不详）	前492—前455
燕成公	姬载	前454—前439
燕闵公（旧作燕湣公）	（不详）	前438—前415
燕简公（旧作燕釐公）	姬载（一说名款）	前414—前373
燕桓公	（不详）	前372—前362

---

[1]　《史记》作"熊元"。

续表

燕世系		
谥号	姓名	在位时间
燕文公	（不详）	前361—前333
燕易王	（不详）	前332—前321
燕王哙	姬哙	前320—前317
燕王子之	姬子之	前316—前314
燕昭王	姬职	前311—前279
燕惠王	（不详）	前278—前272
燕武成王	（不详）	前271—前258
燕孝王	（不详）	前257—前255
燕王喜	姬喜	前254—前222

中山国世系		
谥号	姓名	在位时间
中山文公	（不详）	？—前414
中山武公	姬窟	前414—约前406
中山桓公	姬恒	约前406 约前380—约前350
中山成公	（不详）	约前349—前328
中山王䱸	姬䱸	前327—约前310
中山王舒盗	姬舒盗	约前309—前299
中山王尚	姬尚	前298—前296

后 记

这本有关战国历史的小书，是"细讲中国历史"系列丛书的一种。本书初版于2015年，反映了笔者多年以来研习先秦历史的一些体会与心得。笔者希望，这本小书，能够为有志于了解战国历史总体面貌和基本特征的史学爱好者和广大青年学生，提供一个深入浅出的历史读本。

在书中，笔者试图在吸收学术界关于战国历史研究成果的基础上，对战国历史变迁和社会变革的总体面貌、基本特征及内在规律，做一个较为清晰的"全景式"的勾勒和叙述。

在章节安排上，笔者尝试以时间序列为纵轴，以战国社会变迁为横轴，系统呈现战国社会历史演变的总体进程和基本面貌。在内容选择上，笔者力图将全景式"历史再现"与重要历史的"细节刻画"相结合，以比较全面地展现出战国历史的多重面相。在语言风格上，笔者则尽量力求平实、通俗和简洁。

本书的初版问世与这次再版，与《细讲中国》丛书的总策划郭志坤先生的热情鼓励与鼎力扶持是密不可分的。感谢郭先生长期以来的悉心关照和热心推荐，使得这本小书能最终得以问世，并为读者所熟悉。

本书写作过程中参考了学界前辈及同仁的相关研究成果，由于本书体例所限，不能一一注明，谨此表示诚挚谢意。华东师范大学历史系的硕士研究生张汝君同学在战国大事年表编撰过程中，做了一些重要的前期工作，在此也一并致谢。

这次再版，笔者对前言和后记做了重新的改写，使之更加集中地展现出战国历史总体概貌与基本特征；同时，对各章内容也做了一些新的补充和调整，新增添了新发现的战国史料的相关内容（清华大学藏战国楚简）。但由于时间所限，笔者关于战国历史的一些新思考和新设想没有办法反映，只能期待后续的机会了。

于　凯

2021年5月于沪上

重版后记

《细讲中国历史丛书》(12册)于2015年由上海人民出版社出版,并于当年12月入选国家新闻出版广电总局首届"向全国推荐中华优秀传统文化普及图书"名单,2016年2月获第十四届上海图书奖一等奖。2017年6月由香港中华书局出版繁体字版本,在港台地区发行。2019年7月以来,"丛书"12册音频先后在喜马拉雅"文柏讲堂"上线,迄今已有近一亿人次的收听。这对于孜孜以求中华历史普及工作的我们,当是极大的嘉勉。遵照读者的反馈意见,"丛书"的作者对每一册书都做了精心修改。承蒙天地出版社垂爱,将丛书名改为《简明中国通史》,予以重新排印出版。在疫情防控期间,作者、编者研精毕智、一丝不苟的精神令人感佩,专此后记,谨以致谢,并告慰2019年病故的我们敬爱的主编之一李学勤先生。

郭志坤

2023年3月于上海

天喜文化